我行我素

[印]拉古拉迈·拉詹（Raghuram G. Rajan）◎著

李泽耿◎译

中信出版集团 | 北京

图书在版编目（CIP）数据

我行我素 /（印）拉古拉迈·拉詹著；李泽耿译
. -- 北京：中信出版社，2020.6
书名原文：I Do What I Do
ISBN 978-7-5217-1502-6

Ⅰ.①我… Ⅱ.①拉… ②李… Ⅲ.①经济—印度—
文集 Ⅳ.①F135.1-53

中国版本图书馆 CIP 数据核字 (2020) 第 024294 号

我行我素

著　　者：[印] 拉古拉迈·拉詹
译　　者：李泽耿
出版发行：中信出版集团股份有限公司
　　　　　（北京市朝阳区惠新东街甲4号富盛大厦2座　邮编　100029）
承 印 者：中国电影出版社印刷厂

开　　本：787mm×1092mm　1/16　　印　　张：19.5　　字　　数：225千字
版　　次：2020年6月第1版　　印　　次：2020年6月第1次印刷
京权图字：01-2019-4477　　广告经营许可证：京朝工商广字第8087号
书　　号：ISBN 978-7-5217-1502-6
定　　价：68.00元

目 录

第四章　拓宽并深化市场

第五章　普惠金融

第六章　困境的解决

第七章　经济及其他议题

第八章　国际议题

第九章　储备银行事务

第二篇 全球金融危机

第三篇 随笔

引　言

在我担任印度储备银行（RBI）行长的早期，哈珀柯林斯（HarperCollins）公司的克里尚·乔普拉（Krishan Chopra）让我写一本书。他建议将我过去的文章和演讲的编辑版本放在不同的主题下。我推说自己太忙了，根本没有时间。然而，当我的任期即将结束时，我意识到时间将不再是约束。在我于印度储备银行任职期间发表的那些演讲中，我一直在描述我们正在推进的改革，以及改革背后的理由，目的是在投资者中建立信心，并获得公众的支持。如果我能在一本书中把这些演讲与每一次演讲背后的评论联系起来，我就能让这个国家的年轻人感受到在央行工作的兴奋。我希望这能吸引一些人进入印度真正需要更多优秀人才的经济和金融领域。此外，如果我能描述已完成的改革的总体原理，这些改革就更有可能不被逆转，而未竟的改革则有可能完成。

我不想打扰我的继任者最初与公众的接触，所以我决定在印度问题上保持沉默一年。这本书将在那一年结束后出版。此外，尽管我试图通过链接评论来解释我发表各种言论和采取各种行动的理由，但我尊重与各种公众人物交谈的隐私。我还增加了一些自己撰写的演讲和文章，主要是在我担任国际货币基金组织（IMF）首席经济学家期间，以及加入印度储备银行之前在芝加哥大学布斯商学院期间的著述。

本书的标题表明公共生活于我而言只是一段意外的插曲。我享受在货币政策会议之后举行的新闻发布会，特别是因为我认识大多数记者。在一次新闻发布会即将结束时，一位我认识的记者问我是像耶伦一样温和，还是像沃尔克那样强硬。我知道他想问的是什么，但拒绝被归入他已经划定的人物类型。我带点开玩笑的口吻，模仿詹姆斯·邦德（James Bond）的经典开场白说："我的名字叫拉古拉迈·拉詹……"令人惶恐的是，说到一半的时候，我才意识到不知该如何在没有透露更多货币政策的情况下结束发言。因此，面对电视镜头，我用"……我行我素"这句话蹩脚地结束了发言。由于某种原因，这句话成了第二天的财经新闻标题，我们的货币政策细节则沦为内文。社交媒体上的评论甚至传到一贯支持我的女儿那里，她给我发送了好几个拇指向下的表情符号，强调对我那句无心之言的负面评价！

不过，从某种意义上说，这个标题是恰当的。两届政府基本上给了我在储备银行的自由，把他们的信任寄托在我身上。我知道自己有三年任期，可以努力推动变革。最终，既得利益集团常有的反对声音会越来越大，但我希望印度储备银行届时能完成大部分必要的改革。它也的确做到了。

我是在货币危机期间上任的，当时印度被称为"脆弱五国"之一，所以我的第一个任务是稳定。但从一开始，我就意识到金融部门改革的前景将有助于稳定。随着印度从低收入国家过渡到中等收入国家，这些改革的必要性显而易见。当然，改革是一个持续的过程，可能会被逆转。这就是为什么重要的是在新的制度机制中体现改革，以及在印度央行内部和外部利益相关者之间明确改革的主导权。

这让我有了团队精神。在印度储备银行任职并不是我在管理方面的第一份工作。但这是我第一次掌管一个拥有 17 000 人、资产超过 4 000 亿美元的组织。如何管理如此庞大的组织？显然需要帮助。我发现，管理中最重要的任务是选择好的副手，我设法找到了很好的副手。我的角色是设定总体议程（当然，与副手们协商），得到政府的同意，让经验丰富的同事填充细节并排除不可取的措施，必要时推动和敦促储备银行，以便严格按时间表推进议程，然后在与利益相关者（包括公众）沟通后推出我们的措施。

改革不是秘密推行的。虽然我们采取的一些行动的全部意义在早期可能并不明显，这使得反对意见更难具体化，但我们所做的大部分工作的路线图是由印度储备银行指定的各个委员会制定的，在公开演讲中宣传，在与利益相关者讨论后实施。我们总是愿意听取他们提出的替代建议，但是，任何建议在被接受之前，都必须通过我的经济学或金融学常识的检验，以及我的同事对建议是否符合合理性的中央银行和商业银行实践的检验。总的来说，这些双重检验帮助我们过滤掉了无用的建议。

我们的改革以增强市场导向和改善竞争的需要为指导，确保我们拥有合理的法规，而且以可预测和透明的方式执行法规，并以慎重且稳定的方式完成所有这些工作，以便国民经济系统可以适应。正如我将解释的那样，这就是我们如何处理从通胀管理到解决不良贷款等问题的方法。在整个过程中，我们尝试将流程制度化，以便它们既可预测又能持久。印度正在成为一个中等收入的大国，形势复杂多变，因此集中控制是不可行的。政府将需要从已占领的经济制高点中退出，将自己限于提供公共产品和治理框架，并将经济活动留给人民。为了激发人民的集体能量，并以可持续和公平的方式迅速发展，印度必须在未来几年内推行许多此类改革。

我的演讲是稳定和改革进程的重要组成部分，使我能够向投资者和公众解释变革的理由，宣示改革的基本要件，并在起草具体条例的同时吸引舆论领袖参与辩论。描述并反复交代我们打算做什么的额外价值在于，它使印度储备银行可以在公布预定的改革时，也即远在改革实施之前，就获得市场的认可。如果市场再次动荡，这可能是至关重要的。此外，我的许多演讲都试图向更广泛的公众宣传金融和经济学的基础知识。如果有人受演讲吸引去深入地学习，那就进一步普及了金融和经济学知识——我得到了每个老师想要的东西，一个国家平台，一个我试图有效和负责任地使用的平台。

我还利用我的演讲在一定程度上履行了印度储备银行的另一个重要职责，即管理该国的宏观经济风险。正如我们将看到的，这一目标促使我发表了一些更具争议的演讲，这或许是因为我的演讲超出了央行和监管的常规领域，或许是因为我的一些警告被意外地视为对政府的挑战。然而，我认为，作为管理国家宏观经济风险的主要技术官僚，这些演讲是央行行长职责的一部分。

作为一名学者，我所有的演讲都是自己撰写的。我的妻子拉迪卡（Radhika）饱受很多演讲初稿的折磨，并提出了建设性的批评。然后，我让印度储备银行负责相关主题的专家审读演讲稿，以核实其准确性，接着由我非常能干的行政助理朗读［开始是永远可靠的维维克·阿加瓦尔（Vivek Aggarwal），后来是他的继任者瓦伊巴夫·查图维迪（Vaibhav Chaturvedi）］。最后，我们负责沟通的首席总经理阿尔帕纳·基拉瓦拉（Alpana Killawala）对是否存在政治争议进行审查后，我做最终的准备，并发表演讲。

媒体的关注总是无所不在，即使是在那些不对媒体开放的场合，在场的人也总是愿意给媒体爆料或在社交媒体上发帖。起初，新闻媒体关注的可能是希望我能就未来的货币政策方向提供一些“猛料”，但是当他们意识到我没有就货币政策会议之外的新政策发表言论时，我倾向于认为他们是因为演讲很有意思而来的（这样就不会失望而归）。无论如何，正如我们将看到的，媒体的关注是一把双刃剑。虽然这让我能够很容易地传达印度储备银行的信息，但一篇被误解的演讲或评论可能会成为头条新闻，并制造不必要的摩擦。我认为这是公众参与不可避免的代价，但我有时也会质疑这种误解是偶然的还是故意的。

印度储备银行行长一职可能是所有印度经济学家梦寐以求的工作。有很多次我回到家身体疲惫，但很高兴我们真的做出了改变。在公共管理领域很少有人能这样说，因为他总是受制于需要得到其他组织的认同，而地盘之争使他难以前行。在印度储备银行，许多问题的决定权都在我们手中，而且只有我们自己，因此我们可以取得持续的进展。这也意味着这份工作一直压在我的心头，因为考虑到无穷无尽的可能性，我必须不停地思考我们还能做些什么。让一位政策经济学家担任央行行长就像让一个孩子在糖果店里乱跑！

这并不是说这份工作总是轻松愉快的。尽管我与政治领导人有良好的沟通，先是总理曼莫汉·辛格（Manmohan Singh）和财政部长奇丹巴拉姆（Chidambaram）博士与我定期亲切会见，在政府换届后，与我会见的是总理纳伦德拉·莫迪（Narendra Modi）和财政部长杰特雷（Jaitley），我也与一些官员相处愉快，但工作中也有不愉快的一面，那便是与那些正试图削弱央行以扩大自己地盘的官员打交道。在我作为央行行长的最后一次演讲中（参见后文），我向政府提出了如何减少这些无益摩擦的建议。

任何公职都会受到不应得的表扬和不公正的批评。人天然地认为后者压倒了前者。但后者可能更有助于你辨析信息。在我的这些演讲中，很多内容都隐含着对批评者的回应，试图解释为什么他们没有看到全貌。这些批评在促使我做出回应，以演讲进行澄清的同时，也帮助公众增进对政策的了解，就此而言，也可以说是个亮点。但是，除了工作带来的有个人满足感的丰厚回报之外，我还愉悦地得到了超额补偿，包括学生告诉我他们受我鼓励去学习经济学和金融学，包括飞机上素未谋面的乘客对我所做的工作表示感谢，甚至包括安全官员在给我的登机牌加盖印章时，询问我何时再回国内工作。

正如我前面指出的，这不是“全盘托出”。不过，在结束这篇引言之前，我还要谈及一个议题，在这个议题上，人们向我提出了很多问题，但我拒不作答，直到我的沉默期结束，那就是2016年11月在印度宣布的“废钞”运动。据报道，议会各委员会也提出了这些问题，其中包括我何时知道废钞的可能性以及我对此的看法。媒体援引政府消息人士的话说，我（在废钞进程的早期）反对废钞，后来又（在最近的报道中）“支持”废钞。

关于废钞问题，我唯一的公开评论是在2014年8月的拉利特·多西（Lalit Doshi）纪念讲座上回答一个问题时发表的。那时，政府还没有提起这件事。据《印度斯坦时报》报道[1]：

> 今年8月，在一年一度的拉利特·多西纪念演讲上，拉詹说：“我不太确定你的意思是否是将旧钞废止，转而引入新钞。过去，废钞被认为是让黑钱退出流通的一种方式。因为人们不得不说明‘我的保险柜里怎么会有1亿卢比的现金’，他们必须解释钱是从哪里来的。废钞经常被用作一种解决方案。不幸的

1 https://www.hindustantimes.com/business-news/rajan-preferred-other-ways-over-demonetisation-to-tackle-black-money/story-vlTbd6oixy6M4DnH65dWxI.html.

是，我的感觉是，聪明人总能想办法绕过它。”

拉詹说：“黑钱囤积者会想方设法把自己的钱分成很多小份。你会发现那些不曾想到把黑钱洗白的人，就会把这些钱转移到一些寺庙的地下钱庄（hundi）。我认为废钞是有办法的。清除黑钱不是那么容易的。”

拉詹表示，相当一部分未入账的现金通常以黄金的形式存在，因此更难获取。他还表示，他将更多地关注那些导致黑钱产生和留存的激励措施。他补充说，在税收方面有很多激励措施，目前的税率基本上是合理的。

鉴于包括议会在内的各种立场都归因于我，让我澄清一下。2016 年 2 月政府曾问我对废钞的看法，我做了口头陈述。虽然可能会有长期收益，但我觉得短期的经济成本可能超过这些收益，而且我觉得可能有更好的选择来实现主要目标。我毫不含糊地提出了这些观点。然后，我被要求准备一份备忘录，由印度储备银行汇总后交给政府。它概述了废钞的潜在成本和收益，以及可以实现类似目标的替代方案。如果政府在权衡利弊后，仍然决定继续废钞，该备忘录概述了所需的准备工作和时间。印度储备银行指出了在准备不足的情况下将会发生什么。

随后，印度政府成立了一个委员会来审议这些问题。负责货币的副行长出席了这些会议。在我的任期内，印度储备银行从未被要求就废钞问题做出决定。

长话短说。让我以感谢结束这篇引言。我的妻子一直是我在孟买的支持者，因为她是我一生的伴侣。她能让我脚踏实地，甚至在我需要的时候提供建议。在节假日偶尔回家的孩子们，不仅忍受父母不在身边的痛苦，还帮助我暂时摆脱行长的角色，感受正常的家庭生活。我的父母和岳父岳母一如既往无条件地给予我安慰。我要感谢印度储备银行的同事，他们不知疲倦地与我一起工作，热情地对待我的家人。最后，我要感谢哈珀柯林斯出版社的克里尚·乔普拉，如果没有他的坚持，本书就不会问世；感谢西德希·伊纳姆达尔（Siddhesh Inamdar）的精心编辑；感谢拉金德·甘朱（Rajinder Ganju）的排版工作。

第一篇 央行岁月

I do what I do

第一章

搭建舞台

一

2013 年 9 月 4 日，我接手印度储备银行成为第 23 任行长。彼时，卢比刚刚经历了 8 月的跌跌不休，通胀和经常账户赤字高企。2012 年，普拉纳布·慕克吉（Pranab Mukherjee）甫一就职总统就将奇丹巴拉姆召回，令其重新履职财政部长。之后奇丹巴拉姆对财政赤字进行了大刀阔斧的改革，尽管如此，财政赤字依然庞大。随着 2014 年 5 月的选举逼近，以及可能出现的无多数党议会，投资者开始焦虑。伯南克在 2013 年 5 月暗示美联储可能重回常规货币政策立场，他们随即将印度列入"脆弱五国"行列。在北方邦的时候，我见识过最严重的"缩减恐慌"（Taper Tantrum），也见识了为拯救崩溃的货币而不得已采取的一项又一项措施，我认为印度是时候走出经济困境了。我想向国际社会传递这样一个信号：即使议会相互掣肘，印度也有储备银行这样强有力的机构来推进改革，希望国际社会不要抛弃印度。

我的前任，苏巴拉奥（Subbarao）行长，非常慷慨和大度，允许我在整个 2013 年 8 月，专注于和我未来的同事逐一谈话，收集可能的改革措施信息。印度储备银行一向以刻板保守闻名，其实并不尽然，那里充满了各种各样的想法。必要时，我会与财政部的同事讨论这些想法。我想传递四个信号。首先，我们必须正面展现信心，让公众相信储备银行深知自己的职责所在。其次，我们应该强调降低通胀的承诺，这是稳定币值的最优方法，也是我的朋友，墨西哥央行行长奥古斯丁·卡斯滕斯（Augstin Carstens），以其丰富的经验给我的建议。再次，必要时我们会宣布一系列措施，并展示我们在应对币值动荡之外具有长远谋划能力，如讨论卢比国际化，以此证明印度储备银行是果敢且富有远见的。超越当下面临的问题也表明我们并没有疲于应付当前的动荡。最后，我想为透明性和可预期性设定标准。透明性借由沟通来实现，而可预期性取决于我们阐明即将采取的行动。

这里重新展示我的就职演讲，也即我在全国电视台的演讲，除去一些细枝末节，几乎是全文收录。

2013年9月4日的就职演讲

晚上好。今天下午，我就职成为第23任印度储备银行行长。岁月艰辛，经济承压。但与此同时，印度经济总体向好，前景可期。我们今天的任务就是克服全球金融危机，搭建通往未来的桥梁。我有充分的信心完成这一使命。今天我想阐明一些即将采取的具体行动和初步措施，以及根据我们将制订的计划所要采取的行动意图。

在具体展开之前，我想重复一下我在接受任命当天的致辞。储备银行是一个伟大的机构，有着廉正、独立和专业的传统。我祝贺苏巴拉奥博士带领储备银行度过了那些艰难岁月。我也期待能和储备银行的众多优秀职员共事，去完成他开启的改革。储备银行职员对我的热情欢迎让我深受感动。

储备银行的传统是我们工作的基石，我想就其中的重要内容再强调两点：透明性和可预期性。当前金融市场动荡不安，即将到来的选举也加大了国内政治的不稳定性，印度储备银行应该是作为经济稳定的灯塔。这并不是说我们绝不会令市场惊讶。储备银行绝不能说“绝不”！但公众对我们正在开展的工作应该有所了解，也要明白我们的政策主张如何嵌合在我们的政策框架之内。这一切的关键是沟通，我想在就职第一天的演讲中再次强调这一点。

货币政策

我们将在 9 月 20 日发表我任内的首次货币政策声明。我推迟了原先设定的日期，这样我就有时间通盘考虑一些细节性的技术问题。届时我将详细解释我的货币政策立场，但请允许我强调印度储备银行的法定权限来自 1934 年的《印度储备银行法案》，该法案授权印度储备银行：

> 管理货币发行、保持储备以确保币值稳定并保障国家货币和信贷体系有效运行。

正如该法案所言，印度储备银行的首要使命是保持币值稳定，也就是说，维持国家货币的价值。最终，这意味着印度储备银行应释放通胀率稳定地保持在低位的预期，而不管通胀是来自国内因素还是货币价值的变化，也不管通胀是来自供给约束还是需求压力。我曾经咨询副行长尤吉特·帕特尔（Urjit Patel）和一个由外部专家与储备银行职员组成的委员会，未来三个月内，为了修正和强化我们的货币政策框架应该采取什么措施。过去的一些委员会，包括金融部门立法改革委员会（FSLRC），曾经就相似的议题给过意见，他们的意见我们也会认真考虑。

包容式发展

我刚刚讲了印度储备银行的首要使命是保持币值稳定，但储备银行还有另外两个很重要的使命：包容式（也即普惠）增长和发展，以及金融稳定。

作为发展中国家的中央银行，我们有加快经济增长的额外工具，即加速金融发展和提高包容性。农村地区，尤其是我们的村庄，以及遍布这个国家的中小企业，曾经在大企业增长乏力的时候发挥了经济增长引擎的作用。但对于一些穷人、农村人以及中小企业来说，金融资源依然难以获得。我们需要覆盖面更广、包容性更强的更快增长来快速减少贫困。

印度公众会从银行间的充分竞争中获益，而银行业会受益于更多的自由决策权。印度储备银行将发布必要的通知，允许在册商业银行（Scheduled Commercial Bank）在全国各地完全自由地开设分支机构。一个运行良好的在册商业银行再也无须为了开设分支机构而向印度储备银行提出申请。当然，我们会要求商业银行满足一系列的包容性标准，包括要求它们像服务城区一样服务于原先服务不周的地区。我们也会限制运作不良的商业银行盲目扩张，直到它们符合稳定性要求。除了管理很差的商业银行外，其他在册商业银行开设分支机构都将是完全自由的。

新的商业银行牌照吸引了公众的强烈关注。只要符合透明和尽职的最高标准，我们将马上发放银行牌照。组建外部委员会的工作也在持续推进中，杰出的前任行长比莫·扎兰（Bimal Jalan）博士已经同意出任委员会主席。该委员会将由道德操守上无可挑剔的人组成，并将在印度储备银行工作人员初步编制申请后审查牌照申请人。这个外部委员会将为行长和副行长提供建议，我们也将向印度储备银行中央理事会下设的委员会提交最终方案。我希望在副行长阿南德·辛哈（Anand Sinha）任内，或者任期结束后不久，就可以颁发银行牌照，这也是他正在推进的事项。他将于 2014 年 1 月结束任期。

我们不会止步于这些牌照。我们已经在印度储备银行官网上发布了一份文件，其中探讨了对小型银行和批发银行发放差异化银行牌照的可能性，发放长期牌照或随时发放牌照的可能性，或者将城市合作银行合并为商业银行的可能性。我们将继续探讨印度储备银行职员的这些富有创造性的想法，在和利益相关者讨论后，就自由进入、加快发放牌照进程所需的改革与监管措施提出具体的路线图。

最后，我们的银行还将承担一些优先借贷的义务，事实上，我同意杰出的前副行长拉克什·莫汉（Rakesh Mohan）博士所谓“懒惰银行业”的说法。印度储备银行的使命之一就是确保信贷资源流向经济中的高效部门。在这个背景下，我们将减少对银行购买政府债券的要求，使它们基于审慎视角将信贷资源投向亟需的地方。

我们也将要求银行满足一系列的私人部门借贷要求。我相信这是一个发展中国家的使命，即推动银行进入它们本不想进入的领域。但这一使命应该符合经济发展的要求，尽可能有效率地运作。我们要铭记，我们的目标是提高全国各地的金融可及性，而不是满足官僚标准。我正在恳求纳奇克·莫尔（Nachiket Mor）博士来领导推进金融可及性工作的委员会。通过这些方式，我们将进一步完成印度储备银行的使命。

卢比国际化和资本流入

现在讨论卢比国际化似乎有些不合时宜，但我们的目光要超越未来的几个月。随着贸易的增长，我们需推动更多地用卢比结算。这也意味着，为了给那些挣了卢比的投资者一个投资回流渠道，我们需要进一步开放金融市场。我们将稳步推进卢比的国际化进程。

印度储备银行希望帮助银行引入安全资金，为贸易项下的经常账户赤字融资。应各银行的请求，印度储备银行为置换外币非居民存款（FCNR）提供特别许可窗口。在印度储备银行最近批准的放宽措施后，我们将为银行提供一个窗口，以置换新的外币非居民资金，其存款期限为三年或三年以上，固定年利率为3.5%。

此外，也是应银行的要求，我们决定将目前海外借贷上限从未受损一级资本的50%提高到100%，而且根据该规定，调集的借款可以与印度储备银行互换，而银行可选的优惠利率要比市场上通行的掉期利率低100个基点。

上述方案将在2013年11月30日施行。在此之前，印度储备银行保留中止这些方案的权利。

金融基础设施

当金融基础设施强大时，金融业便会欣欣向荣。印度储备银行一直在努力改善印度的金融基础设施，例如，它在加强印度的支付和结算系统方面取得了巨大进展。它还一直致力于改善信用信息局（Credit Imformation Bureaus）和评级机构等机构的信息共享。我建议开展此类工作，这对提高印度的资金流动安全和速度，改善贷款的质量和数量将是极为重要的。

在零售方面，我特别想强调的是，使用独特的身份认证，即统一身份认证系统（Aadhaar）构建个人信用历史。这将是零售信贷革命的基础。

对于中小微企业，我们将推进电子票据保理交易，对大公司的中小微企业票据进行电子受理和拍卖，使中小微企业能够及时收到款项。这是金融部门改革委员会在2008年的报告中提出的一项建议，我希望看到它的实施。

金融不仅仅是发放贷款，它还包括回收贷款。我们必须提高贷款回收体系的效率，特别是在目前这样一个经济不确定的时期。贷款回收应关注效率和公平，这意味着既要保护有价值的基础资产和可能的工作岗位，甚至还要同时将低效资产重新配置到新的用途并公平补偿员工。所有这一切都应确保合同优先事项得到履行。整个金融体系必须直面真正的困难，同时严厉打击管理不善或欺诈行为。企业发起人没有天赋权利可以无视其糟糕的管理仍掌控企业，也无权利用银行体系对其失败的经营项目进行资产重组。

最紧迫的是，我们需要加快债务回收法庭（Debt Recovery Tribunals）和资产重组公司的工作。副行长阿南德·辛哈和我将审查必要的措施。

我已要求副行长查克拉巴蒂（Chakrabarty）博士密切关注不良资产（NPA）的上升和重组/回收过程，我们也将很快采取下一步行动。印度储备银行提议收集信贷数据，检查银行间的大规模共同风险敞口。这将使我们能够创建一个基于大量信贷的中央数据库，我们将与银行共享该数据库。这将使银行自身意识到确定杠杆和共同风险敞口的重要性。

重启已搁置的项目和更强劲的增长将缓解银行体系的一些困难，但我们将鼓励银行清理资产负债表，并在必要时制订融资计划。不良贷款问题目前还不令人担忧，但如果不加以解决，它只会恶化和加剧。

我们也会按照金融稳定委员会的建议，为金融机构建立更完善的处置体系。金融机构处置制度工作组正在研究这一点，我们将审查其建议并在不久之后采取行动。

这是我为储备银行制定的短期时间表的一部分。它涉及相当大的改变，而改变是有风险的。但随着印度的发展，不改变的风险更大。印度储备银行有很多优点，我们必须保持这些优点，并在必要的时候采取不同的行动。印度储备银行总能在需要的时候做出改变，不随波逐流，而是做必要的事情。我打算与储备银行的各位优秀同事，包括在座诸位储备银行的高级管理人员合作，推动我们所需要的变革。

最后，我个人想说的是：任何担任央行行长一职的人，刚开始的时候可能大受欢迎。但我采取的某些行动将不受欢迎。央行行长一职并不是为了赢得选票或脸书（Facebook）上的“点赞”。我希望做正确的事，不管这会导致什么样的批评，我甚至希望从批评中学习。著名作家、诗人拉迪亚德·吉卜林（Rudyard Kipling）在诗歌《如果》中曾思考过理想的中央银行家的要求，他的表达比我刚才所说的更好：

> 如果你在被众人猜忌怀疑时，自信如常，而不是妄加辩论。

吉卜林在诗里用了“男人”（men）这个词只是说明这些诗句的年代（比较久远），但他要表达的意思是很清楚的。

我们将尽快落实我们宣布的细节，并在不久后制定更广泛的改革路线图。相关通告也将很快颁发。在这一过程中，我们将着手准备季度中期的政策声明。

二

我的开场白第二天登上了印度报纸的头条，达到了预期的效果——渴望好消息的公众开始相信，储备银行可以提供一些好消息。随着投资者重拾信心，卢比汇率稳定下来。

虽然一揽子计划的许多内容都很重要，但有一项特别令人难忘，因为我最初反对这项计划。这项计划是我在北楼的财政部时收到的。实际上，银行家告诉我们，他们将把大量三年期美元非居民存款转换成卢比，投资于印度。作为回报，他们想要一个较低的汇率，这样就可以在三年后将卢比兑换回美元。只要人们相信印度储备银行能够提供远期美元，这对银行来说是一笔大买卖——他们获得了卢比利息收入，而且获得了一个有保障的较低汇率，可以将到期的卢比兑换回美元。

当我第一次听说这个计划时，并没有多想，认为这是银行家从一个陷入困境的国家获得补贴的又一花招。但类似的提议不绝于耳，我在财政部的老同事认为，随着信心危机的恶化，这个计划值得一试。

经过仔细推敲，我也变得更喜欢这项计划了。首先，我权衡了各种风险。如果我们不让卢比回归基本价值，美元兑卢比汇率每上升 1 卢比，我们的进口成本就会增加 4 万亿卢比。假设卢比连续几年被低估 3 卢比，这将意味着国民收入损失 10 万亿卢比。相反，该计划可以在吸引资金流入方面取得巨大成功，但其支出只有数万亿卢比。当然，可能有成本更低的方法来恢复信心，但目前还不清楚这些方法是什么。时间是最重要的。

与印度储备银行同事的讨论给出了另一个理由。提出该计划的银行家表示，如果资金流入，卢比将会升值，我们提供远期补贴的成本也会降低。这是在自圆其说，并不完全正确。正确的做法是，如果我们能改变人们对印度的看法，在资金流入到我们在远期市场上履行对银行家的义务（即提供远期美元）这段时间里，卢比持续升值，我们的成本就会大大降低。事实上，我们甚至可能在这笔交易中获利。但是，如果美元流入后卢比大幅贬值怎么办？这里没有确定性。

归根结底，该计划的风险是可测的，印度储备银行有一定概率遭受损失，银行家肯定会赚钱，国家处境也有相当大的可能显著改善。政策制定就是要在面对不确定性的时候，尽可能权衡各种选择，然后做出决定。得到财政部的同意后，印度储备银行行长不得不做出决定。我选择了执行该计划。

外币非居民存款计划吸引了260亿美元的资金，超出了我们所有人的预期。但同样重要的是，信心回升，卢比持续走强，超过了资金流入的时间，部分原因是全球投资者情绪以及印度选举预测也发生了变化，我们低成本地进行了远期互换。卢比一度成为最稳定的新兴市场货币之一。

当然，事后看来，这似乎是显而易见的事情，因为它奏效了。现实却是我们永远无法确定这是不是解决问题的良方！也许这是一揽子计划的其他因素发挥了作用，例如我们表达了控制通胀的决心，也许是所有因素共同作用的结果。自传总是写得好像作者很有先见之明，而忽略了当时的风险和不确定性。这会误导我们，就像那些过去假日的美丽照片，没有了酷热难当、蚊虫肆虐和形单影只。在面对不确定性时，政策制定总是要承担适度的风险，因为决策者既没有先验的模式可循，也不能耽于优柔寡断。

另一方面，我最初的演讲也有一些意料之外的附带效果。

我成了“摇滚明星”央行行长，中央银行的詹姆斯·邦德或兰比尔·卡普（Ranbir Kapoor），这取决于你读到的是哪一篇文章，而我努力淡化这一形象，这不仅是因为它远离平淡的现实，而且我希望把重点放在印度储备银行的可靠而又富有创意的工作上。也许我最吸粉的文章，是大胆而又出格的专栏作家肖芭·黛（Shobhaa Dé）撰写的，那篇文章满是对即将上任的央行行长的推崇之辞。我上任后，终于在一次正式聚会上遇见了作者和她迷人的女儿，我很高兴地发现当面对面相遇时，她和我一样尴尬。我们对此报以大笑。稍后我们将看到，激发媒体兴趣的确是一把双刃剑，但这在很大程度上是我的使命的有益部分。

随着卢比汇率更加稳定，人们的注意力可能转向其他改革。这些改革经常在印度储备银行的高级管理委员会上被反复拿出来讨论，在那里各小组就提议的改革方向进行陈述，由行长、副行长和执行董事组成的全体高级职员就这些问题展开辩论。这些讨论有时带有大学研讨会的性质，有论证也有反驳，从中产生了各种非常有用的观点。然而，与大学研讨会不同的是，我们需要在会议结束时做出决定！这些会议也是让我们所有高级职员了解重要进展和掌握改革（包括金融体系和印度储备银行内部运作）的一种方式。

2013 年 11 月 15 日，我在班肯会议（Bankcon Conference）上有机会阐述了我们的想法。我强调了构建改革努力的五大支柱。这就成为向众多参会者解释我们的策略以及在印度储备银行内部组织思考的一种简单方法。在以下复制的演讲和文本中，我对原文进行了编辑，只是为了避免重复或使之更清晰明确。

印度储备银行金融部门政策的五大支柱

我想重点谈谈印度储备银行为改善金融体系正在做些什么。我们计划在接下来的几个季度里，将储备银行的发展措施建立在五大支柱之上，具体如下：

1. 明确和加强货币政策框架。

2. 发放新牌照、增设分支机构、鼓励创建各类新型银行、规范外资银行的组织形式，以此改善银行结构。

3. 扩大和深化金融市场，增加其流动性和韧性，以帮助配置和吸收为印度经济增长提供资金带来的风险。

4. 借助技术、新的商业实践和新的组织结构，扩大中小企业、非正规部门、穷人、边远和服务不足地区获得资金的机会，也即金融普惠。

5. 强化实体经济和金融部门的重组，加强债务回收，提高金融体系应对企业和金融机构困境的能力。

让我来详细说明每一个支柱。

第一，印度是世界上消费价格通胀最高的大国之一，但增长比我们希望的要弱。通胀主要集中在食品和服务领域。我们的家庭投资正转向黄金，因为他们发现金融投资缺乏吸引力。与此同时，许多工业企业抱怨利率居高不下，因为它们无法将成本上升转化为产品价格上涨。

我们可以花很长时间讨论这种通胀的根源。但归根结底，通胀来自需求超过供给，只有供需平衡才能遏制通胀。我们需要在不严重影响投资和供应的情况下，适度减少需求。这是一种平衡之举，它要求储备银行采取坚定的行动，使经济步入通胀下行的轨道，甚至要允许疲弱的经济超出通常允许的时间达到合意的通胀水平。经济不景气和雨季的作物丰收，将产生通胀下行的压力，这将有所助益，我们正在等待数据观察这些力量如何发挥作用。我们的下一步行动不取决于单个数据点或数字。

我认为市场明白我们在努力做什么。但我们确实需要一个比目前阐述得更详细的货币政策框架。针对该框架的行动将在尤吉特·帕特尔委员会提交报告之后进行，该报告预计于 2013 年 12 月底提交。

第二，我们已经公布了放开银行设置分支机构的措施，并鼓励外资银行在国内注册。展望未来，我们必须给作为国家资产的公共部门银行（public sector banks）提供提高其竞争力的手段。其中许多银行在过去 10 年中取得了巨大的进步，例如，其业务数字化的程度十分值得称赞，但由于未来几年银行业的竞争可能加剧，它们不能满足于既有的成就。在未来数月，我们会与公共部门银行的利益相关者讨论如何进一步改善公共部门银行的稳定性、效率和生产力。

第三，我们需要争取市场对银行业的支持。流动性市场将帮助银行摆脱它们不应承担的利率或汇率等方面的风险。它们还将使银行可以出售从持有者的角度看没有比较优势的资产，例如对已完成基础设施项目的长期贷款，这些资产最好由基础设施基金、养老基金和保险公司持有。流动性市场将帮助银行筹集印度经济亟需的股本，以吸收银行缺乏股本就无法吸收的风险。我们不应将市场视为不利于银行业发展的因素，而应将其视为互补因素。当然，这要求你们这些银行家增强风险管理能力，以便有效利用市场。

在未来几周，我们将推出甘地委员会报告中的更多建议，以改善国债市场的流动性和深度。然后我们将转向货币市场和公司债券市场。我们将推出新版的利率期货和通货膨胀指数债券等产品，并努力改善衍生品市场的流动性。

第四，我们必须向每个人提供金融服务，不管他们位置偏远还是规模偏小。金融普惠不仅仅意味着发放生产性的信贷，它还意味着为医疗急救提供信贷，或者帮助支付昂贵的中小学或大学学费。它意味着一种安全的、有回报的储蓄方式，一种方便的支付和汇款方式；意味着保险和养老金；意味着金融知识和消费者保护。

第五，我们在金融普惠方面取得了巨大进展，但离我们的目标还有一段距离。我们采取了以分支机构为基础的普惠战略，但这还不够。在所谓“过度银行化”的城市地区，仍有太多穷人无法获得银行服务。我们正在进行许多试验，利用技术、移动电话、新产品（如移动钱包）和新实体（如商业通信账户）将人们与正式的金融系统联系起来。就像我们创造了一个印度模式的廉价手机一样，我们需要一种印度模式的值得信赖和有效的廉价普惠金融。纳奇克·莫尔委员会正在帮助我们考虑可能的模式，我希望当我们根据其建议提炼措施时，我们优秀的银行、非银行金融公司、信息技术公司和移动运营商将能够应对自如。在更具体的层面上，我们成立了相关的委员会，如桑巴鲁（Sambamurthy）委员会，这些委员会就如何在各种型号的手机上使用基于 SMS 的加密资金转账来扩大印度的移动银行业务，向我们提供建议。

我应该强调，包括在座各位所代表的银行，除了吸引更多的人开设银行账户之外，有必要确保贫困客户有足够的信心和舒适度来使用这些账户。我们的努力必须包括创新，以涵盖服务不足的客户为目标，而不是简单地追求新开设的分支机构或者银行账户数的增长。

最后但并非最不重要的是，我们必须更好地处理困境；对于任期有限的银行管理层来说，应对困境最自然也最糟糕的方式是“拖延塞责或粉饰太平”（extend and pretend），也即继续发放贷款，寄希望于奇迹般地收回，或者让继任者来处理。对银行创办人而言，处理困境的自然动机便是，即使不拥有真正的股权，也继续持有股权和控制权，希望能侥幸地摆脱困境，从而阻碍解决根本问题的所有努力。并非所有的银行家和创办人都屈服于这些自然的激励，但屈服的人也不在少数。

我们必须确保金融体系及早认识到金融危机，采取措施加以解决，并确保出借方和投资者的权益能够公平地得到保障。我们可以寄希望于更有效的司法程序或更好的破产制度，但在等待这一进程的同时，我们必须改进现有制度的运作。在接下来的几周内，我们将宣布一些措施，以激励银行尽早发现问题，更好地解决问题，并公平收回不良贷款。我们将专注于让实体资产发挥最大效用。在这里，你们银行家要发挥关键作用，与体系中固有的自然激励做斗争。你们必须帮助那些真正有困难的人，同时坚定地对待那些试图榨取体制利益的人。印度储备银行将尽一切可能帮助你们。

让我做个总结。我们正在经历一段印度的所作所为受到极度怀疑的时期。这些冷嘲热讽不仅渗透到外国媒体及其受众中，也影响我们国内的辩论。每一项政策都受到怀疑和仔细审查，以寻找渎职的证据。由于做决定没有好处，决策速度变慢也就不足为怪了。然而，解决办法不可能来自不行动，而只能来自行动，这种行动现在和以后看来都应该有的放矢、不偏不倚且富有效率。毫无疑问，人们会犯错误，但如果清廉行动的分量不断增加，弥漫于当今社会的怀疑迷雾将会消散。印度储备银行打算在实现这一目标方面发挥自己的作用。

第二章

鹰派、鸽派还是猫头鹰派?

一

我首要关注的当然是通胀问题。无论何时你想在印度的公共生活中采取一系列行动,如果有一份报告引导这些行动那就最好不过了。报告表明有识之士已经深入思考过问题,这样的报告有助于使行动合法化。关于货币政策,我们的首选是尤吉特·帕特尔委员会的报告,我在开篇中对此已有描述。我和帕特尔博士的共同希望是,我们制定的路线图犹如20世纪80年代查克拉瓦蒂(Sukhamoy Chakravarty)博士关于货币政策的报告。我没有失望。我现在的任务是弄清楚如何实施可行的建议,以及如何修正不可行的建议。

我们提出了一项重要的、没什么风险的技术性建议。我们将通胀目标从原来瞄准批发价格指数(简称WPI),转为瞄准消费者价格指数(简称CPI),因为批发价格通胀并非消费者体验到的通胀,而消费价格通胀则与他们日常生活中购买的一篮子商品更密切相关。这一措施是货币政策的根本性变化,因为消费价格通胀在一段时间内远远高于批发价格通胀,这意味着如果我们不得不抑制消费价格通胀,利率必须更高并且保持更长时间。那些在廉价的负实际利率时代受益的实业家是否会理解那个时代已经结束,而那些超额储蓄者现在是否会得到更好的回报?实业家会抗议吗?

另一个重要步骤是走上实行通货膨胀目标制的道路。我们着手将通胀降低到尤吉特·帕特尔委员会报告建议的目标范围，每年都有明确的里程碑。我们达到了为自己设定的里程碑，尽管许多人认为这是不可能的。当我们达到里程碑时，我们要求与政府达成正式的通胀管理协议，以便使通胀管理制度化并更加可信。在财政部官员的斡旋下，这项协议得以签署。

我们还使流动性业务现代化，包括为了深化货币市场，如何进行货币市场操作。我们引入了定期回购和定期逆回购，最终，我们宣布放弃保持整个银行体系流动性赤字的做法，以保持流动性中性。因为流动性赤字似乎在货币市场中造成了不必要的问题。

最后，与政府一起，我们设立了独立的货币政策委员会，该委员会将从储备银行行长手中接过制定政策的任务。设立这样一个委员会将让更多有识之士影响政策制定，万一成员不得不退出或退休仍能保持连续性，并更少受制于政治压力，这就是我强烈支持这一举措的原因。我是最后一位单独制定货币政策的储备银行行长（尽管经过与同事的充分协商）。在我离任后不久，政府就任命了货币政策委员会的成员，我的继任者尤吉特·帕特尔的第一项政策就是与货币政策委员会合作制定的。

我在 2014 年 2 月向印度固定收益货币市场和衍生品协会（FIMMDA）发表演讲时，设定了我们抗击通胀的参数。我试图找出通胀的来源，特别是食品通胀，以及为何将其控制在符合农民利益的范围。对于当时的团结进步联盟政府来说，这是非常重要的一点，该届政府的一个选区认为，食品价格显著上涨符合农民的利益。

更一般地说，鉴于我们最近发生的尚无定论的小冲突，抗击通胀的方式是要表明我们控制通胀的决心。但我们也需要以一种印度经济可承受的方式来做到这一点，从而使很多人可以有最低的抗不利冲击的能力。我从一开始就认为保罗·沃尔克那样的做法，就是说，加息如此之高以至于需求崩溃，对印度经济来说根本不合适。但是，我确信，负债累累的利益集团很快就会聚集在一起反对印度储备银行的议程，政府对货币紧缩政策的任何宽容都会减弱。所以我们必须快速展示结果。我发表关于通胀的演讲，试图向公众解释我们的政策取向，也是为了在印度储备银行控制通胀的能力受到质疑时争取公众的支持。

抗击通货膨胀

如你所知，印度储备银行的成立是为了“管理货币发行、保持储备以确保币值稳定并保障国家货币和信贷体系有效运行”。这些词语隐含着印度储备银行的核心目的是促进有利于经济可持续增长的货币和金融稳定，并确保发展一个高效和包容的金融体系。

请注意，印度储备银行致力于为印度带来最强劲的增长，在这一点上我们与财政部之间没有任何分歧。我们认为，除了通过发展金融部门之外，在当前形势下促进可持续增长的最佳方式是保持货币稳定，也即在合理的时间段内降低通胀。更具体地说，我们打算在2015年1月之前将消费价格通胀降至8%，到2016年1月降至6%。

这里有许多要点需要详细阐述。首先，我们是否选择以牺牲增长为代价来应对通胀？大多数人认为增长与通胀之间存在短期取舍。

通过提高政策利率，储备银行促使银行提高利率，从而降低需求；当利率较高且个人停止购买耐用品以减少借贷并转向储蓄时，公司不会大量借入资金用于投资。较低的需求增长导致需求与供给之间更好地匹配，从而降低了产品的通胀率。

相应地，如果较低的利率产生更高的需求和更高的商品价格，人们可能会生产更多的商品，并相信他们正在获得更多的收入。但由于所有商品价格都在上涨，高通胀会减少他们用收入购买的商品。正如“你可以在某些时候欺骗所有人”这句话所言，通胀爆发可以在一段时间内带来增长。因此，在短期内，争论的焦点是，更高的通胀是否导致更高的增长。

但随着公众习惯于更高的通胀水平，再次欺骗公众的唯一方法就是更高的通胀率。结果通胀螺旋式上升，给公众带来了巨大的成本。因此，经济学家认为从长远看，央行实现增长的最佳方式是让通胀稳定地保持在低位，有一些经济学家因研究通胀及其与增长之间的关系而获得了诺贝尔经济学奖。

如果公众开始预期通胀会保持低位，央行就可以大幅降息，从而拉动需求和增长。事实上，马来西亚央行今天能够保持低利率以促进经济增长的原因，就在于它抗击通胀，并使其公民相信，如果有必要，它将会再次抗击通货膨胀这头怪兽。

换言之，为了实现可持续增长，我们必须首先抗击通胀。我还要补充一点，公众对低通胀的信心将增强货币的稳定性，并防止我们去年夏天出现的那种波动。汇率稳定是商业利益的核心。

如果我们必须降低通胀，就要从今天开始。我们不能等到公众形成了根深蒂固的高通胀预期，通胀获得螺旋式上升的动力时，才采取行动。这就是我们自 9 月以来已经三次加息的原因所在。

但那些告诉我们降息的实业家呢？无论利率水平如何，我都还没有遇到过一个不想降息的实业家。但是，当前较低的政策利率会给予他更大的投资动力吗？我们认为不是。首先，我们认为阻碍当前投资的主要因素并不是高利率。其次，即使降低政策利率，我们也不相信支付较高存款利率的银行会降低贷款利率。原因在于存款人的高通胀预期使之不会满足于银行支付给他的利率。通胀为存款利率设置了下限，进而影响了贷款利率。

因此，目前我们并不认为政策利率处于能够（以某种方式）显著影响需求的水平。然而，我们确实认为，由于经济疲软和粮食生产强劲，通胀率下降，政策利率将对银行利率设定产生更大影响，并将开始影响需求。

然而，今天我们发挥影响力有一个更重要的途径，那就是预期。如果人们认为我们抗击通胀是认真的，并且他们的通胀预期开始下降，那么通胀也会下降。当然，很多人只是通过推断他们的最新或最突出的经验来形成预期。因此，我们还需要利用当前较低的食品价格通胀来降低通胀预期，这是现在采取行动的另一个原因。

刚才我回应了那些希望我们走得更慢的人，现在我要回应那些希望我们做得更多的人。如果我们认为通胀如此重要，为什么我们不“做保罗·沃尔克”通过迅速推高利率来迅速降低通胀？当然，如果我们确实大幅提高政策利率，银行也必须跟随我们提高利率。虽然这可能导致需求萎缩并迅速导致通胀下降，但这将对经济造成重大损害。还记得保罗·沃尔克的美联储带来的严重衰退以及随之而来的储贷危机吗？

发展中国家与美国的地位不同。印度储备银行不喜欢将休克疗法用于疲软的经济，而是更倾向于渐进地控制通胀，不是突然压低通胀。同时，为应对经济偏离预期的通胀路径做好一切准备。截至目前，我们认为利率设定是合理的。

然而，有些人认为我们过于独立。到目前为止，我们所做的只是采纳帕特尔委员会的合理建议，即我们将消费价格通胀而不是批发价格通胀作为我们的主要目标。帕特尔委员会还提出了一个将通胀率降至 6% 的期限，在没有极端困难的情况下，这似乎是可行的。如果政府最终决定与储备银行协商，采纳米斯特里（Mistry）委员会、金融部门改革委员会、金融部门立法改革委员会和帕特尔委员会的建议，并着重于某种形式的通胀目标制，那么，储备银行建议的由行政或立法部门确定中期通胀目标将是有益的。

帕特尔委员会的报告正在征询公众意见和辩论，一旦我们收集和分析评论后，将形成内部观点，然后开始与政府进行商议。综上所述，国际经验表明，理想的情况是，一旦给出了央行的目标，并确定了工作目标，政府就应该让央行的技术专家完成工作。

最后，帕特尔委员会是否打算将印度储备银行变成排除一切因素（包括金融稳定）专注于降低通胀的“疯子”？当然不是！中期灵活的通胀目标制意味着货币政策委员会关注中期通胀，担心通胀过高，也担心通胀过低。

这意味着，它可能愿意忽略暂时的通胀高峰（如今年 11 月的通胀数据），但如果持续的低利率和低通胀给金融稳定带来了更大的威胁，央行就会加息，因为金融危机可能导致通货紧缩。换言之，货币政策委员不会对通胀数字视而不见。一些新兴市场已经采取了某种形式的通胀目标制，而像美联储这样的“非目标锚定者”则只是名义上的通胀目标制，其中包括设定一个物价稳定的目标值。

在剩下的时间里，我想提出一个有很多评论员关注的问题——他们说真正的问题是食品价格通胀，你怎么期望通过政策利率降低它？对这些评论者的简单回答是，不包括食品和能源的核心消费价格通胀也非常高，反映了服务业的高通胀率。降低食品价格通胀也是印度储备银行的工作目标。我认为，即使在控制食品价格通胀方面，货币政策也并非无关紧要，但显然政府也可以发挥重要作用。

1. 近年来食品价格在高通胀中的作用

从 2012 年 4 月到 2014 年 1 月，以新消费者价格指数衡量的整体通胀率一直保持在两位数，同期平均为 10%。在该指数中权重为 47.6% 的食品通胀，在整体通胀率中占比最大。在此期间，食品价格通胀率一直保持在两位数，仅在 2014 年 1 月降至 9.9%。

2. 为什么食品价格高企?

尽管除去 2009—2010 年和 2012—2013 年的逆转，国内产量一直在稳步增长，但这并未反映在食品价格走低上。让我们试着理解其中的原因。

日益繁荣和饮食变化

有关家庭消费支出的数据显示，在过去 10 年中，食品在总消费中所占份额一直在下降，但降幅小于食品价格的相对大幅上涨。这表明需求对价格变化的弹性相对较小。尽管总的消费份额有所下降，但人均实际粮食消费有所增加，特别是在农村地区。此外，饮食模式也发生了明显的变化，开始向富含蛋白质的食物和其他高价值食物转变。这些项目反过来又大幅推动了最近一段时期粮食价格的全面上涨。

食品价格高通胀的其他可能原因

A. 最低支持价格（MSP）

分析师指出，食品价格上涨的一个明显原因是最低支持价格上涨。最低支持价格是政府根据农业成本和价格委员会的建议和各种因素（主要是生产成本和国内外市场的价格趋势）而制定的。最低支持价格计划涵盖的农作物在批发价格指数“初级产品”类别的1/3以上。由于最低支持价格的目的是市场价格的底价，有时在价格大幅上涨时会直接决定市场价格，因此，对主要粮食作物来说，通胀率似乎与近年来最低支持价格的上升有关。

另一种说法是，农产品的相对价格已经发生变化，这是由最低支持价格上升造成的。我们需要的是生产更多的粮食来满足我们看到的不断增长的需求。如果我们把粮食的批发价格指数与非粮食的批发价格指数的比值绘制成图，会发现农业贸易条件有了明显的改善。

但是，当我们根据农业成本和价格委员会数据看投入成本变化与农产品产出价格变化的比率时，它仍然保持不变，这表明，由于投入成本持续上升，农产品价格上涨带来的收益并没有全部归属农业部门。这可能表明为什么生产增长没有更强劲。如何解释这种情形呢?

一种可能的解释是，最低支持价格也会推高投入成本，因此最低支持价格的上升就像一只狗在追自己的尾巴，永远也追不上。另一种可能是，由于大米和小麦是最低支持价格采购的主要粮食商品，农业生产受到扭曲，偏向于大米和小麦，从而导致农民的生产组合不够理想，也即大米和小麦太多，其他有需求的商品太少。这两种解释都表明，政府在未来几个月设定最低支持价格时，可能需要进行更多的调整。

不过，考察成本增加的细节是有用的。在2008—2009年至2012—2013年期间，包括工资在内的农业投入品价格与前五年（2004—2005年至2007—2008年）相比大幅上涨。也许最显著的增长是农村工资的增长。在过去的五年里，农村地区的名义工资增长迅速。由于如此多的印度工人处于维持生计的工资水平，所以食品价格的上涨确实推动了农村工资的上涨，2007 年之前就有一些证据证明了这一点。然而，从 2007 年开始，计量经济学检验表明，工资与物价之间存在因果关系，充分说明了农村工资在食品价格上涨中发挥了主要决定因素的作用。那么，为什么农村工资增长如此强劲呢?

B.《圣雄甘地全国农村就业保障法案》(MGNREGA)

在农村就业保障计划（向自愿从事非技术性体力劳动的成年家庭提供 100 天的就业保障）实施后，农村工资出现了大幅上涨。《圣雄甘地全国农村就业保障法案》可能对农村工人的议价能力有所贡献，但细致的计量经济学研究表明，它只占农村工资增长的一小部分，实际上，该法案的影响在减弱。尽管如此，《圣雄甘地全国农村就业保障法案》的工资指数化表明，它推动农村工资上升的作用不会完全消失。

C. 农村流动性和信贷

流入农业部门的流动资金有所增加，这既来自卖地，也来自农业信贷的增加。向农民提供更多的资金，促进了私人部门对农业的大量投资，但也可能推高了农村的工资水平。

D. 劳动力转向建筑业

劳动力已经从农业部门转移到非农业部门，特别是建筑业。这将提高农村劳动者的工资（由于劳动力短缺），尤其是在劳动力的供应邦。农业总劳动力从 2004 年 5 月的 2.59 亿人下降到 2012 年 12 月的 2.31 亿人。1999 年至 2000 年，农业占就业总人数的 60%，但现在不到 50%。

E. 女性参与

对农村工资上涨的一种更有趣的解释是，农村市场中女性参与程度的变化。所有年龄段的女性参与率都在下降。生活水平的提高可能导致农村家庭将女性撤出劳动力市场。此外，经济更加繁荣可能导致对女童（10 至 24 岁）教育的更大投资，这也导致劳动参与率下降。

3. 总结

总而言之，当我们考察食品价格通胀时，很大一部分原因是食品生产成本上升，主要是农村工资上涨。而农村工资上涨部分来自实际工资的上升或者《圣雄甘地全国农村就业保障法案》，这是吸引劳动力离开建筑、教育、家务劳动，转而从事农业生产所需的。

然而，如果其他地方的工资也上涨，那么农业工作保持吸引力所需要的相对工资变化将不会发生，我们将继续出现工资螺旋式上升。此外，农业工资增长的部分原因可能是流入农村地区的流动性增加。有些矛盾的是，为了控制食品价格通胀并使食品产量强劲增长，我们需要采取如下措施：

（1）控制其他地方的工资上涨，这样农业的相对工资就可以上涨，而不会有太多的总体工资上涨。

（2）控制农村工资和其他农业投入成本（尽管不是通过补贴）任何不必要的上涨，从而使农民获得更高的回报。

（3）让食品价格由市场决定，只提供较低水平的最低支持价格，这样生产决策就不会扭曲，价格工资螺旋式上升也不会加剧。这意味着继续限制未来最低支持价格的增长速度。

（4）通过减少中间商的作用、数量和垄断权力（修订《农产品市场委员会法案》），减少农民所得和家庭所付之间的差距，以及改善物流。

（5）通过技术推广、灌溉等提高农业生产力。

请注意，在这些措施中，货币政策在（1）和（2）方面具有直接作用，它减缓了对劳动力的需求，并锚定了通胀预期，从而缓和了工资谈判。事实上，随着城市经济增长放缓，现在有一些证据表明，农村工资增长正在放缓。

最后，我们的食品价格基本赶上了全球价格。鉴于全球食品价格一直在下降，这种下降应传导至国内食品价格，但前提是我们不干预全球价格的传导，不限制出口或进口。

我要强调的是，印度储备银行支持农村繁荣，希望通过适当的信贷和投资帮助提高农村生产率。但是最近的通胀无助于增强农民的力量，所以抗击通胀也符合农民的利益。

总之，

- 由于繁荣增加了对粮食的需求，我们需要更多的粮食生产（或进口）。
- 农产品价格上涨本应刺激农民大幅增产。
- 农民增产了，但还不够。部分原因可能是农民的收入正在被更高的成本吞噬，其中最重要的成本是工资。
- 鉴于农村的工资必须高于其他地方的工资才能吸引劳动力进入农业，因此为了限制农村工资的上涨，其他地方的工资不应该上涨太多。
- 货币政策是限制工资增长的适当工具，尤其是城市工资的增长。
- 农村工资增长放缓的部分原因可能是其他地区收紧了限制工资增长的政策。
- 当然，货币政策在遏制其他价格和工资增长方面的有效性（如作为消费者价格指数重要组成部分的服务价格）远没有那么大的争议。

印度储备银行认为，尽管食品是消费者价格指数的一个重要组成部分，但其抗击通胀的努力将产生效果。

二

当我和国内储户交谈时发现，尽管通胀降幅远远超过存款利率降幅，但他们对此仍然极不满意。他们辩称，早些时候，他们在银行的定期存款中可获得10%的回报，现在他们只能获得8%的回报。这公平吗？我需要解释一下，这的确是公平的，因为通胀下降得更快，所以储蓄的实际回报（就可以购买的商品和服务而言）现在更高了。为了说明这一点，2016年1月，我在印度国家应用经济研究理事会（NCAER）举办的德希穆克（C. D. Deshmukh）演讲中表达了内心的真实想法。尽管实际上只是举了一个例子，但不久媒体将其称为“多萨饼经济学”。

多萨饼经济学

企业家抱怨银行贷款的高利率，而退休员工则抱怨银行存款的低利率。不过，正如我反复提到的那样，双方都夸大其词，而解决双方分歧的方法是稳步下调消费价格通胀。

我从退休人员那里收到的典型信件内容如下：“以前我的一年期存款能得到10%的利率，而现在连8%都不到，请让银行提高存款利率，否则我将无法维持收支平衡。”事实是，这些退休人员没有意识到如今他得到了更多，他们只关注获得的名义利息，而不是更急剧地下降的潜在通胀率（从大约10%降至5.5%）。

为了说明这一点，让我们专注于多萨饼经济学。比如说，在某个时段的初期，领取养老金的人想买多萨饼，而每个多萨饼要花 50 卢比。假设他有 10 万卢比的储蓄，那么他现在可以用这些钱买 2 000 个多萨饼，但他想通过投资获得更多。在 10% 的存款利息下，一年后他可以得到 10 000 卢比的利息。但当多萨饼的价格上涨了 10% 变为 55 卢比时，他获得的大约 1 万卢比利息可以购买 182 个多萨饼。

现在，当通胀率下降时又会发生什么呢？在 8% 的存款利率下，储户可得到 8 000 卢比的利息。但由于多萨饼的价格上涨了 5.5% 变为 52.75 卢比，所以他现在用所得利息只能购买大约 152 个多萨饼。因此，领取养老金的人似乎有了抱怨的理由：由于银行存款利率降低了，所以他现在只能减少多萨饼的购买量。

但不要着急。请记住，储户会收回本金，而本金也须根据通胀进行调整。在高通胀时期，经通胀调整的 10 万卢比本金可购买 1 818 个多萨饼；在低通胀时期，经通胀调整的 10 万卢比本金可购买 1 896 个多萨饼。因此，在高通胀时期，本金加利息一共可购买 2 000 个多萨饼，而在低通胀时期，本金加利息可购买 2 048 个多萨饼。在低通胀时期，如果以多萨饼计算，储户的银行存款利息金额要高 2.5%。

这是一种证明通胀是“沉默杀手”的冗长方法。之所以将通胀称为“沉默杀手”，是因为它吞噬了领取养老金者的银行存款本金。尽管这些人会受高名义利率迷惑，认为他们得到了足够的回报。事实上，在 10% 的银行存款利率和 10% 的通胀率下，储户并不能从扣除通胀率的存款利率中获取任何实际回报。这就是为什么经过一年储蓄后，储户连本带息还是只能购买 2 000 个多萨饼，和现在不经储蓄立即购买量一样。相比之下，当通胀率为 5.5% 而利率为 8% 时，储户的实际利率为 2.5%，这意味着多萨饼购买量增加了 2.5%。所以，虽然我同情养老金领取者的遭遇，但他们现在的生活肯定优于过去。

三

当我任期结束时，2016 年 9 月消费价格通胀为 4.39%，低于我任期开始时 2013 年 9 月的 10.5%。[1] 我们很快就要实现通胀下调的第三个目标，即到 2017 年 3 月通胀率下降为 5%（我的继任者也确实达成了这一目标）。当我结束任期时，我认为至关重要的一点是，再次强调我们为何要与通胀做斗争，为何这场斗争永远没法结束，以及为何这场斗争需要继续。我想解释一下，为何这场斗争对经济可持续增长至关重要，以及为何我们要通过与政府商定的货币政策框架和主要由政府任命的独立货币政策委员会，将这场斗争制度化。下面是我于 2016 年 6 月 20 日在塔塔基础研究所（TIFR）发表的演讲。

抗击通胀：制度发展的衡量标准

在今天的演讲中，我想解释我们为建立一种不同的制度所做的努力。这些努力既不是深入探索外太空最深的领域，也不是研究原子最微小的组成部分，而是试图控制影响大家日常生活的通胀。尽管我们所做的努力显然与研究宇宙结构没有太大联系，而是更多地影响人类的行为，但是大家在塔塔基础研究所做的制度建设与我们为控制通胀建立的制度之间有诸多相似之处。最终，两者都需要心智模式上的根本转变。

1 https://dbie.rbi.org.in/DBIE/dbie.rbi?site=home.

通胀的代价

在过去 40 年里，印度国内通胀率一直居高不下。最近，我们又持续经历了 2006—2013 年平均 9% 以上的高通胀。

那么，高通胀的代价是什么？显然，当物价每分钟都在持续上涨时，每个人都明白恶性通胀的代价。此时，人们会直接从银行冲向商店购买商品，以防止货币持续贬值，货币变成没有人愿意持有的烫手山芋。当人们对货币失去信心时，商品或服务的物物交换成为常态，这使交易变得更加困难。例如，你需要付多少物理课程才能打车去班德拉，而且出租车司机会接受物理课程这样的支付方式吗？或许你得教一个学生，让学生向出租车司机唱歌……这样你应该就明白了，此时交易会变得困难，因为恶性通胀使货币变得一文不值。

恶性通胀还具有再分配效应，破坏了中产阶级持有的债券和存款。20 世纪 20 年代奥地利和德国的恶性通胀仍然令人恐惧。

所以，显然没有人想要恶性通胀。但如果年通胀率仅为 15%，又会怎样呢？尽管通胀率很高，但各国在这段时间内经济是否会快速增长？答案是肯定的，但也许在低通胀的情况下，经济增长速度会更快。毕竟，通胀的波动性随着其水平的提高而加大，就像价格偏离经济中的基本价值一样。这使得价格信号变得更加费解，比如我经营的小商品价格上涨是因为高需求还是因为普遍通胀呢？在前一种情况下，如果我生产更多商品，就可以卖出更多，而在后一种情况下，我将会积压库存。因此，生产和投资风险将会更大。

此外，高通胀使放贷人设定更高的固定利率，以补偿通胀将四处蔓延的风险（所谓的通胀风险溢价），进而提高了融资成本。储户要求提高长期名义（和实际）利率，因此一些长期项目的成本高得令人望而却步。

只有当通胀极高时，这些效应才会产生。因此，我们有理由知道“在什么样的临界水平下，通胀开始损害经济增长？”。然而，由于发展中国家通常有较高的通胀和经济增长，所以这个问题很难回答。由此，人们很可能会认为通胀与经济增长之间存在正相关，即便这并不意味着更高的通胀会导致更高的增长。因此，估计通胀对经济增长造成损害的临界效应的文献既冗长又缺乏定论。大多数研究发现，两位数的通胀对经济增长有害，但依然搞不清楚一位数通胀精确的临界值在哪里。

通胀目标

然而，基于有限的证据，为何大多数国家将其通胀目标设定为较低的个位数，如 2% 至 5%，而不是 7% 至 10%？三个原因在我脑海中浮现。首先，即使通胀处于不影响整体经济增长的适中水平，其后果的分布也不均匀。更高的通胀对高负债的富有企业家有利，因为高通胀会使其债务相对于销售收入下降，但高通胀对工薪阶层有害，因为他们的工资与通胀没有挂钩。其次，更高的通胀率波动性更大。如果通胀目标设定在较高水平，将会增加其突破既定目标范围的可能性。如果较高的通胀目标接近对经济增长产生不利影响的临界值，就会使该国通胀更有可能超过临界值并遭受较低的经济增长。再次，通胀可以在较高的水平上自我攀升，即通胀目标越高，进入通胀螺旋式上升区域的机会就越大。

因此，如今货币经济学界的共识是，中央银行通过保持低通胀，以及将通胀稳定在政府设定的目标周围，最有利于经济增长。这与早先流行的经济学观点形成鲜明对比，即央行大幅降息刺激需求，可带来持续增长，尽管这会产生一定的通胀。事实证明，这种观点是对央行能力的盲目乐观。

换言之，当人们认为“当前通胀率很低，央行可以转而刺激经济增长”时，他们不明白这就像一枚硬币的两面。印度储备银行总是将政策利率设定在尽可能低的水平，以符合其通胀目标。事实上，现在的通胀已经接近我们既定目标范围的上限，这一事实表明我们的做法并未过于鹰派，而且没有听从进一步降息的建议是明智的。如果有评论家认为当前利率过高，那么他既需要论证政府应设定更高的通胀目标，又需要论证印度储备银行对未来通胀过于悲观。但他不能既要降低通胀，又要降低政策利率。

同时，印度储备银行不应过分关注通胀，而忽视经济增长。例如，如果石油价格急剧上涨引起通胀的快速上升，那么央行通过提高利率将通胀率快速控制在目标范围内、遏制所有经济活动的做法是不明智的。相反，在中期也就是未来两年左右，印度储备银行应将利率稳步提高到足以将通胀恢复到目标范围内的水平，并将通胀控制在可控范围内。为了避免明天在报纸上看到“印度储备银行加息”这一新闻，此处我要强调的是，上述做法既非对石油价格走势的预测，也非对我们货币政策的预测。更一般地说，我们以延长下行轨迹的方式控制通胀适当地平衡了通胀和经济合理增长的需要。

反对改革措施的论据

很多人认为我们的改革措施完全是错误的。让我们来集中讨论其中的四个主要批判：第一，我们关注了错误的通胀指数。第二，我们保持了过高的利率，抑制了私人投资。有些矛盾的是，我们通过大幅降息损害了养老金领取者的利益。第三，在供给紧张的情况下，货币政策对通胀没有影响，因此我们应该放弃控制通胀的企图。第四，当政府支出占主导地位时，央行对通胀几乎没有控制力（用术语来说，这就是“财政主导”）。

错误指标

以前，印度储备银行关注各种指标，尤为重视批发价格通胀。理论上，印度储备银行过于注重批发价格通胀会产生两方面问题。第一，普通市民遭受的是零售通胀，即消费价格通胀。由于货币政策通过管理民众的通胀预期，进而管理工资需求，因此消费价格通胀才是最重要的。第二，批发价格通胀篮子中包含大量的贸易制成品和大宗商品，它们的价格由国际市场决定。较低的国际通胀使得批发价格通胀保持在较低水平，而教育和医疗保健服务、零售利润率和非贸易食品等国内通胀的组成部分正在迅速上升，进而推高消费价格通胀。尽管这一结果主要源于其他地方央行的行动，但若仅关注批发价格通胀可能会使我们盲目地认为已控制住了通胀。在这一过程中，我们忽视了消费价格通胀，而对我们的普通民众而言，消费价格通胀才是重要的，更多受国内货币政策的影响。

实际有效利率、投资和储蓄

当然，批评人士主张将重点放在批发价格通胀上的一个原因可能是，目前批发价格通胀很低，这意味着政策利率也很低。这是一个短视的理由，因为当大宗商品价格和全球通胀回升时，批发价格通胀可能远远超过消费价格通胀（作者注：事实上，这是本书编撰时的情况）。然而，还有一个更微妙的论点：实际利率是借款人支付的利率与通胀之间的差额，这是以小商品或多萨饼等商品形式借贷的真实成本。若印度储备银行设定政策利率来控制消费价格通胀，那些只看到产品价格随消费价格通胀上涨的生产商会认为政策利率过高。我赞同这一论点，但我也认为这种担心有些过虑了。即便由于全球竞争，制造商没有太大的定价能力，其大宗商品供应商的定价能力甚至更小。因此，尽管金属生产商的金属销售额实现率可能没有过去那么高，但他们仍可以从煤炭和矿石价格的下跌中获益。因为对他们而言，通胀的真正衡量标准是利润的通胀，这可能比批发价格通胀更具指导意义。

批评者的第二个错误是将借款人支付的利率全部归因于货币政策。然而，对于负债累累的借款人来说，他们支付的利率中很大一部分是信贷风险溢价（银行因承担他们可能无法偿还的风险而收取费用）。这种信贷风险溢价很大程度上独立于印度储备银行设定的政策利率。

因此，当有人因为负债累累的企业家在批发价格通胀为 0.5% 的情形下以 14% 的利率借款而指责我们，并声称实际利率为 13.5% 时，他们其实犯了两个严重的错误。首先，7.5% 是银行对违约风险收取的信贷利差，如果我们将政策利率（目前为 6.5%）再降低 100 个基点，它也不会显著下降。其次，对企业家来说，最重要的通胀不是其产出价格上涨 0.5%，而是其利润上涨 4%（因为成本每年下降 5%）。企业家面对的实际无风险利率为 2.5%，略高于世界其他国家和地区，但这不是阻碍投资的最主要因素。对借款人而言，通过规范还款行为降低利率，进而降低信贷风险溢价，要比竭力敦促印度储备银行降低利率更为有效。

实际上，政策利率起着平衡作用。如同实际借贷利率对制造商而言十分重要那样，实际存款利率对储户而言也极其重要。在过去10年里，由于消费价格通胀超过存款利率，储户在很长一段时间内面临负的实际利率。这意味着，无论他们得到多少利息，都会因通胀对其本金购买力的侵蚀而抵消。由于储户可切身感受到这一点，所以他们远离存款等金融资产，转而投资黄金和房地产等实物资产。这意味着印度的投资需要从国外融资，这直接导致了印度不可持续的经常账户赤字不断增加。

近年来，在抗击通胀的过程中，我们只有在储户可以从金融储蓄中得到合理的正实际回报时才会下调政策利率。这有助于增加家庭相对于实物资产投资的金融储蓄，并有助于减少经常账户赤字。同时，我也收到了很多养老金领取者抱怨存款利率下调的令人心碎的信件。事实上，正如我在前一次演讲中阐述的那样，他们现在的境况比过去要好。但我也可以理解，当看到利息收入减少时，他们为何会不高兴。

归根结底，在控制通胀方面，货币政策制定者最终有效地平衡了投资者和储户在整个商业周期中的利益。在我的一次访谈中，有位企业家强烈要求贷款利率应该降为4%。当我问他是否愿意以这样的利率将钱存到银行时，他说不愿意。不过，他仍坚持让我们大幅降低银行贷款利率。遗憾的是，政策的制定不能反复无常。

供给约束

食品价格通胀不仅对消费价格通胀有显著影响，还影响教育和医疗保健等服务业的通胀。一些人认为，印度储备银行很难通过货币政策直接控制食品需求，这一观点是正确的。然后，他们进一步认为，我们不应再试图控制消费价格通胀的观点是错误的。现实情况是，虽然我们很难控制食品需求，特别是基本食品的需求，而且只有政府才能够有效管控食品供给，但我们可以通过紧缩的货币政策控制消费篮子中其他物品的需求。为了防止持续的食品价格上涨推动工资上涨，进而形成普遍的通胀，我们必须下调其他物品的价格上涨。事实上，即使最近食品价格居高不下，整体通胀仍能保持在 6% 以下。这是因为消费者价格指数篮子中的其他组成部分（如“服装和鞋类”）的价格上涨更慢。

财政主导

最后，印度储备银行以前不愿局限于以通胀为中心的框架，其中的一个原因是，它担心政府过度支出会妨碍其任务的完成。然而，鉴于政府设定的通胀目标，财政占主导地位意味着政府和印度储备银行都可以在其中发挥作用。如果政府超支，中央银行必须以更紧缩的政策实现通胀目标。只要这一点被广泛接受，政府和央行就可以在以通胀为中心的框架中，更好地合作迈向宏观稳定的共同目标。我认为近期政府合理的预算确实使印度储备银行在 4 月份的放宽货币政策中创造了空间。

务实地聚焦于通胀

正如大家从我刚才所说中得知的那样，在聚焦于通胀的框架下，货币政策试图在控制通胀的同时平衡各种利益。要做到这一点，我们必须有务实的心态，而不是教条主义的心态。例如，新兴市场可能会经历大量资本流入，从而影响汇率波动和金融稳定。教条主义者将采取袖手旁观的方式，而务实者将采取干预方式以减少波动和不稳定。然而，务实者也会认识到，稳定汇率的最佳途径是将通胀降至与全球通胀相称的水平。

同样，虽然印度储备银行的目标中并没有明确包含金融稳定因素，但金融稳定也进入印度储备银行的视野，这是因为印度储备银行在控制通胀的同时还须保证经济增长。因此，如果印度储备银行的货币政策引发信贷或资产价格泡沫，进而导致金融体系的系统性崩溃和经济增长的持续衰退。如果宏观审慎政策无效，印度储备银行将须采取纠正性货币政策。

向低通胀过渡

经济从高通胀向低通胀过渡从来不是轻松之举。经过多年的高通胀之后，民众很难快速下调其通胀预期。因此，他们也不太愿意下调利率预期。家庭金融储蓄占家庭总储蓄的比例正在迅速增加，但在 GDP（国内生产总值）中的占比依旧不显著。利率设定市场中的一些金融摩擦也没起到显著作用。即使政策利率下调，政府为小额储蓄支付的利率也明显高于银行存款利率，免税债券的实际利率也是如此。我很高兴地看到，政府决定将小额储蓄的利率与政府债券利率挂钩，并持续监管这些利率以确保它们不会上升到银行无法降低存款利率的高度。总之，银行贷款利率已经下降，但与政策性降息仍不相称。

在这种情况下，轻易改变政策路线是错误的。只要经济政策的实施会带来痛苦，某些精明的经济学家便总是建议改用非传统又不费劲的新方式。虽然这不是新兴市场特有的问题，但由于每个新兴市场都认为它是独一无二的，而且经济规律在这里的运作方式也不尽相同，所以问题变得尤为严重。如今，我翻阅伟大经济学家拉克斯曼（R. K. Laxman）于1997年出版的漫画书时发现，其中一处指出了当年所有问题的解决方法，即印度储备银行将利率下调100个基点。虽然观点会变化，但有效的解决方法不会变。

几十年的宏观经济政策研究告诉我，要警惕那些声称只要打破传统就能鱼与熊掌兼得的经济学家。阿根廷、巴西和委内瑞拉都尝试了非传统的政策，但结果不尽如人意。与其尝试会给缺乏保障的穷人带来无力承担的风险的宏观政策，不如对微观经济政策（如重新界定商业和银行环境的政策）施以非传统的改革。这样，即使我们在政策实施过程中出现错误也不会造成太大损失，而且创新的政策可能会打破原有的瓶颈，开辟新的道路。印度储备银行本身要继续更开明地对待发放银行牌照、推动普惠金融以及采取新的支付技术和机构，以促进经济增长。

制度建设

让我们回过头来讨论制度建设。几十年来，我们早已习惯了中高水平的通胀，即企业家和政府支付负的实际利率，以及落在中产阶级、底层储户身上的隐形的通胀税负担。如今发生的事情是真正具有革命性的，我们正在放弃过去以牺牲多数人为代价使少数人受益的方式。随着我们的改革进程逐步深入制度层面，通胀持续走低，实际利率逐渐转正，这就要求对所有人做出调整。例如，如果企业家希望大幅降低利率，他们必须支持改善贷款回收的政策，从而银行和债券市场愿意给予低信贷利差。中央和邦政府必须继续走财政整顿的道路，即减少借贷和利息支出。家庭储户需要进行调整以接受较低的名义存款利率，但同时也要认识到他们获得了较高的实际利率，这使他们的储蓄有更高的购买力。

他们进而会发现，为了满足国家巨大的投资需求，更多的储蓄是值得的。

在短期内，调整是困难并痛苦的。因为我们要建立保障未来低通胀的必要制度，特别是这一制度目前已经取得进展，所以我们不能就此退缩。政府已经采取了必要措施，既为印度储备银行制定了基于消费价格通胀的目标，又为设立独立的货币政策委员会提供了框架。在未来几天，政府将推选出一名新的行长，同时兼任货币政策委员会成员。我坚信他们会将已建立的框架和制度内化，并为印度创造一个低通胀的未来。

这些改革措施带来丰厚的回报。首先，若我们的货币一直保持稳定，投资者将对我们的货币政策目标充满信心，而这种稳定只有在我们达到通胀目标时才会实现。其次，外国资本流入将更加可靠，并在较长期限内持续增加，卢比的投资也会增加。这将扩大我们的银行和公司可用的资本量。再者，政府将能够以低利率借款，并延长其债务的到期日。最后，穷人不会因为一轮剧烈的通胀而遭受巨大损失，中产阶级的储蓄也不会被侵蚀。当我们继续推进改革时，上述所有这些都会实现。

四

我很少在公开场合对那些基于各方利益而非经济逻辑的批评表示忧虑。但是，我很奇怪，为何我于 2016 年 7 月 26 日，即统计日，在印度储备银行最后一次发表的关于通胀的演讲会引发那么多不知内情者的批评。我的演讲内容大致如下，并且演讲结尾时欢迎大家对通胀制度化提出不同意见。也许，从今往后的数年中，我们会好奇为何大家对其中任何一点都争论不休。

毫无依据的争论

为什么我们在试图控制通胀的同时，放弃控制通胀的呼声愈发高涨呢？为什么大家的争论都没有论据的支撑呢？我不确定这到底是为什么，但请允许我大胆猜测一下。通胀的政治经济学是否可能不同于我们作为学生在课堂上学到的那样呢？

具体而言，尽管我们在政治上对通胀深恶痛绝，并担心通胀危害社会弱势群体，但只要通胀率保持在较高的个位数，公众对此的担忧似乎就会大幅降低。出于某些显而易见的意图，企业家非常欢迎负实际利率，因为这使他们的融资成本降低。许多中产阶级储户关注其定期存款的高名义利率，却没有意识到他们的本金每年都在大幅缩水。凯恩斯主义经济学家之所以高兴，是因为货币政策极为宽松。无论降息会对通胀造成什么影响，分析师都会为此欢呼雀跃。这是因为人们认为市场对降息有巴甫洛夫式的积极反应。甚至穷人早已习惯于实际收入贬值，并且只有在某些主食价格飞涨的时候才会愤愤不平。有趣的是，由于粮食等主食价格的短期飙升不受货币政策控制，所以产生了不正确的推而广之，即货币政策无法控制国计民生方面的通胀，因此它根本无法控制总体通胀。

只要通胀率普遍处于中等水平，力量强大且直言不讳的选民就不会抗议，而且反对降低通胀政策的也可以畅所欲言。目前，令人信服的说法是声称利率正在损害增长。这种说法很难被反驳，因为总有一些令人同情的借款人付出了看似过高的利率。部分小额借款人的借款利率普遍很高（例如今天为15%），这已被列入储备银行考虑不周政策的图表A中。我们不应当因为被收取的利率中包含6.5%的政策利率和8.5%的额外利差而耿耿于怀，因为这其中包括了违约风险溢价、期限溢价、通胀风险溢价和商业银行的费用补偿，而且这些因素均不受政策利率的直接影响。

外界的不断敦促使新闻界将辩论定为通胀与经济增长之间的对抗，而且由于通胀仍处于中等水平，所以除非中央银行过度保守，否则不会反对增长！ 不必担忧，因为现在过度宽松的政策会导致未来的通胀；不必担忧，因为最近40年的经济理论和实践表明，中央银行在中期维持增长的最佳方法是保持低而稳定的通胀。

当然，现实情况是通胀高且不稳定。正如从印度过去以及其他新兴市场中所见，适度的高通胀往往很快就会变成极高的通胀。然后，货币变得不稳定，甚至还会导致外部压力。毕竟，2013年夏天，我们之所以被列为“脆弱五国”之一，是因为我们过高的通胀。此外，储户终于意识到，高通胀会侵蚀金融储蓄的价值，因而转向了投资黄金等有形资产。由于我们不在国内开采黄金，因此这也给经常账户带来压力。

总而言之，与高通胀相关的脆弱性不断积累，最终可能导致危机。然而，确实在通胀水平适中的情况下，坚信印度国内有大量反通胀支持者的想法可能是错误的，但这是我们在学生时代就被植入脑海的想法。在通胀上升的情况下，如果不采取任何政策措施，那如何能确保宏观经济稳定呢？

不同于更威权式的亚洲经济体，它们在其增长阶段以严厉的行政措施应对高通胀，印度良好的民主结构不允许政府采取此类措施。因此，印度目前最好是通过建立必要的制度来预先应对通胀。也许这就是历届政府极具智慧地赋予印度储备银行一定程度的独立性的原因所在。当然，这些问题必将推动现任政府借助正式的通胀目标制和成立货币政策委员会来兑现其对低通胀的承诺。

后记：既然政府已经建立了货币政策委员会，并给它设定了通胀目标，那么无论现任政府还是未来继任政府都应让由委员会任命的专家来制定政策。

第三章

增强银行部门的竞争力

一

五大支柱中的第二个是建立一个更具竞争力、更有活力的银行体系。印度自由派经济学家认为，对解决银行体系中公共部门银行面临的问题来说，私有化是最佳办法。只要公共部门银行与中央政府财政部保持密切联系，它们就不会主动改革，或者至少这些经济学家是这样认为的。其他人认为只要公共部门银行体系的治理得到改善，就不需要私有化。毕竟，公共部门银行是实现政府的包容和发展目标的重要工具。

我个人持折中观点。我不认为私有化能轻易化解所有公共部门银行的问题。或许可以先将一家公共部门银行私有化，并从中获取经验。经常被提及的印度工业发展银行（Industrial Development Bank of India）就是一个不错的选择，因为它的私有化无须修改立法。尽管如此，我也认为若公共部门银行治理能够得到实质性的改善，就可以实现私有化的许多潜在好处。与此同时，我认为在银行业竞争日益激烈的情况下，强制政府要求公共部门银行执行指令是不可能的。然而，若政府对公共部门银行执行指令付费，那么私有银行就不应被排除在外。无论如何，鉴于团结进步联盟政府和全国民主联盟政府均对自由派的改革议程不感兴趣，所以大规模私有化是不可能的。印度储备银行在政府设定范围内，须竭尽所能改革银行业。

除了与政府合作进行公共部门银行改革外，我的工作重点是放宽银行业准入，尤其是那些针对得不到足够服务的客户的新银行，进而为所有客户提供更具竞争性、更优质的服务。2014年5月20日，在印度竞争委员会（Competition Commission of India）的年度讲坛上，我解释了印度储备银行的战略。我还探讨了过去的两大协议（grand bargains）以及调整原因。本次演讲中探讨的许多可能性，随后会被转化为政策并付诸行动。银行业的改革工作由阿南德·辛哈、甘地（R. Gandhi）和维什瓦纳森（N. S. Vishwanathan）三位能力突出的副行长主导，并由马哈帕特拉（B. Mahapatra）和苏达山·森（Sudarshan Sen）两位富有才干的执行董事协助。

银行业的竞争：机遇与挑战

竞争是现代经济的生命力，它在保留传统精华的同时剔除过时、低效的方法；它鼓励创新，激发活力，惩罚合谋；它摧毁固有格局的同时给新一代和外界带来机遇。真正的竞争消除了计划者的作用，因为如同重力引导水流择其最短路径一般，竞争会引导经济走向最具生产力的路径。

良性竞争不仅是经济增长的最佳路径，也是全民参与的最佳途径；还有什么比鼓励服务提供者竞相为贫穷家庭主妇提供资金帮扶更好的方式来给予她们所需的帮助呢？还有什么比私人雇主竞相为落后社区的成员提供优质工作更好的方式来帮助该社区摆脱落后状态呢？

然而，良性的增长诱致型包容性竞争不会凭空出现。如果没有干预，我们就会陷入弱肉强食的丛林竞争。这种竞争仅鼓励那些在“丛林法则”而不是我们所生活的世界中游刃有余的赢家。相比之下，良性竞争需要政府的支持，以确保公平竞争、低准入门槛、合理的博弈规则、明确的合同执行，以及所有参与者都具备基本教育和竞争能力。

纵观历史，政府部门会发现良性竞争难以确保，所以干预恰好是合理的。但政府为了创造公平竞争的环境，经常会越界干预，进而代替市场起决定性作用。这种越界行为经常会引发问题。基于此，中期内构建更加健康、更具竞争性的市场环境，是印度政府对印度经济可持续增长的最重要贡献，并且竞争委员会将是这项工作的核心参与者。无论是质疑现有的政府垄断还是私营企业过大的市场势力，在未来几年竞争委员会将会是核心机构。为了我们国家的利益，愿你们成功。

如今，我想重点关注银行业即将面临的竞争环境。在印度储备银行，我们曾花费数月时间来探讨该如何看待这一转变，借此我想分享我们的看法。此刻，我意在与各位就该问题进一步探讨，而非发布任何最终决定。

两大协议

外界常将印度银行业的竞争程度视为两大协议的产物。第一份协议发生在继任政府和银行之间，借此银行可以优先获得低成本的活期及定期存款，使用中央银行的流动设施，以及得到一些反竞争保护。作为回报，银行需要［通过法定流动性比率（Statutory

Liquidity Ratio，SLR）］帮助政府融资，通过维持现金储备比率（Cash Reserve Ratio）帮助政府的货币政策传导，在银行未覆盖区开设分行，并向优先部门提供贷款。

第二份协议发生在公共部门银行和政府之间，借此公共部门银行可为政府提供特殊服务和承担风险，政府则为公共部门银行提供部分补贴。随着印度的发展，这份协议的实施都面临压力，而正是发展和竞争使它们濒临崩溃。

如今，经济的投资需求，特别是基础设施等领域的长期投资需求，日益增加。政府早已无力承担这些投资，进而需要私营企业接手。为给这些投资创造融资空间，政府必须预先减持银行体系的资产。但经济部门所需融资的性质也一直在变化。鉴于私人投资是有风险的，需要有更多可吸收风险的融资，如来自公司债券市场和股票市场的融资。随着越来越多的融资来源的出现，银行既不再能垄断企业和家庭融资，还必须通过竞争来获取那些能够进入国内和国际市场的优质客户。

同样，因为银行将不得不与金融市场和房地产（如住房）市场竞争，以获取家庭储蓄，所以银行存款利率将不再像以前那么低。随着家庭储户变得愈发精明，他们不愿再将大量资金存放在低息账户中。当然，家庭储户为保证资金流动性，仍然愿意接受银行的低利率。因此，拥有中央银行流动窗口特权的银行能够安全地为家庭储户提供这些流动性服务并获得租金，但是随着新的支付机构和技术的出现，银行的这种优势也将被削弱。因此，第一份协议，即作为政府融资回报的廉价存款正受到来自双方的威胁。存款利率将不再保持低位，而且在现代企业经济中，政府不能继续像过去那样预先控制融资规模。这也解释了为何财政纪律在未来经济可持续增长中至关重要。

公共部门银行的处境甚至比私营银行更糟糕，这也是第二份协议受到威胁的原因。随着低风险企业转向市场融资，银行面对的将是高风险的基础设施项目和中小企业贷款业务。若公共部门银行不想承担这些风险业务，那么它们的另一选择是投身于竞争激烈的零售贷款，但公共部门银行可能没有选择权，尤其是在政府敦促它们向基础设施贷款的情况下。然而，目前正在投资的众多项目需要精确的项目评估技能和对资本结构的精细设计。成功地发放贷款要求债权人在首次出现问题时就即刻采取措施确保自己的利益，否则，行动迟缓的银行最终将为行动灵活的银行或不择手段的银行创始人埋单。为了在不断变化的贷款业务中生存下来，公共部门银行需要具备强大的能力，认真监督贷款项目，并在必要时迅速采取行动来纠正问题。

过去，公共部门银行拥有最优秀的人才。但如今，公共部门银行过去僵化的招聘体制使中层管理人员锐减，而且私有银行也从公共部门银行挖走了大量人才。公共部门银行需要在扩大招聘的同时留住现有人才，但要做到这一点，它们要给予员工职责和行动自由。不幸的是，公共部门银行员工的行为受到政府规则的约束，甚至在工资有限的情况下，还要受到监管部门的事后问责。公共部门银行很难竞聘到优秀人才。此外，如果要求这些公共部门银行在涉及公共利益的情况下做出次优决策，那么它们的经营状况就会更加糟糕。这将使它们很难筹集到资金，尤其是资本。由于政府部门资金紧张，作为第二份协议的一部分，其支持公共部门银行资本需求的能力也是有问题的。

即便可行，我们也不能倒过头来重新激活这两份协议，因为这意味着逆转发展趋势和束缚竞争活力，而且这两份协议对经济发展也是不可取的。相反，即使在政府给予银行，特别是公共部门银行更大竞争力的情形下，发展银行业的最优策略也还是强化竞争和增加多样性。下面将更具体地展开讨论。

强化银行业的竞争

印度储备银行致力于放开银行业准入。经过严格的审查，我们刚刚给两家新商业银行颁发牌照。我们正在探讨这一实践，在做出适当调整后，将发布更为规范的牌照颁发流程，即所谓的“随时获得牌照”。

鉴于民众对银行的信任和存款保险的全面覆盖，我们在颁发商业银行牌照时需要谨慎。为了确保申请者的能力和诚信，我们只向信用记录良好、资本运营合理的申请者颁发牌照。那么，那些没有信用记录或缺乏充足资本基础但有能力的申请者该怎么办呢？那些只在部分银行业务（如支付）中有价值的申请者又该怎么办呢？

印度储备银行可以更大胆地行动，让新的参与者获得开办小银行或部分银行业务的牌照。这种对新银行附有经营地域限制或产品种类限制的差异化牌照，可以增加组织的多样性，提高组织的效率。小型银行能更好地满足当地需求，包括中小企业的需求。以接收存款、提供支付和汇款服务为主营业务，但只能将其所有资金投放于低风险业务（如政府债券）的支付银行可与现有的银行服务形成协同效应。例如，拟议中的邮政银行可以先开发支付银行业务，利用邮局网点筹集存款、开展支付业务。

银行业新结构的关键是不能有损害当前银行体系的套利空间。如今，商业银行可以保持100%法定流动性比率，从而转变成支付银行。当然，商业银行可能不想这样做，因为它想从企业贷款中赚更多的利润，但这种可能性表明，监管法规不会过分偏袒支付银行。

我的一部分同事认为发展支付银行的做法是不可行的，而另一部分同事则认为发展支付银行将会把银行的核心业务从正规商业银行中剥离出来。对于这一问题，我们可以进一步探讨，或者可以试点成立数个支付银行并监督其运营。印度储备银行建议就此事与利益相关者进行讨论，探究进一步的举措。

如果试点支付银行运营成功，将使我们能够稳步减少施加给商业银行的义务。例如，如果支付银行出于流动性目的持有国债，我们就可以减少要求商业银行作为法定流动性比率的一部分而持有的政府债券数量。

在债务问题上，银行与其他金融机构相比在长期资金的筹集和借贷方面确实处于不利地位。因为银行在基础设施建设的早期融资中不可或缺，所以银行方面的融资对基础设施项目尤为重要。由于基础建设期通常持续 5～7 年，因此银行本应能为此筹集长期资金。但若它们现在筹集这些资金，立即就会受到存款准备金率和法定流动性比率的限制，而且它们发放的任何贷款都会进一步加重优先部门的债务问题。

如果银行发行长期债券并将之用于基础设施融资，那么我们是否可以免除银行承担的这些责任？这会立即使银行在长期基础设施投资方面与其他金融机构（如保险公司和金融公司）并驾齐驱。

在我们这样的发展中国家，银行支持优先部门的责任可能还要延续更长时间，但随着经济的发展，我们需要认真考虑哪些部门应成为优先部门。如果不进行这种可能引发争议的辩论，我们就能让银行更有效地履行现有规范吗？例如，如果一家银行在农村贷款方面效率更高，它是否能在超额完成任务后，将其超额部分“出售”给另一家业绩不佳的银行呢？我们正在研究这类问题。

最后，我们在实现普惠金融这一目标方面只取得了有限的成功。

银行有时在偏远地区开设分支机构，但在其中工作的员工并没有真正接触当地居民；银行开设实用的账户，但许多仍处于未激活状态……事实上，如果实现政府的目标无利可图，银行将想方设法逃避。并非所有形式的普惠金融都能带来利润，我们应当给予银行尝试新方法的自由，或者引入其他机构，以在必要的时候可以“跨越最后一英里”将服务送达需要的地方。印度储备银行不久将召开商务记者会颁布新的宽松政策。此外，一些转变为支付银行的银行机构可能更适合在偏远地区协助或替代商业银行。

总之，我们可以在强化银行业竞争的同时，减轻银行承担的各种义务，从而推动银行业发展。这样，即使在第一份协议破裂之后，银行仍能为经济可持续增长做出贡献。

为公共部门银行参与竞争松绑

让我们转向公共部门银行。如今，世界各地甚至印度都有经营良好的公共部门银行。因此，私有化对于提高公共部门银行竞争力而言并非必要。但正如纳亚克（P. J. Nayak）委员会刚刚重申的那样，印度的公共部门银行的确需要改善治理、管理、运营并增强薪酬灵活性，进而实现其发展。

针对公共部门银行改革，现已提出了许多切实可行的建议，例如，成立一家控股公司持有政府的公共部门银行股份，延长公共部门银行首席执行官（CEO）的任期，拆分董事长兼首席执行官职位，在银行董事会中引进更多独立的专业人士并将任命首席执行官的任务授权于董事会，在仔细调查后更严格地筛选……

我们需要仔细研究所有的提议，这其中许多将有助于提升公共部门银行在新环境中展开竞争的灵活性。我们要牢记成败的关键不仅在于公共部门银行代表的巨大国家利益，更在于我们经济中未来的融资和投资。

如果公共部门银行变得有竞争力，尤其是在不牺牲其“公共”性质的情况下通过远离政府干预来增强竞争力，它们就能够更容易地从市场筹集资金。实际上，表现更好的企业能够筹集到更多的资金，与此相反，目前的情况却是经营不佳的企业对公共资金的需求更高。竞争将提高效率。随之，第二份协议也将变得无关紧要。

结论

银行业正经历革命性的变革。在接下来的几年里，我希望看到更多样化并充分利用信息技术的银行机构，一个远离政府干预但不偏离公共目标的健康的公共部门银行体系，以及一个有深度和流动性、不仅与银行竞争也为银行提供帮助的金融市场。若我们要满足实体经济大量的资金需求，这样的设想就不仅是一种可能性，而是必要之举。随着印度重新走上强劲而可持续的增长之路，储备银行坚信印度银行业将永远是国家经济的支持伙伴。

二

2016年8月16日，在印度工商联合会和印度银行协会（FICCI–IBA）的年度银行业会议上，我回顾了我们实施的一些改革措施。正如我们所见，银行家已经着手清理坏账。尽管这很重要，但我呼吁银行业要更多着眼于坏账之外的发展问题。我再次强调了公共部门银行面临的挑战，以及它们需要做的事情。

有趣、有利可图并富有挑战的当今印度银行业

对于金融业而言，这是一个有趣、有利可图并富有挑战的时代。有趣的是竞争层次的提高将增加对客户和人才多样性的需求，甚至改变金融服务业中最缺乏活力的领域。有利可图的是新技术和信息将拓展更多新业务，带来更多新客户。富有挑战的是在风险方面，竞争和创新组合具有不稳定性。在这次论坛中，我将谈到央行该如何看待这些方面。

有趣且有利可图

明年（即2017年），17家新成立的专业银行（niche banks）将开始营业。此外，综合银行（universal banks）的牌照也在发放中，因此具有创新业务规划和良好经营记录的合适申请人将进入银行业。金融科技（Fintech）将以全新的方式吸引、服务客户。由此，目前

我们知之甚少的新机构将成为新的竞争来源。最终，这些新机构将吸引那些现今未进入正式金融体系的行业、公司和个人。那些已享有金融服务的客户将会有更多选择。

对服务提供商而言，尽管竞争加剧会减小价差，但新客户和新需求也会带来交易量的扩大。此外，由于信息技术和风险管理技术的发展，风险和成本将显著降低，这有助于服务提供商获取有效的风险调整后价差。总的来说，尽管市场竞争会加剧，但盈利空间也会扩大。银行的比较优势在于获得较低成本的存款融资、客户数据、网络覆盖范围、管理和容纳风险的能力以及从央行获得流动性的能力。这些便是它们所关注的产品的基础。

或许举个例子更能说明问题。接下来几年，印度将面临大量项目融资需求。尽管银行家如今多为风险厌恶型，而且需要融资的项目较少，但这种情况很快就会转变。目前正在筹备的项目都是真正的大项目，如机场、铁路、发电厂、公路、制造厂等。银行家会牢记 2007—2008 年的非理性繁荣时期，那时他们放贷的要求过低。我希望这次会有所不同。

我在这里给出降低风险的不同方法。第一，可以在项目评估中引入更多的内部专业知识，包括了解项目产出的需求预测、可能发生的竞争以及发起方的专业性和可靠度。由于咨询师的意见可能存在偏差，因此银行家必须掌握关键领域的专业知识。

第二，必须尽可能地降低风险，如若不能，则必须分摊风险。切实可行地缓解风险需要事先确保获得土地收购和建设的重要许可，同时通过购买协议将重要投入和客户密切联系起来。若风险无法缓解，则项目发起方和融资方之间应以合同的形式或商定的透明的仲裁制度来分摊这些风险。举例来说，若需求低于预期，则项目发起方和融资方之间的协议或许可以规定何时需引入新投资以及需由哪方引入。

这产生了项目结构的第三个要素，即适当灵活的资本结构。资本结构必须与项目的残余风险有关。风险越大，资本结构（当然是项目发起方的真实资本，而不是虚假的借来的资本）就越复杂，债务结构也就越灵活。应鼓励项目发起方履行承诺，对按时履行和偿还债务的发起方给予实质性奖励。在可能的情况下，公司证券市场应通过直接发行证券或将项目贷款组合证券化的方式吸收项目的部分初始风险。在项目建设竣工后，应将更多此类保持距离型（arm's length）债务用于银行债务再融资。为完善公司债务市场而采取的系列措施（如颁布新的破产法）有助于实现这些设想。

第四，融资方应建立健全的项目监督和评估系统，包括在可能的情况下，实时地严格监控成本。例如，能否监控项目投入成本并将这些成本与他使用信息技术时的投入成本进行比较，以便找出有超额开票嫌疑的交易？

最后，应该为银行经理制定激励机制，以便他们仔细地评估、设计和监控项目，并在项目成功后获得应有回报。这意味着尽管各委员会可能做出最终贷款决定，但一些资深银行经理应为贷款建议背书，主动承担推荐贷款的责任。银行内部的信息系统应该记录银行经理个人推荐贷款的总体业绩，并将其纳入晋升考评。

要注意的是，所有这些都不是幻想，但要落到实处就需要信息技术和金融工程之间更紧密的结合，而且需要有实用的行业知识和激励方案。还有一些投入可以使项目贷款更有利可图，例如可利用的活期存款和储蓄账户存款。因为银行可通过构建信息系统低廉、高效地获取和服务更多储户，所以银行将从这些投入中获益。尽管现在几乎没有银行具备上述业务能力，但有备无患。

一个更密集地使用信息技术和分析的领域是客户贷款，这是我要举的第二个例子。现在由于放弃了项目贷款，几乎每家银行都瞄准了零售户。显然，随着时间的推移，银行争夺信誉越来越低的客户，这种跟风行为的风险也越来越高。但是，如果银行预先做了充分调查，就可以减轻其中的部分风险。

新的信用评估手段正在兴起。例如，一些贷款机构不仅检查信用信息局的信贷历史记录，还挖掘自有数据，以及申请人在社交媒体上发布的数据，以深入了解贷款申请人的信用度。以点对点借贷为中介的各式众筹，也要求借款人有良好的信用评估。当然，因为用这些新式贷款的许多机构尚未遭受严重经济衰退的考验，所以尚不清楚在这种新形式的贷款下，中介方和投资者之间如何转移贷款回收责任。

然而，在信息时代，我们不仅有更多确保贷款申请人信用度的数据，还可以持续关注借款人的行为，以尽早察觉不良迹象。此外，在相互联系的外部环境中，借款人无法隐藏不利信息，例如，若借款人在用其唯一的身份证明借贷时不履行信息披露义务，银行将敦促其偿还贷款。

更重要的是，银行不再垄断所有与信贷相关的信息；一些信息技术公司在收集银行数据方面做得更好，除了能搜集其他可用数据，还能对所有数据进行分析，然后做出更好的贷款和监控决策。由于现在贷款申请和决策已经完全网络化，所以借款人无须亲自去银行办理。信息技术公司和银行之间的合作将更加密切。

总之，随着竞争日益激烈，金融服务的供给方式正在发生翻天覆地的变化。虽然银行的传统优势正在被逐渐侵蚀，但银行必须制定策略继续利用其传统的便利和信息等优势，以继续保持竞争前沿的地位。竞争和创新形成了一种极不稳定的风险组合，挑战银行的传统风险管理能力。对监管机构而言，竞争和创新也是一种挑战。监管机构既希望能为客户提供最优质的服务（因此想鼓励竞争和实验），又希望能保持银行体系的稳定（因此想在风险扩大化或传播前获知风险）。

当局的困境

在涉及银行该如何应对这些竞争和科技力量之前，让我们先明确这些力量是如何影响监管部门的。在理想状态下，当局应保证其行动是机构、所有权和技术中性的，以确保高效的、客户导向的解决方案在竞争中脱颖而出。但是，若当局在竞争中有意偏袒某类机构，那么竞争可能不会产生最优结果。

印度的银行受前文提到的大协议的影响。通过这一协议，银行能获得筹集低成本的有保险存款、流动性支持和中央银行的密切监管（我相信你们中的一部分人将之视为成本）等好处。作为对这些好处的回报，各银行要与印度储备银行一起维护外汇储备、持有政府债券、满足法定流动性比率要求以及向优先部门发放贷款。

此外，公共部门银行还需遵守政府规定，如设立“普惠金融计划”（Pradhan Mantri Jan Dhan Yojana，PMJDY）账户或向中小企业发放MUDRA贷款。它们还必须遵守政府招聘规定，也即招聘考试向全印度开放而不是面向特定的学校或社区，以及其他各式政府规定。作为部分补偿，公共部门银行确实获得了更多的政府存款和业务，并得到了政府的充分信任和信用支持。虽然目前还不清楚公共部门银行执行政府指令的成本是否大于其收益，但它们确实破坏了竞争格局。

在中期内，中央银行和政府等权力部门应缩小公共部门银行和私有银行之间的监管待遇差异，更一般地，要缩小银行和其他金融机构之间的监管待遇差异。

若政府给执行其指令的公共部门银行支付足额报酬，则公共部门银行和私有银行间的差异将缩小。例如，当政府为每一笔直接利益转移（direct benefit transfer）支付报酬时，所有银行都将有激励承担政府业务并设立基本的客户账户。最高效的银行将获得更多的业务，并且随着时间的推移，可依据效率的提高相应地减少报酬。

新技术的应用会降低公共部门银行执行政府某些指令的成本。例如，银行正在探寻通过降低交易成本使中小微企业贷款获得更高回报的方法。随着农业生产率的提高，类似的方法也可以用于农业贷款。信用信息局和抵押品登记的广泛应用有助于改善信用评估，进而降低贷款回收成本。这将更能满足优先部门贷款的准则。通过获取可交易的优先部门贷款证书，贷款交易成本将进一步降低。高效率的放款人可以通过该证书出售其超额业绩，而低效率的放款人可通过购买该证书弥补业绩不佳。

尽管如此，随着时间的推移，差异应该进一步减少。这就是为什么印度储备银行一直在稳步降低法定流动性比率要求，并使法定流动性比率中一半以上的资产能符合《巴塞尔协议》规定的流动性覆盖率标准。但我们也在努力构建基于新技术、新方法的政府指令。例如，规定银行四分之一的分行应在服务不足的地区开设。但是什么才是真正意义上的分行呢？只要分行能够满足人们对银行业务常规网点的需求，那么我们是否可以接受分行的其他定义呢？当然，所有的村庄都希望有一家提供全面服务的实体银行分行。然而，若目前在这些地区设立银行分行的成本高到令人望而却步的话，我们是否可以用替代方案来满足需求？印度储备银行内部委员会正在研究这些问题。

总的来说，随着金融服务的制度和技术基础的改善，政府应当逐步为银行执行政府指令付费，而且这些指令也更容易完成。但是，随着竞争的加剧，政府部门应不断探究其指令将延续多久，并继续将其更好地定位于真正服务不足的人群。政府部门还应在可行的范围内以适当的速度撤销所有优惠待遇。

现在让我来谈一下银行该如何应对新出现的竞争挑战。我将专门谈一谈公共部门银行，因为它们面临的挑战可能是最大的。

公共部门银行面临的挑战

对于公共部门银行而言，它们最紧迫的任务是清理资产负债表。目前，这一任务正在执行之中。另一同样紧迫的任务是改善公共部门银行的治理和管理。同样重要的是，公共部门银行需招聘人才来填补因退休而产生的中层管理岗位空缺，还需招聘项目评估、风险管理和信息技术（包括网络安全）等方面的专业人才。

（1）治理

由知名专业人士组成的银行董事局已接管公共部门银行的部分任命程序。但政府在人员任命的两方面仍发挥重要作用。第一，内阁任命委员会对任命有最终决定权。第二，银行董事局无权任命银行董事会中的非官方董事。随着经验的逐步积累，银行董事局也可承担任命方面的决策。

长期看，银行董事会将变成专业化的团队。此时，高管任命的决策权应该从银行董事局转交到董事会。当银行董事局的身份转变为银行投资公司和银行中政府所持股份的托管人时，它只需专注于任命董事来代表政府在银行董事会的股份。银行董事会战略决策自由化是非常重要的，因为中央政府的过度干预会使公共部门银行的经营趋同化，且政府的过度干预在吉安桑加姆（Gyan Sangams）会议（作者注：一个旨在审议公共部门银行战略的政府年度会议）后就一直备受批评。

（2）人才

由于员工退休，公共部门银行的中层管理队伍力量缩小。此外，公共部门银行还需要项目评估和风险管理等特定领域的专业人才。与此同时，银行还必须调整膨胀的成本结构。与私人部门相比，世界上几乎所有的国有部门都倾向于给低级别员工支付较高的报酬，而给高级别员工支付较低的报酬。这使得国有部门很难吸引尖端人才，却很容易吸引较低层次的人才。

与其把这些视为困难，不如将它们视为机遇。在印度储备银行，我们的薪酬方案能够吸引非常合格的第三级申请人。或许这些问题的部分解决方案是通过技术和培训，让这些新雇员承担比过去责任更大的工作，并给予他们更光明的晋升前景。银行还可以借助员工退休的契机，重新定位他们所需的雇员技能，并通过有效的培训计划为新员工提供有吸引力的快速职业发展。此外，随着中层管理的扁平化，员工经验和能力组合的要求应该侧重于能力。

为了在诸如项目评估、风险管理和信息技术等专业领域获取人才，银行可能需要小规模的横向招聘。虽然目前允许雇用合同制员工，但只有在内部职业发展前景好的前提下，才能吸引优秀人才。银行需考虑如何实现这一点。

公共部门银行面临的一个困境是法院严禁其从特定学校招聘员工。这导致了一些异常现象，比如由公共部门银行扶持的国家银行管理学院（National Institute of Bank Management）将其大量优质毕业生分派到各私有银行工作。公共部门银行可以向法院申请少量学校招聘名额，特别是以全国性考试公开选聘学生时。另一种举措是让银行的考试流程更便捷，若可能的话应使岗位申请、入行考试和结果查询都可以快速在线获得。然而，银行其实还有一个更简单的方法来应对这一困境，即吸引一流大学的学生参加银行业考试。印度储备银行采用的就是后一种方法。

若公共部门银行想要获取地方信息、了解地方文化、融入地方环境并在低成本农村地区具有竞争力，它们就必须在当地招聘更多员工，并支付与当地劳动力市场相称的工资。或者，它们必须通过更有效地利用技术来降低成本。最后，随着银行采取差异化战略，它们应该竭力避免薪酬结构和晋升机制的趋同化。

虽然薪酬、晋升与绩效间低关联度有时是公共部门银行的优势之一，但关联度太低也会产生问题，如会挫伤高绩效员工的积极性，会使低绩效员工免于惩罚。公共部门银行需要加强对绩效评估的重视，包括识别出低绩效员工以帮助他们提高绩效。此外，诸如旨在使员工在未来都可享有银行股份的员工持股计划（ESOP）等奖励将有助于提高员工绩效。由于公共部门银行的股票交易水平低，故目前对员工的少量股权分配将成为强有力的激励来源。并且，随着员工业绩的提高，员工持股计划有可能成为银行重要的财富来源。

（3）客户

公共部门银行拥有客户信任。重视客户服务和客户意见将使公共部门银行重新夺回正在流失的低成本客户存款。公共部门银行应带头践行印度储备银行发布的消费者权利五点章程。虽然我们可以理解公共部门银行由于资产负债表压力过大，而不愿给经营困难企业提供太多贷款，但不太清楚的是为何公共部门银行存款的增长止步不前，毕竟低成本的存款特许经营权是它们未来成功的关键所在。

（4）结构

一部分银行最好基于当地市场开展经营活动，并逐步发展成为小型金融银行。另一部分银行最好与其他银行合并，以形成规模和地域多元化。随着银行整顿，各方面得到强化的银行董事会应将工作重点放在银行结构的合理化上，并将它作为全面反思经营战略的一部分。

这些改革都不易实施，但也并非不可能。银行需要以改革的普惠性、长期受益性赢得工会的合作。鉴于每家银行面临的挑战不同，故解决方案也将有所差异。随着各种解决方案的提出，公共部门银行将有机会重新考虑目前盛行的集体谈判方法。

政府放权

如今，议会、金融服务部（Department of Financial Service）、银行董事局、银行董事会、监察部门，当然还包括印度储备银行在内的各种监管机构都在监督公共部门银行的经营状况。鉴于要应对的交叉监管如此之多，难怪银行管理层没有充裕的时间管理银行。目前重要的是，我们要精简政府机关的管辖权、降低政府机关管辖范围的交叉重叠，并明确规定某个部门实施监督的具体动因和状况。

尤为重要的是，我们须将大部分管理权移交银行董事会，政府则通过银行董事局选任的银行董事会代表行使其控制权，并时刻考虑银行和少数股东的利益最大化。只要有可能，公共部门银行董事会应受到与私有银行董事会相同的规则约束，这也是印度储备银行最近取消公共部门银行评估日历表的原因之一。同样，若要吸引优秀人才，公共部门银行董事会需支付与私有银行董事会相当的薪酬。

在银行的董事会做出决议后，金融服务部需扮演如下多重角色：（1）规划角色：例如，金融服务部要确保普惠金融计划等政府项目的良好设计，向银行支付合理的报酬并监督项目进展情况；（2）协调角色：例如，金融服务部要确保金融机构完成基本实名认证；（3）发展角色：金融服务部要通过合理的立法重振债务回收法庭这样的机构。印度储备银行将仅发挥监管作用，并取消其在银行董事会的代表席位，但这一做法将需要修改立法。长期看，印度储备银行还应给予各银行董事会更多授权，例如，为董事会提供广泛的薪酬指南，但不再审批所有最高薪酬方案。

鉴于银行董事会有力的监督，印度中央监察委员会（Central Vigilance Commission）和印度审计总署（Central Audit General）仅在有违法证据的特殊情况下才会参与监管，而在银行合法业务经营决策出现问题时不会插手。

我一直关注的是公共部门银行在新的竞争环境中面临的挑战，以及一些可能的解决方案。我们应该公开探讨这些方案，而非将它们视为印度储备银行的官方意见。我没有探讨私有银行将面临的挑战，并不是因为它们处境完美，而是因为它们没有受到公共部门银行那样多的约束。但在我结束演讲之前，我想强调一个所有人都可立刻采取应对措施的领域。

随着技术变化，银行业的网络安全变得至关重要。我想在座各位都会过度自满地认为我们已经做好了应对所有网络威胁的准备。一位信息技术专家曾发表令人惊悚的声明：我们所有人都被黑客攻击过，关键在于你是否知道这一点。虽然这份声明可能危言耸听，但是刚好可以防止我们对网络安全的过度自信。由于太多的访问网站不受监控，太多人泄露密码或使用易破解的密码，以及缺乏对供应商及其开发软件的监管，因此我们都必须审视现今的网络安全文化。印度储备银行正在努力提升其检查员审查银行网络系统的能力，以便及时发现安全漏洞。印度储备银行也正在筹建分管信息技术的下属公司，该公司将可以直接招聘业内员工，从而增强储备银行在管理、监督技术层面的能力。我呼吁在座各位重新审视你们的网络系统，尤其要重新审视你们银行的网络安全文化。

后记：本次演讲中的许多建议仍具启发意义。尤其是，只有当政府不再直接干预银行运营，构建透明、专业化的流程在董事会中任命其董事（不受执政党偏好、现任或离任政府的支配），并给予银行董事会在选拔银行管理人员、制定银行管理层薪酬方面的自主权，同时制定问责机制，公共部门银行的现状才能得到根本转变。除非公共部门银行像普通公司一样运营，否则它们在中期内不会有竞争力。我这里有一个简单的衡量银行业改革进展的方法：当金融服务部（一个监管国有金融机构的部门）被撤销，其银行业职能由银行董事会和银行董事局取代时，我们在限制政府当局对银行业的过度干预方面就取得了重大进展。

第四章

拓宽并深化市场

由于我们逐渐确信2013年夏季“缩减恐慌”引发的动荡不会重来，所以我们可以专注于拓宽并深化债务、衍生品和外汇市场。自由派经济学家再次希望有一场“大爆炸”式改革取消对市场参与的所有限制。在一个有诸如破产程序等良好制度的经济体中，铤而走险的人会受到应有的惩罚。这种“大爆炸”式改革固然不错。但是，在一个此类制度仍处发展过程中的经济体中，“大爆炸”式改革带来的收益是不确定的，而且成本可能也不低。由此，我更愿意遵循印度储备银行稳步自由化的传统改革方式，不断地要求我的同事回答各种规则背后的依据，并敦促他们加快改革的进程。

在这些改革中，副行长可汗（H. R. Khan）是中流砥柱，因为他对市场有深入的了解并坚信印度储备银行需要稳步推动自由化。此外，执行董事，如帕德马纳班（G. Padmanabhan）、钱丹·辛哈（Chandan Sinha）、马哈林根（G. Mahalingam）、拉杰什瓦尔·拉奥（Rajeshwar Rao）和凯南格（R. Kanungo）为可汗提供了强有力的支持。2016年8月26日，我在印度外汇交易商协会（FEDAI）的演讲总结了我们的观点和所做的工作。

强化债务市场

今天我要讲的是债务市场和相关衍生产品。首先，我们为何需要债务市场具有深度和流动性；其次，除了中央和邦政府之外，我们为何还需要风险较高的公司和项目进入债券市场融资；再者，我们为何需要鼓励产品创新；最后，诸如印度储备银行等监管机构为何会面临困境。在这个过程中，我希望谈谈我们最近取得的成功、遭遇的失败以及未来追求的目标。

近期，债务市场之所以变得更具吸引力，主要有如下三个原因。首先，我们终于有了一个承诺稳定地保持低通胀的货币政策框架。的确，虽然今年 7 月份的通胀率高达 6.07%，但我确信在接下来的几个月中通胀率将会下降。关键在于债务市场参与者知道货币政策委员会将在未来 5 年内确保低而稳定的通胀，因为这是货币政策委员会的职责，而它将履行这一职责。这降低了通胀风险溢价，进而降低了从政府到高风险借贷者等所有机构或个人的名义固定利率。在这方面，基于过去三年中我与尤吉特·帕特尔博士在货币政策方面的合作，我相信他能够指导货币政策委员会实现我们的通胀目标。

其次，虽然公共部门银行既不愿意放贷，也不愿意与私有银行一起将过去的政策利率下调充分传导到银行的贷款利率上，但短期市场利率得到了充分的传导。因此，也难怪高信用评级公司绕过银行向商业票据（CP）市场借贷，进而使得过去两年中，未偿还的商业票据增加了一倍多，金额高达 3 万亿卢比。

但那些信用评级较低的公司呢？不幸的是，印度债务回收困难意味着信贷利差比其他地方更高。这是第三个值得注意的原因。

近期，《金融资产证券化与重建及担保权益执行法案》（SARFAESI Act）、改革债务回收法庭以及颁布新的破产法将有助于改善债务偿还前景，进而减少信贷利差。

鉴于这些进展，固定收益市场监管的目标应该是什么呢？

市场监管的目标

作为发展中国家的监管机构，印度储备银行致力于在保持经济稳定的同时促进增长。在过去，这意味着印度储备银行需要在固定收益自由化和衍生产品市场方面谨慎行事。央行对这些市场有哪些担心呢？

担心通常来自三方面。第一，我们一直担心市场会吸引投机者，而在交投清淡的市场中，投机性因素会使市场价格偏离基准。这当然是一个问题，但我们需明白并非所有投机者都会这样考虑。只要没有操纵市场的联合行动（这种联合操纵可以通过监管来防范），投机者的各种观点就会四处传播，从而使市场免受操纵的影响。换句话说，对市场投机的过度恐惧可以自我实现，它使市场缺乏流动性，容易被操纵。

第二，市场可以成为既定行业参与者的竞争来源。例如，正如我上面提到的，高信用评级公司的信贷可以从银行转移到债券市场。这可能会迫使银行发放高风险贷款。再次重申，这样的担忧确有道理，但是也有可能过度。毕竟，银行应该贷款给需要监控和帮扶的高风险客户，而市场应该贷款给不需要这些额外关注的客户。此外，印度的问题在于太多的风险最终会直接或间接地出现在银行资产负债表上。例如，因为非银行金融公司的负债是长期的，比如向房地产开发商等客户提供贷款，所以它们应该承担更多风险。但实际上，许多公司有大量银行借贷。从系统性风险的角度来看，较好的方式是企业以市场借贷替代银行融资。更一般地，促使高额借款人更多地从市场融资，可以降低银行的大规模单笔贷款或一组贷款的风险敞口。

第三，我们担心不受约束的金融创新会试图绕过审慎监管规范，最终导致不确定的估值和系统性风险。例如，随着房价下跌，围绕美国住房抵押贷款设计的固定收益产品和衍生产品变得难以估值。这是引发全球金融危机的主要因素之一。不过，在向目前服务不足的人提供信贷方面，金融创新确实重新发挥了作用，例如“垃圾”债券虽然有一个不好的称谓，但它确实促进了各种企业和部门的增长，比如最近的页岩油债券。虽然监管者必须仔细权衡每种新产品可能带来的收益和引发的系统性风险，但我们也不能因噎废食。

更广义的理解是，审慎、前瞻的固定收益和衍生产品市场的自由化，或许能使我们从更深层、更具流动性的市场中获益，同时将投机、竞争和创新的风险降到最低。在过去几年里，由于担心脆弱的全球金融市场引发市场动荡，我们不得不谨慎地推动金融市场的发展。但随着宏观经济稳定性增强，我们已经在继续推进金融市场自由化。昨天公布了进一步的市场改革，这只是稳定、审慎自由化的下一步。让我对此略做解释。

参与

由于更广泛的参与可以增加流动性，所以多年来，我们一直致力于提高参与度。

最近，尽管散户投资者仅占全球固定收益市场的一小部分，但我们仍在尽力使他们进入机构主导的政府证券（NDS-OM）电子交易市场（作者注：印度储备银行主办的政府债券市场），以便他们能够参与政府证券交易，并使用虚拟账户。然而，在需要复杂知识的市场中，例如复杂的衍生产品，我们还须谨慎放宽散户投资者的准入。

我们可以进一步放宽对机构参与的限制。目前，国外证券投资者（FPI）可以直接进入各种市场，如政府证券交易市场、公司债券交易市场以及其他未来可能出现的细分市场。

过去，我们限制机构参与的原因是为了防止投机。举例来说，我们曾要求市场参与者长期持有某种基础外汇资产，比如美元，以便他们在金融市场中进行空头交易，反之亦然。但有时进口商为对冲未来的进口量而购买的远期美元会超过出口商为对冲其未来收入而出售的远期美元。为了满足远期美元对冲的净需求，银行通常会出售远期美元。然而，为了确保银行的稳定，我们限制银行可以持有的敞口头寸。

然而，这些限制是有代价的。每当市场失衡时，央行就需大幅调整汇率以平衡供求的暂时失衡，即便这不符合中期发展的基本原则。而这无疑增加了央行的干预压力。

我们确实可以提高银行的敞口头寸限额，并且我们也将逐步这样做，但将所有外汇风险都置于银行身上是不明智的。一个更好的选择是，允许更多参与者有限制地持有无基础资产的敞口头寸，避免单个交易商的过度投机或操纵企图。这可以纠正市场失衡、提高外汇市场流动性和深度，而无须对银行或印度储备银行施加过多要求。就在昨天，印度储备银行允许所有市场参与者都可适当持有敞口头寸，由此在这一目标上迈出了根本性的一大步。印度储备银行将根据经验，制定下一步行动方案。

最后，并非所有参与者都会增加印度市场的流动性和深度。例如，一些国外机构提议国内发行的印度证券在国外交易，但只在国内报告这些交易。不幸的是，这可能会减少印度交易所的交易，从而减少流动性。因此，我们建议这类机构要么在印度交易所交易，要么给客户引荐“马萨拉债券”（Masala bonds）（作者注：这些债券是在国外发行的卢比计价债券，在稍后的演讲中将讨论）。前一种方式仍需探讨。

创新

金融创新有时会被视为逃避税收或监管的一种手段。不过，如果做得好，金融创新其实可以分解风险，从而将风险分置于合适的承受方。金融创新工具的一个例子是利率期货。经历 2013—2014 年的全面改革后，利率期货在过去 12 个月的平均日交易量接近 230 亿卢比（尽管最近几个月有所下降）。投资者、银行或公司可以利用印度复兴基金（India Revival fund）市场获取或减少他们所需的利息敞口。该市场成功的关键在于允许市场参与者督导相关金融工具的设计，同时确保符合监管要求。我们正在以类似的方式处理货币市场期货合约。

并非所有金融创新工具都会取得成功。与批发价格指数挂钩的通胀指数化债券（IIB）就不受欢迎，因为印度储备银行的关注点已经从批发价格指数转向消费者价格指数，即便与消费者价格指数挂钩的通胀指数化债券市场也不景气。稳健的投资利益反映了通胀下行的环境，在这样的环境中，对通胀保护的需求就会减少。此外，与更多受税收保护的黄金货币化债券不同，与消费者价格指数挂钩的通胀指数化债券并不能完全规避通胀税。长远看，所有金融工具都需要公平竞争的税收环境，这样就不会仅仅因为有更好的税收待遇而受到青睐。

从这些例子中可看出金融创新需要支持，但支持不能是创造税收或监管套利，而是要鼓励那些有吸引力的特征。创新还需要不断完善，在创造出更有吸引力的金融工具之前，要修改那些当前不起作用的金融工具，例如利率期货的第一个版本并不吸引人，但后来的版本取得了成功。这就是印度储备银行采用沙箱策略（sandbox approach）的原因。在此策略中，只要早期的产品创新没有明显的问题，我们就可在此基础上自由地创新；只有当利益扩大并且产品可能具有系统重要性时，我们才需加强监管。

最后，监管机构在鼓励金融创新方面的重要职责在于建立必要的基础设施。例如，许多金融合同都是根据基准制定的。印度储备银行鼓励设立印度金融基准私人有限公司（Financial Benchmarks India Private Ltd，FBIL），该公司正在建立一系列市场基准。我希望这些市场基准能尽快应用于金融合同的创新。

国际化

作为经常面临财政赤字的国家，印度需要从国外融资。理想状态下，我们希望引入目前国内供不应求的风险资本。这意味着鼓励外商直接投资（FDI）和股权投资。外国投资者的进入可促进价格发现和流动性，进而有助于深化债务和衍生品市场。

并非所有国内企业都应发行外国投资者可持有的债权。当然，理想情况下，公司应该自行决定借入什么类型的资金以及对冲多少数额。但鉴于印度羸弱的破产制度，未对冲的国外借贷将存在道德风险。例如，若卢比升值，企业发起人将获取与投资时低美元利率和现在低本金相关的所有利润增幅；若卢比贬值，有时不择手段的发起人会找与其合作的印度银行家，要求他们把他保释出来。这就是为何基础设施公司会发行短期美元或日元计价债券，因为若不进行对冲，在卢比贬值的情况下市场可能出现严重问题。

因此，我们鼓励没有外汇收入的公司，要么在国外发行长期美元债券和完全对冲的短期债券，要么发行以卢比计价的马萨拉债券。近期，首次发行的马萨拉债券标志着印度债务的时代即将到来，但人们对此并没有充分的认识。近几十年来，卢比的价值在国际市场上首次得到足够的信任，使印度企业可以用本国货币发行债券。我们希望更具活力的海外马萨拉债券市场能够与同样活力四射的国内公司债券市场相辅相成。

尽管目前外商直接投资的现金流足以弥补我们的经常账户赤字，但我们也鼓励外商直接投资进入债券市场，以提高债券市场的深度和流动性。我们已经逐步放宽政府债券的外商直接投资限额，最近发布了在可预见的未来将如何放宽这些限制的具体规定。我们还开放了国债投资，并为投资限额制订了中期计划。总的来说，我们的目标是稳步实现自由化，但也要深思熟虑，不断探讨进一步自由化将如何强化国内市场。

我们听从市场上的每一个诉求。例如，一些投资银行希望在国际市场上发行以美元计价的政府债券，冠冕堂皇地声称要为印度金融工具创造美元基准收益曲线。尽管我也认为这种金融工具会吸引渴求收益的投资者，但我不认为它对印度有用。在许多新兴市场国家放弃美元债券转而发行本国货币债券以避免货币风险的形势下，我不明白为何我们还要发行美元债券。相反，我们要建立一个国际化、准主权的卢比收益率曲线，这样卢比发行就易于定价。考虑到这一点，并鉴于银行债券是可靠的准主权债券，所以昨天我们允许银行发行马萨拉债券。

流动性

当然，并非卢比收益率曲线的所有部分都是流动的，即使在国内政府债券市场也是如此。在短期债券市场，我们正试图通过拍卖定期回购协议，带来更多的流动性和更好的定价。在长期债券市场，我们在公开市场操作中一直关注更缺乏流动性的证券，以平滑期限曲线（term curve）。我们还提议让初级交易商参与特定的政府债券工具，以鼓励对这些工具的做市。

为企业债务带来流动性的一种方法是，在与中央银行的回购交易中以适当的估值折扣（hair cut）将这些债务用作抵押品。随着银行能够利用其高质量的公司债券借贷，收益率将下降，更多的发行人将进入债务市场。鉴于此，我们已与政府启动了修订《印度储备银行法案》的程序，以允许印度储备银行与其他银行或其他金融机构开展公司债券回购业务。

评级、应急保障和供给

信用评级机构发布的评级是让保持距离型投资者确认公司信用水平的重要依据。为了使评级准确，各机构既需要收集最新信息，又需要细致的分析。各机构已要求印度储备银行向它们提供相关企业的银行借款信息。由于这些信息可从信用信息局获得，印度储备银行建议信用评级机构成为信用信息局的会员。我确实希望，随着评级机构展开尽职调查，评级较高的公司债券在没有违约警告的情况下出现暴跌的次数越来越少。

一些人认为，大公司可以轻松获得银行现金信贷，这使它们不愿进入货币和债券市场融资。这一现象还增加了银行对一家公司或一组公司的风险敞口，进而提高了其风险集中度。正如前文提到的，在银行资金紧张的这段时期，我们看到一些公司转向货币和债券市场融资。当风险敞口变大时，我们将通过提高银行对此类公司的贷款准备金和资本要求，进一步推动公司在货币和债券市场的融资。

迄今为止，许多已提出的举措将有助于增强高评级公司债券对投资者的吸引力。但是需要大量融资的基础设施项目可能并非来自高评级公司。为了使这些公司能够发行债券，我们允许银行对此类债券提供信用增级服务。为了与银行所承担的风险相称，我们在设定此类信用增级的资本要求时一直采取谨慎的态度，以防止套利。昨日公布的措施将便于银行提供适当额度的信用增级。

需要进一步明确的是，邦政府的债务以及邦政府担保的债务。为使邦政府的债务风险权重为零，并具有最高的评级，此类债务不存在明确或隐含违约和重组是至关重要的。虽然重组似乎是推迟债务的一种方式，但鉴于其后果，也即市场不仅将提高对特定邦政府发行人的未来收益率要求，还会提高对其他邦政府债务的收益率要求，邦政府应杜绝此种行为。

监管

我们已认识到对衍生产品合约净额结算的限制，以及由此导致对银行相关资本的更高要求。虽然政府已着手处理此问题，但我们希望政府能修改《印度储备银行法案》，进而促进此类净额结算的实现。与政府近期处理的有关证券化的税务问题一样，这一问题的处理也将带来大量市场活动。

最后，虽然印度储备银行提倡自由化，但我们还是要小心谨慎，如果某个实体或某一活动事关整个国家，就不能放松审慎监管。以豁免审慎监管支持此类活动是一种错误的做法。事关国家的项目，如基础设施，可能风险很高。因此，对此类项目要求更低的拨备、更高的杠杆率或更多的外部商业借贷（External Commercial Borrowings，ECBs），可能会增加系统性风险。从长远看，监管豁免可能会损害这些项目（太多没有美元收入的基础设施项目将由美元或日元贷款提供资金，以至于其无法偿还）和经济稳定。如果政府认为这些项目至关重要，就可以直接给予补贴，而不是让印度储备银行牺牲对国家至关重要的系统稳定性。

结论

让我来总结一下。尽管印度储备银行在最近这段全球市场动荡时期对改革持谨慎态度，但它并非止步不前。市场改革已在稳步推进之中。观察家可能不耐烦，但我坚信稳步推进的、不可逆转的改革，以及如昨天那样的“小爆炸”而不是“大爆炸”才是改革成功的关键所在。随着全球形势的不确定性减弱，印度储备银行可以加快改革步伐。然而，在这一阶段，我们得到的经验教训是极为宝贵的。

第五章

普惠金融

一

在我们的战略中，普惠金融是第四个支柱。我认为，这对可持续增长至关重要，我在关于印度发展的政治经济问题所做的演讲（转载附后）中清楚地表达了这一点。在2014年2月13日的加吉尔（Gadgil）演讲中，我根据莫尔委员会刚刚提交给印度储备银行的报告，阐述了我们打算做的一些事情。

普惠金融：技术、制度和政策

莫尔委员会的报告为印度储备银行在金融普惠的问题上提供了很多值得思考的建议。我想对这些建议进行反思，同时提出一些其他问题。

普惠金融是关于（1）将金融服务扩大到那些无法获得金融服务的人；（2）为享受极少金融服务的人深化金融服务；（3）普及财务知识，加强消费者保护，从而使金融产品的购买方能够做出合理的选择。普惠金融的必要性既是道义上的，也基于经济效率。难道我们不应该为每个有能力的人提供工具和资源改善自身，从而改善国家吗?

上周，我会见了艾拉·巴哈特（Ela Bhatt）自雇妇女协会（SEWA）的一些成员。在一个满是贫穷但自信的女企业家的房间里，我问有多少人在来到自雇妇女协会之前借了高利贷。大约一半妇女举起了手。当被问及在来到自雇妇女协会的合作银行之前有多少人想联系一家正规银行时，没有人举手。有趣的是，她们中的许多人说，自雇妇女协会的贷款使她们摆脱了高利贷的束缚，这使她们即使专注于其他生产性活动，也能偿还自雇妇女协会的全部贷款。我从其他小微企业家那里听说过，初始投资的最高回报往往用于摆脱高利贷的控制。尽管我们向穷人提供信贷获得了很高的回报，尽管我们在普惠金融方面的努力主要集中在信贷上，但我们触及的目标人群仍然太少。因此，还有许多工作要做。

我们过去曾试图通过政府指令实现普惠，无论是指导开设分行，还是向优先部门提供贷款。但我们的目标仍然远未达成。这导致一些批评人士建议，我们应该放弃政府指令，因为市场会考虑到需求；批评者说，如果穷人对金融服务有需求，就会有供应商来提供金融服务。市场确实会对需求做出反应，竞争是促进改善的一股非常健康的力量，但基础设施落后、监管不均衡、自然或监管垄断，甚至卡特尔化都可能阻碍市场运作。

在尽可能争取金字塔底层业务的同时，作为一个发展中国家的央行，我们也需要提供支持。我们必须建立合理的基础设施，实施有效的监管，从而鼓励那些将会促进普惠金融的产品、机构和网络的发展。

让我们从产品开始。几十年来，我们一直在努力扩大信贷。我们不太关注简单易行的支付和汇款、扩大有利可图的储蓄工具或者提供容易理解的应急保险。或许我们应该鼓励这些金融产品，以扩大金融普惠，并允许信贷跟随而不是引导这些产品。事实上，许多与赤贫者合作的成功组织在给这些穷人发放贷款之前，都试图让他们把一些钱存起来作为储蓄，不管这些钱有多少。我们的一些自助小组（SHG）就是按照这一原则开展工作的。储蓄习惯一旦养成，不仅能让客户更好地减轻还款的负担，还可能导致更好的信贷配置。有了信息技术的力量，对客户的储蓄和支付模式的分析也许可以显示他们中的哪一个可以很好地利用信贷。

人们获得金融服务的一大障碍是客户信息要求，即使开设通用基本储蓄账户这样简单的金融服务也不例外。专家强调有必要使开立基本账户更简便，并建议尽量减少所需的文件。为了做到这一点，莫尔委员会建议只要求提供常住地址方面的证明。即便如此，这仍然要比印度储备银行目前的规定麻烦得多。印度储备银行规定，对于5万卢比以下的账户，申请人可以自行证明自己的地址和其他详细信息。但是，尽管印度储备银行一再告诫，很少有银行降低对文件的要求，因为它们担心，无论监管标准如何，一旦出现问题，它们将承担责任。第三方的客户信息也很难被接受。

今天，严格的客户信息规范将银行系统中的许多银行机构拒之门外，并导致对他人不必要的骚扰。银行采用这些规范更多是出于监管或法律责任，而不是为了防范真正的犯罪或恐怖活动。我们能做得更好吗？一些银行家建议，通过仔细监控账户的活动模式，即便是在限制基本账户（比如在兑现前持有大额支票几天）的同时，也能发现并阻止大部分可疑活动。如果商业银行有一个可靠的系统来检测更大的危害，我们是否可以允许商业银行在一些低价值账户出现小问题时获得一些监管豁免？放宽对安全账户的广泛准入所带来的好处，能否超过轻微欺诈的代价？我们如何让系统中的实体相互依赖于彼此的客户信息，而不必不断重复这个过程？技术如何帮助有效地解决上述问题？这些都是我们必须研究和解决的问题。

更广泛的问题是，我们能否通过先进的技术，为客户提供简单、低成本、易用的产品。我们已经在手机上做到了这点，我们能在银行中做到吗？支付可能是另一个显而易见的产品。我应该指出，印度的支付基础设施非常先进。我们有 3 个专门支持支付的大型印度储备银行技术中心，有用于大额和小额交易的健全的支付和结算网络。我们已经为所有电子商务交易引入了一个额外的认证因素，使这些交易更安全，并且正在迅速地转向用于信用卡交易的芯片和 PIN 技术。与美国相比，银行和信用卡交易的短信提醒是一个重要的进步。在美国，在你获悉信用卡被盗之前，小偷可以很容易地在你的信用卡上留下几千美元的账单。所有这一切意味着我们有基础设施来提供低成本、安全的支付和汇款。我们需要的是非政府参与者利用这个基础设施来提供人们想要的产品和服务。

印度有 9 亿多部手机，手机银行作为金融服务交付渠道的潜力是一个巨大的机遇。我们自觉采取银行主导的手机银行模式，允许包括手机网络运营商在内的非银行机构发行手机钱包，（但）现阶段不允许提取现金。如果我们能找到一种安全的方式，让资金在银行账户和移动钱包之间自由转账，并通过一个大得多的、无处不在的商业代理（business correspondents）网络从移动钱包中取出现金，就能普及低成本的支付和汇款。莫尔委员会建议建立支付银行，作为实现这一目标的一步。其他建议包括可互用的商业代理，通过它规模经济可服务于偏远地区；以及把非银行金融公司作为银行业务代理（banking correspondents）。我们将研究这些建议。

与此同时，有趣的解决方案正在出现。取现对汇款来说很重要，因为印度有大量的收款人，他们中的大多数人无法获得正规的银行服务。我们最近已原则上批准设立一套付款系统，方便有银行账户的人通过自动柜员机向无银行账户的人转账。实际上，收款人可以通过自动柜员机将钱从汇款人的账户中取出。中介处理支付，并向收款人的手机发送一个代码，允许他从附近任何一家银行的自动柜员机上取款。该系统将负责客户识别、交易验证、转账查询等必要的保障措施。我们需要更多这样的创新产品，其中一些是移动公司提供的。

在印度，尽管手机密度很高，但现实情况是，大多数手机都是非常简易的，许多手机服务都是预付费的。这些都是重要的约束条件。我们为银行和电信服务供应商提供了一个绝佳的机会，让他们携手合作，以无缝且安全的方式为客户提供各类移动银行服务。在今后几个月，我们将加快关键各方之间的对话。

穷人和小企业获得信贷的困难之一是有关他们的信息缺乏，无论是在他们接受信贷评估之前，还是在贷款之后，贷款人都必须对他们进行监督。如果金融机构广泛销售储蓄和支付产品，收集各种相关信息，包括对移动公司、公用事业公司以及政府的支付信息，就可以对被金融体系排斥在外的人建立信息档案，这有助于他们获得信贷。此外，如果以公平和负责任的方式通过金融网络分享有关违约的负面信息，每个借款人的信用记录就利益攸关，这将有助于鼓励及时还款，进而提高银行放贷的意愿。

最后，让我谈谈消费者素养和保护。随着我们将金融产品和服务推广至越来越多的人群，我们必须确保他们了解向他们销售的产品，使他们拥有做出明智决定的信息。“买者自负”或“买家当心”是金融市场常用的标准，也就是说，只要买家没有被有意误导，他就有责任研究自己的产品选择，做出购买决定。虽然这给买家带来了很多尽职调查的负担，但也给了她很多选择的自由，当然包括做出糟糕选择的自由。

但对于信息不足、缺乏经验的投资者，我们应该考虑莫尔委员会的建议，即制定一些指导方针，确定哪些产品适合不同类别的投资者。一般来说，产品越复杂，目标客户越复杂。我们是否应该转向这样一种标准，即预先批准一套简单的产品向所有人发布，但随着产品变得越来越复杂，金融部门的供应商承担着越来越多的责任，证明买家在购买前是成熟的投资者并 / 或得到了适当的建议？

当然，长期的解决方案是让客户变得更有经验。技术部门能帮助提供金融教育吗？毕竟，金融不是大多数人在学校里学到的东西，而是他们在世界上每天都会遇到的东西。低成本但高质量的远程金融教育是印度非常需要的，我们希望这里的企业家能够想出创新的方法来提供这种教育。

在我结束之前，要做一点补充说明。技术可以放大金融的影响范围，既可能出于好的目的，也可能出于坏的目的。你们中的许多人必定经常收到据称是我发送的电子邮件，告知你在印度储备银行有一大笔钱等着你，并敦促你把你的账户详情寄给我，以便我把钱转给你。让我向你保证，印度储备银行不给钱，我也不会发送这些电子邮件，如果你真的相信这样的电子邮件，你会被骗走很多钱，然后想起下面这句格言：如果有什么事情看起来好得令人难以置信，那么它很可能不是真的。

当然，技术也可以为检查欺诈行为提供方法。我们能否利用社交媒体帮助公众识别欺诈行为并帮助监管？我们怎么能负责任地做到这一点？再说一次，现在这些都是问题，但我相信我们会找到答案。

现在，让我来做个总结。技术可以降低交易成本，是实现大量低成本交易的关键，而这样的交易恰好是普惠金融的核心。通过轻松地收集和处理大量数据，技术还可以提高财务决策的质量。当产品具有网络效应时，技术不仅可以确保互用（这是获得网络利益的关键），还可以确保安全（这是保持人们的信心并防止人们再次退出正规金融体系的关键）。我衷心希望成功的信息与通信技术行业与金融业合作，为印度带来一场普惠金融革命。

二

2016年7月18日在海得拉举办的关于“平等、准入和普惠”的研讨会上，我做了一次演讲，其中总结了我们在普惠方面的所作所为。在我的任期内，我试图让我们摒弃这样一种信念，即给公共部门银行下达政府指令就可以解决普惠问题。只有在政府部门和监管机构严密监控银行的情况下，各项没有补贴且无利可图的政府指令才能行之有效。然而，但凡银行能在监管机构面前耍花招，避开此类政府指令，它们就会竭尽所能地这样做。这是可以理解的，因为最终公共部门银行的首席执行官需要对银行经营利润负责。

为了结束这场猫鼠游戏，我希望我们的注意力更多地投入到创造授人以渔的环境中。在这样的环境中，即便我们采取适当措施保护力量弱小的客户以防被剥夺，他们仍然被视为有吸引力并值得服务的对象。我不得不承认，我们在这方面的工作功过参半——尽管印度储备银行试图创造利好的环境，但政府似乎确信，普惠金融计划和中小企业融资计划（Mudra Scheme）等政府指令能够更好地发挥作用。当然，两者可以共存。由于政府可以强制国有银行执行特定任务，所以在短期内政府的这种做法也许是可行的。例如，政府可以让银行为穷人开户。然而，为了实现可持续的、广泛的普惠，我们必须创造一个以普惠为宗旨的外部环境。在此环境中，银行不仅不剥夺民众，反而超越政府任务的要求，切实地服务穷人。因此，对于将政府提供的直接福利转入新开设的账户来说，为银行提供足够的补偿是至关重要的。如果这些账户的盈利能力达到中等水平，那么银行就会有提高服务质量的激励，进而竞相为穷人提供服务。在此情形下，我们在支持政府议程的同时，还推动环境向普惠型转变。

普惠金融的新范式

实现普惠金融的障碍是什么呢？也许其中最关键的是被金融体系排斥在外者的经济状况。在世界各地，贫穷、弱小和生活在偏远地区的群体往往被金融体系排斥在外。这不仅因为当前的金融体系不够发达，还因为金融体系难以从他们之中获益。然而，我们并不能因此放弃，而要自问如何克服推动普惠之路上的这些障碍。描述这些障碍的最佳方法是通过：信息、激励和交易成本（Information，Incentive，Transaction cost）。

信息、激励和交易成本

第一个障碍是信息。被金融体系排斥在外者要么生活在偏远地区，要么隶属于一个从事非正规经济活动的社区或某些社会阶层。他们既不会保存交易记录，也不会签署合同之类的文件。他们通常没有自己的资财，也没有稳定可靠的收入来源。因此，银行家很难获取足够的客户信息来提供相应的金融产品，尤其是当银行家不是本地人时情况更为严峻。

第二个障碍是激励。例如，只有当贷款人认为贷款能得到偿还时，贷款才会顺利发放。当法律制度不能迅速或低成本地强制借款人还款，且借款人没有任何抵押物可供抵押时，贷款人可能会认为贷款很难得到偿还。

第三个障碍是交易成本。由于穷人、小农户或小微企业的交易规模较小，所以交易中的固定成本相对较高。如果客户在申请 1 万卢比贷款与申请 10 万卢比贷款时，所需银行提供填写表格、必要文件等服务的时间相同，那么但凡有盈亏底线意识的银行家都会把注意力放在大客户而不是小客户身上。

如何管理高利贷?

国家推动普惠金融的主要动机之一是使那些被金融体系排斥在外的人免受民间高利贷之苦。为何高利贷商人胆敢在银行家不愿贷款的地方放贷呢?这是因为他们没有银行放贷的那些障碍!比如，当地社区的高利贷商人（Sahukar）非常了解该地每个人的收入和财产来源，以及他们能偿还多少，而且他还会动用残忍的手段催收贷款。此外，借款人知道，如果他拖欠高利贷商人的贷款，将失去最后的贷款人。因此借款人有很强的还款激励。最后，因为高利贷商人住在附近，所需的贷款文件也很少（本来，他也不打算诉诸法庭催收贷款），所以借款人可以简单快速地获得贷款。在紧急情况下或以举借度日的情况下，没有比高利贷更容易获得的贷款，难怪有那么多人仍然深陷高利贷之苦。

那么，公共政策应该如何处理这个问题呢?下面我将介绍三种解决方法：政府指令和补助、机构转型以及去信贷化。

方法 1：政府指令和补助

一种方法是推动正规机构向被排斥者提供服务，即便此类活动无利可图。这就是为什么我们要求银行将一定比例的贷款配置给“优先部门”，并将 25% 的分行开设在无银行区。银行向特定部门发放贷款可享受一定的利息补贴。此外，政府早已督促银行在普惠金融计划下为所有人开设银行账户，并敦促它们根据中小企业融资计划向小企业发放贷款。

由于普惠金融具有正的社会收益，但服务提供商却没有获得这些收益（经济学家称之为“外部性”），因此从社会角度看，这样的政府指令是合理的。例如，农场工人开办自己的家禽养殖场，为家庭收入做出贡献，进而在家庭或社区中获得较高的地位，这些收益超过银行发放贷款的成本。虽然银行无法将客户的地位收益货币化，但政府可以判断这些收益是否值得创造，并决定是否给银行下达指令。

类似地，普惠金融还有网络效应，例如，当绝大多数受益者拥有银行账户时，直接转账就变得更加容易。而当即将推出的统一支付接口（UPI）应用于手机使得账户间转账更便捷时，客户将大量、频繁地使用账户。强制开户本质上使得普惠网络（universal network）具有正外部性。

然而，政府指令也带来了一些风险。首先，没有对指令的有益与否做市场检验。事实上，这类市场检验是不可能的，例如，我们应该如何衡量家禽养殖户社会地位提高的价值呢？因此，此类政府指令是由政治领导层的信念驱动的，即便不起作用，可能也会持续很长时间。此外，一些既得利益集团可能从具体的政府指令中受益，并在此政府指令不再有益后仍设法让这些指令长期存在。银行家自认为遵从这类指令几乎没有任何好处，因此他们会试图“以最低成本”完成这些指令，而方法是瞄准合格人群中最容易获取且风险最小的那部分人，甚至挂羊头、卖狗肉，将常规业务包装成符合条件的普惠金融业务。最后，一些指令将主要落在公共部门银行身上。由于竞争正在削弱公共部门银行的盈利能力，所以它们执行指令的能力和维持生存的能力也在减弱。

因此，承认指令有其价值的同时，在印度储备银行，我们努力使这一手段更加行之有效。例如，我们修订了有资格享受优先部门待遇的名单，使之重点针对那些真正被排斥的部门。具体而言，2017 年 3 月，经调整后的银行信贷净额（ANBC）中必须拨给小农户和边缘农户（包括佃农）的比例定为 8%，微型企业的比例定为 7.5%。同时，若银行未向真正的被排斥者发放贷款，那么该银行满足优先部门贷款标准的贷款范围将会缩小。例如，对农产品生产企业的大额贷款不再符合优先部门贷款的条件。此外，我们现在要求银行按季度和年度制定并完成目标，这就降低了银行用年终短期信贷冲目标的做法。最后，由于优先部门贷款证书允许贷款人将特定业务分类中的超标部分“出售”给未能达标的贷款人，所以该证书现在是可以交易的，因此鼓励了那些更有能力发放此类贷款的机构多放贷。总之，优先部门贷款指令现在不仅更精确地针对被排斥者，而且将更加行之有效。

指令是有成本的。与其迫使银行向普通客户收取过高的费用，或者要求政府注资来弥补成本，不如尽可能地为银行完成指令支付对价，从而使成本公开化。因此，例如，在偏远地区开设的账户或安装自动柜员机可能有一笔固定的补贴，直接支付给服务的提供商。这样一来，指令的成本不仅变得透明，还由相关部门承担，从而促使相关部门对实施指令的时限做出明智的决定。此外，由于受到补贴的吸引，指令可以由最有效率的服务提供商执行。这就是为何印度储备银行现在公开对在服务不足地区设立的自动柜员机给予补贴，以及为何中央政府和邦政府为银行维护和服务特定账户支付费用。我们要将指令的范围精准定位于真正服务不足的地区，并明确对完成指令者支付费用，从而促使银行以最高效的方式执行指令成为一种常态。

方法 2：设立合适的机构

正如前文所述，高利贷之所以特别有效，是因为他们了解附近的社区及其居民，进而能够很好地评估谁值得信任。一家在当地设有分行的大型全国性银行会遭遇两大问题。首先，分行经理通常是通过印度统一考试招聘而来的，他们来自不同的邦，因而对当地居民并不熟悉。确实有一些优秀的分行管理人员学着去了解当地社区，但大部分人却不会这么做。银行职员较高的社会经济地位使他们与贫困阶层有距离感，而且他们的高薪使偏远地区的许多分行在经济上无法雇用，即便他们能够更好地招揽业务。最后，由于被金融体系排斥者没有正式的文件，在大银行的官僚主义集中化流程之下，分支行行长难以提供有效的服务，比如如何说服总行为一个聪明热情却没有受过正规教育或没有信用记录的部族成员提供贷款以开设一家小商店？

若地方金融机构由当地人管理，员工也是文化水平高的当地人，那么就能够更有效地向被排斥者提供金融服务。例如，HDFC 银行通过招募当地青年担任贷款业务员，现已成功地扩大了在克什米尔的贷款组合。当然，这也是从小额信贷机构中学到的成功经验，他们通过同侪压力和频繁催收贷款，将他们对地方情形的熟悉与更有力的还款激励相结合。事实上，这不仅是地方银行和区域性农村银行设立的基础，还是合作社运动的一大特色。

然而，尽管这些机构已取得丰硕成果，但每种模式都有不足之处。尽管贷款证券化已逐渐成为重要的融资渠道之一，但小额信贷机构仍无法获得低成本的存款融资。地方性银行由于无法进一步扩大其业务范围，因而面临地域集中的风险。区域性农村银行现在虽已如愿在薪酬结构上与母公司设立的商业银行持平，但发现它们的成本并不适合其需要服务的客户。现在虽然有些非常成功的合作银行，在各方面都与任何一家全能银行不相上下，但面临许多管理问题。印度储备银行一直致力于加强对城市合作银行的管理，但与地方当局的双头监管限制了它的作为。

为了给这些类别的机构提供替代性制度路径，帮助它们实现其使命，印度储备银行创建了一类名为小型金融银行的新机构，其中“小”指的是银行处理的客户类型小，而非银行规模小。由于小型金融银行75%的贷款按规定要低于25万卢比，因此它们旨在为那些被金融体系排斥的人提供服务。到目前为止，虽然该类牌照主要颁发给了小额信贷机构和一家地方银行，但在未来也可以向区域农村银行和合作社发放牌照。我们希望这些机构能够在技术的助力下保持低成本结构，为被排斥者提供一系列金融服务。

新机构也有助于促进信贷流动。例如，信用信息局在解决零售信贷中的信息和激励问题方面做出了巨大贡献。当一个人知道违约将破坏其信用评级并切断未来的信贷渠道时，他就有强烈的激励及时还款。在印度农村，我们需要扩大信用信息局的覆盖面，包括将自助团体的借款纳入其范围。在个人身份验证时使用统一身份认证系统既有助于消除重复记录，又可以使现有记录更准确。展望未来，到今年年底，印度信用信息局将开始每年向个人提供一份免费信用报告，以便他们可以查看信用评级，并在发现可能的问题时及时提出申请。政府提出的一项重要倡议是向小企业提供统一身份认证系统，这些号码是与实体及其发起人相关的唯一身份证明。这些身份证明使得小企业可以在信用信息局建立信用记录，尤其当其历史记录与具体发起人有关时。

土地往往是农村最有价值的财富来源。拉贾斯坦邦提出一项动议，将该邦的土地登记数字化，由邦政府颁布土地最终所有权证，将使土地更容易作为贷款抵押品。此外，得到正式承认的分成制协议，如安得拉邦政府登记的土地权证（pattas）中的分成制协议，也可以使佃农更容易获得信贷。

最后一个例子是关于中小微企业贷款，因为大型买家经常拖延很长时间才付款，所以中小微企业一直备受欺压。如果中小微企业可以向市场上的大买家索要欠款，那么一切都会好一些，它们将迅速获得资金，而市场将持有评级更佳的大买家的债权的还款，而不是持有中小微企业的债权。随着印度储备银行批准的三个应收账款电子折扣系统（TReDS）将在本财政年度晚些时候启用，所有这一切都会成为现实。这里的关键在于自动化交易几乎可以降低所有环节的交易成本，因此即便是最小的中小微企业也能从中受益。

方法3：不要从信贷着手

几十年来，我们一直在努力扩大信贷，对快捷支付和汇款，拓展获利性储蓄工具，或者提供易于获得的作物歉收保险等方面，则关注得远远不够。在新兴的普惠金融范式中，政府和印度储备银行正致力于鼓励这些领域的发展，并使信贷跟随而非引领这些领域，以此扩大普惠金融。事实上，许多成功的组织在帮助最贫困人群时，尽力要求他们在获得贷款之前，先储蓄一些钱，哪怕储蓄额少之又少。我们的一些自助小组就基于此原则开展工作。储蓄习惯一旦养成，不仅可以让借款人更好地处理还款负担，还可以带来更好的信贷配置。

便捷的支付和取现将使正式储蓄更具吸引力。现在，一个把钱存入银行的村民如果要取钱不得不跋山涉水，跨越银行网点的“最后一英里”，或等待巡回银行代理人员下乡经停。我们一直致力于加强银行代理人网络；通过创建银行代理人注册机制，使他们能够代表任何银行（这也将给他们提供足够的报酬）通过统一身份认证支付系统给付现金，并要求他们接受充分的金融服务培训。随着邮政支付银行和电信附属支付银行将邮局和电话亭纳入金融系统，取现点也将很快扩大。最有趣的是，也许在几周内手机统一支付界面将使银行账户间转账变得更加容易。需要付款给商店店主的村民只需要知道后者的别名，比如 Ram@xyzbank.psp，然后将店主这一别名输入他的移动应用程序，再输入付款金额及密码，最后点击“发送”就能完成付款，同时还能收到支付完成的信息。这样一来，人们在交易时既不需要去银行取钱或存钱，也不需要使用银行网点的取款机。随着智能手机价格的大幅下跌，我们即将解决“最后一英里”的问题。

通过使用信息技术分析客户的储蓄和支付模式，我们可以识别出信用记录良好的客户。利用在线互联网平台销售的小企业可以建立可核实的收入记录，而该记录是贷款的基础。事实上，我们为全服务机构的出现感到鼓舞，这些机构不仅在营销和物流方面帮助小企业，还与金融公司合作为企业提供信贷。这不仅有助于来自斯利那加（Srinagar）的地毯销售商向世界各地宣传他的商品，还有助于他拓展全球业务。我们还建议设立具有一定监管的点对点借贷平台，并期望他们能采用创新方法收集贷款所需的信息。

一些问题

在强调了推广普惠金融的各种方法之后，现在让我们关注管理流程中出现的一些重要问题。这些问题分别是：（1）了解客户信息；（2）鼓励竞争以防剥削；（3）确保财务安排的一定灵活性和宽容性；（4）技能和支持需求；（5）鼓励金融知识普及和保护消费者权益。

（1）了解客户信息

缺少基本文件往往是获得金融服务的障碍。了解这一点后，印度储备银行已逐步放宽了对基本金融服务所需的文件要求。例如，此前地址证明一直很困难，尤其是那些居无定所者，而现在印度储备银行只需要一个显示常住地址的文档即可完成。当前地址可以由账户所有者自行认证，从而防止客户在国内迁移时遇到各种问题。遗憾的是，正如近期专栏作家论述的那样，印度储备银行的指示很难传达到每个银行分行，这会导致银行对消费者的无谓骚扰。展望未来，我们已要求印度银行协会设计共同账户表格，并在表格的背面印上印度储备银行的基本要求。例如，这将明确在没有任何正式文件的情况下，客户可以获得对金额和交易有一些限制的非常基本的账户。[作者注：随后在印度储备银行网站上着重展示了客户信息（了解你的客户）要求]。

（2）以竞争防剥削

正如我所说，被金融体系排斥在外的人通常存在风险，而且服务成本也很高。与此同时，因为他们的借贷途径少，所以他们很容易受到剥削。剥削可能来自收取高利率的高利贷商人，或者是银行家在发放政府补贴贷款时收取个人答谢费。处理剥削的根本方法是增加金融服务供应商之间的竞争。监管可以提供帮助，但我们应该谨慎地实施监管，使其不会阻碍竞争，从而强化剥削。

让我们来考虑两个例子：

政客有理由担心穷人被收取高利率，因此他们经常要求监管机构设定利率上限。当然，精明的受监管的贷款人可以通过或明或暗的贷款费用来规避利率上限。但是，让我们假设更聪明的监管机构可以发现这种违规做法（此种假设并不总是成立）。尽管如此，问题依然存在。贷款人不仅需要收取信贷风险金（credit-risk margin），以补偿他对经济边缘人发放贷款而承担的较高违约风险，还要支付放贷、监控和收回小额贷款的固定成本。如果利率上限设定得太低，受监管的贷款人就不愿放贷，因为这不值得。若监管逐步限制竞争，那么贫穷的借款人将会面对贪婪且不受监管的高利贷商人。因此，利率上限必须刚刚好，不能太高以防信息闭塞的穷人受剥削，又不能太低以防银行不愿放贷。这是印度储备银行在为小额信贷公司设定利率上限时遵循的准则。随着制度框架的完善，贷款风险将逐步降低，而且随着贷方之间的竞争加剧，我们可以降低最高利率。

与此类似，我们的监管有时禁止对某些借款人发放的一定规模以下的贷款采取抵押贷款的形式，如学生或小企业贷款。但是，如果对贷款人没有强制放贷的要求，禁止抵押贷款可能会导致确实可以提供抵押品的借款人被拒之门外。这种“不可能三角”表明我们不能在限制利率和禁止抵押的情况下，仍然期望借款人获得相同水平的贷款。换句话说，除非法规强制要求银行发放贷款，而这通常不会发生，否则利率上限或禁止抵押贷款将减少金融机构对某些符合条件的人发放贷款。因此，我们的监管必须牢记这一点。

在保护穷人和确保他们获得金融产品或服务之间的一个合理妥协是，不仅允许无担保或无抵押贷款有资格获得优先部门待遇或利息补贴，而且允许金融机构再提供普通担保贷款，只要他们对此类担保贷款收取较低费率。虽然这可能迫使一些有抵押品的人做出承诺，即便他们根据现行监管不必这样做（在借款利率较低的情况下会有一些补偿），但这可以减轻那些有抵押品的人被拒之门外的糟糕境遇。这也的确是一个值得我们反思的问题。

（3）灵活性和宽容性

当人们抱怨小企业的高信贷成本时，他们并没有意识到利息成本的最大组成部分是信贷风险金，而不是真正的政策利率。信贷风险金不在中央银行的控制之下，必须通过改善贷款的制度基础设施来降低，正如我早些时候所说的那样。然而，尽管强有力的还款执行系统降低了贷方收取的信贷风险金，但它会给不幸的借款人带来更大的成本。例如，如果一个学生上了一所不好的大学，最终只能用平庸的工作偿还巨额贷款，那么他们终身应该受到惩罚吗？我们需要一个具有一定灵活性的还款制度，这样那些做出错误选择或运气不好的人可以得到某些救济。与此同时，借款人不应该逃避所有的责任，否则我们会看到人们过度借贷并滥用贷款，因为知道他们可以逃脱责任。

请牢记，我们关于自然灾害的通告允许银行重组农业贷款而不把它们归类为不良资产的前提是当地出现广泛的农作物歉收。这可以防止个人利用这一制度，同时在某区域受灾时给予集体救济。同样，我们主张学生贷款的结构可选择暂停期限，以便借款人能够度过失业，而不会被永久地贴上违约者标签。展望未来，在这种救济措施得到谨慎使用的前提下，我们应该接受包括农民在内的个人宣布破产和减免债务的可能性，并且个人选择破产作为最后选择时要知道他将失去资产和借款资格一段时间。

（4）技能和支持

长期以来有一种流行观点认为，贫困农民只要获得金融服务就能走上致富之路。这一观点大错特错。显然，获得金融机构的信贷可以帮助他偿还高利贷，从而缓解压力。开设银行账户不仅有助于储蓄，还能免受穷亲戚的追借。但为了以可持续的方式创造收入，贫困农民需要的帮助远不止于此，他们还需要习得养鸡、养奶牛或种花所需的技能，学习如何营销产品，以及如何管理资金。通常，在缺乏此类支持的情况下提供信贷，只会让他们在负债的路上越走越远。

有时，邻里可以相互学习。有时人们已经掌握了某些可市场化的技能，只是缺乏资金购买必要的原材料以开展或扩大生产。然而更常见的是，那些想要鼓励小微创业的人必须采取除信贷之外的各种支持措施，尤其是技能支持。幸运的是，在印度，我们有一个蓬勃发展的非政府组织运动，它经常与政府合作提供必要的支持，例如比哈尔邦的 Jivika 农村生计计划。越来越多的银行采取了全面的支持方案，鼓励小微创业。随着政府推出的“技能印度（Skill India）”计划不断扩大，它将催生更多能很好地使用信贷的人。“技能印度”计划与金融机构之间必将建立起密切联系。

（5）金融知识普及与消费者权益保护

最后，随着被排斥群体被纳入正规金融服务，他们也可能面临激进的服务销售方式，有时甚至会遭遇销售误导。在印度储备银行，我们认识到有必要普及金融知识，提升消费者意识。在接下来的几周，我们将发起一场全国性推广运动，力图让良好金融实践的基础知识深入人心。此外，我们也希望将金融教育纳入全国的学校课程。

2015 年，印度储备银行提出了银行在与客户打交道时必须遵循的五项原则。我们要求银行实施这一“消费者权利宪章”，并要求他们任命一名内部监察员监督投诉受理程序。我们现在将考核银行的执行情况，以决定是否需要进一步的监管以加强对消费者的保护。我们将特别关注第三方产品（如保险）的不当销售，向农村地区推广适当的投诉受理程序，例如印度储备银行的监察专员计划。

总结

尽管印度在金融普惠方面取得了长足的进步，但仍有很长的路要走。我们正在稳步退出对指令、补贴和公共部门银行的依赖，转向创建一个赋能的框架（enabling framwork），吸引所有金融机构服务于那些被排斥在金融服务之外的人群，同时能通过教育、竞争和监管保护这些人群的利益。我坚信，在可预见的未来，我们将为每一位有需求的印度人提供正规金融服务。普惠金融将是确保准入和公平的重要因素，也是印度可持续增长的必要组成部分。

第六章

困境的解决

一

尽管有最优秀和最聪明的人加入印度储备银行，但我们取得最小进展的支柱，是让银行承认陷入（财务）困境并予以解决。银行对待困境的通行思维模式也受到薄弱的制度结构的影响。因此，在不改变制度的情况下，要改变银行的心态非常困难。

这个问题在公共部门银行中最为严重。2007—2009 年，这些银行的风险偏好最高，因此其发放的很多贷款都变成了不良贷款。公众认为，这一问题很大程度上可归因于腐败。尽管在某些银行，在特定的首席执行官任期内，不良贷款确实在加速，但我坚信，还有其他可能更重要的原因，包括在全球金融危机之前经历的成功放贷带来的非理性繁荣和对高杠杆发起人的高容忍度；2011 年丑闻发生后政府收紧了牌照发放；银行家对待发起人的思维模式；陷入财务困境时缺乏贷款回收手段。

我们对过去无能为力，由于不良贷款堆积如山，公共部门的银行家（少数首席执行官除外）对任何放贷都谨小慎微。我们可以反复敦促政府处理因其不作为而搁置的项目，但结果并非由我们控制。更有效的方式可能是改变银行家的思维模式，让他们在面对大项目或大企业时有更多的应对手段。我们的目的不是惩罚，因为我知道公共部门银行的信贷增长正在放缓，因此想把重点放在让贷款项目回到正轨，这样经济活动就不会受阻。相反，我们的目的是确保每个人公平分担损失，而不是完全由银行承担。对于欺诈性的项目发起人，我认为调查机构应该单独对他们进行调查，但是他们的项目和工作人员不应该因为发起人的不法行为受到惩罚。

让我用一个例子来解释思维模式问题。我还记得，在我上学初期的一次飞机旅行中，一位能言善语、精明强干的公共部门银行首席执行官碰巧坐在我旁边。在我们讨论银行体系的时候，他描述了一位声名狼藉但很有影响力的发起人，他利用一家银行与另一家银行之间的竞争，试图让自己濒临倒闭的企业维持下去。银行家告诉我，这位发起人承诺用即将到位的资金偿还贷款，但把资金转到了另一家企业。银行家告诉我，当他得知此事后，他感到从未有过的愤怒。“那你做了什么呢？”我问银行家。“我把他的信用额度削减了20%”，对方回答。我不知道该笑还是该哭。

在大多数拥有强大金融体系的国家，如果一个不称职的借款人违背承诺，就会被彻底切断信贷，并启动贷款回收措施。在印度，这位愤怒的银行家愿意做的最糟糕的事情，就是将未来的贷款削减区区20%！许多发起人来自富有家庭，人脉广泛，在社交媒体上占据主导地位。要求银行家对发起人采取强硬态度，就等于要求他与一个社会偶像较量。一些银行家可以轻松做到这一点，但许多人做不到。

采取行动重组陷入困境的项目，以使其重回正轨，还有另外两个障碍。首先，尽管任何国家都有关于追回担保债务的严厉法律，但这些法律只对小型发起人有效，而对那些可以聘请最好的律师打官司以阻碍债权回收的富裕发起人却不起作用。

其次，银行家总是害怕调查机构，后者可能会质疑减记债务的纯商业决策，并因此破坏银行家平静地光荣退休的希望。这使银行家非常不愿意支持将项目重新拉回正轨所需的深度重大重组——为什么要在距离退休仅仅六个月的时候承担风险。

这意味着大家都不愿意承认这个问题。实际上，当我接手时，我们才刚刚开始实施一个系统，以衡量银行体系对特定发起人的总体风险敞口和这些敞口的状况。实际上，这意味着银行家和发起人都强烈希望将不良贷款问题一再推到未来，也意味着问题已经发展到相当大的规模。这是我们需要改变的。第一是给银行家提供更多的工具应对困境。第二是终止监管机构以监管宽容（即同意对不良贷款睁一只眼闭一只眼）的方式默许问题的存在。第三是强制披露和计提不良贷款，以使每个人都知道问题的严重性，而且不让问题毫无征兆地发展到惊人的规模。这也将确保政府能够为公共部门银行资产负债表不断扩大的缺口提供充足的预算，而且不会猝不及防。

我在这方面的发言和评论旨在阐明行动领域，但也发出了更微妙的信息。发起人不能凌驾于法律之上，他们应该得到应有的对待：对他们无法控制的真正困难予以同情理解，而对另一些问题则必须严肃处理。我特别要批评那些即使把公司榨干了也过着好日子的发起人。这不仅向我自己的初级员工传达了一个信息，也向发起人和银行家传递了一个信息：如果他们尽职尽责，印度储备银行的最高管理层将予以支持。

我们的员工努力工作，创造性地建立了某些激励措施，让发起人愿意偿还贷款，而在此之前，发起人几乎没有激励还贷，而银行则有很强的激励“敷衍塞责、粉饰太平”。尽管法律体系的改变缓慢而不平衡，尽管在我的任期内没有一部有效的破产法，但我们确实设法迫使银行开始认识到问题所在，并让一些发起人同意偿还贷款。在我们向总理陈述了问题之后，各调查机构开始以更大的精力处理直接欺诈案件。然而，所有这些工作仍在进行中，要做的也还有很多。

我关于这个主题的第一次主要演讲是2014年11月的库林（Kurien）演讲。

拯救信贷

在一个银行信贷需求疲弱的时期，如果投资回升，信贷需求可能会变得很大，但我们不得不问，印度的信贷体系是否健康。不幸的是，答案是否定的。我们需要根本性改革，首先是思维模式的改变。一场旨在纪念一位投身于改变我们的思维模式的伟大印度人（指库林）的公开演讲，就是一个绝佳的例子。

债务合同

信贷的流动依赖于债务合同的神圣性。债务合同是指借款人，无论是小农还是大型石化企业，通过承诺按照规定的时间偿还利息和本金来筹集资金。如果借款人不能履行诺言，他就是违约。在历史和世界范围内的标准债务合同中，违约意味着借款人必须付出重大的代价，否则他将没有还贷的激动。例如，中世纪巴塞罗那的一位违约银行家获得了偿债的时间，在此期间他只能以面包和水为食。在这段时期结束时，如果他仍偿不了债，就会被斩首。随着时间的推移，惩罚变得不那么严厉。如果你在维多利亚时代的英格兰违约，就会被投入债务人监狱。如今，借款人通常只会被没收已融资的资产，如果他从事欺诈行为同时又不受有限责任的保护，有时也会被没收个人财产。

为什么贷款人不应该完全分担损失？这是因为他不是企业的正式管理合伙人。作为企业经营良好时不分享巨额利润的回报，贷款人在企业经营不善时，也免于分担损失。通过同意保护贷款人不受“下行”风险的影响，借款人可以获得更便宜的融资，这样一来，如果他的企业成功，他就可以保留更多的“上行”收益。此外，他可以从完全不了解其企业或管理能力的陌生人那里获得资金，贷款人可以在借款人违约时没收其抵押品，从而打消疑虑。这就是为什么银行今天会以略高于 10% 的利率为你的汽车或住房贷款提供融资，只比政策利率高出几个百分点。

违反债务精神

在这场演讲中，我想重点讲的问题是，债务合同的神圣性近年来在印度不断受到侵蚀，破坏者不是小借方，而是大借方。如果我们想让银行为印度实现巨大的基础设施需求和工业增长提供资金，这种情况就必须改变。

现实情况是太多的大型借款人并不认为贷款人（通常是银行）持有优先债权，当借款人陷入困境时，优先债权凌驾于所有其他债权之上，而是认为优先债权低于借款人自己的股权。在全球大部分地区，当一个大型借款人违约时，他会感到懊悔，并迫切希望表明，贷款方应该继续信任他，让他负责企业的管理。在印度，尽管不愿投入新资金，但仍有太多的大型借款人坚持他们的神圣权利，即保持对企业的控制权。这家企业和它的许多员工，以及过去的银行贷款，都是这种懦夫博弈的人质，因为发起人威胁说，除非政府、银行和监管机构做出必要的让步，让这家企业生存下去，否则就会让它破产。如果企业恢复健康，发起人将保留所有的好处，忘记了他从政府或银行得到的帮助，毕竟，在他看来银行应该很高兴得到了一些钱！难怪政府的部长们会担心这样一个国家：我们有很多生病的公司，却没有“生病”的发起人。

让我强调，我无意以任何方式中伤公平对待债权人的大多数印度商人。我也不想反对企业承担风险。如果企业不承担风险，我们就不会有新国际机场这样的建筑奇迹，电信行业“为印度而开发”的低成本商业模式，以及世界级的炼油厂。承担风险必然意味着违约的可能性。一个不发生违约的经济体意味着发起人和银行承担的风险太少。我警告的是企业对收益和风险的不均等分担，以及违反世界各地都奉行的债务合同规范，也即发起人拥有一类“优先”权益，借此，他们可以在经济上行期获得高收益，下行期却遭受较低的损失；债权人，通常是公共部门银行，却只持有“低级”绩务，无法在企业利润丰厚之时分一杯羹，却必须在不景气时吸纳大部分损失。

为什么会这样？

为什么会出现这种情况呢？最显而易见的原因是，该体系保护了大型借款人及其保持企业控制权的神圣权利。

我们并不缺法律。债务回收法庭是根据 1993 年《银行和金融机构逾期债务清偿法案》设立的，目的是帮助银行和金融机构迅速追讨欠款，而不受通常民事法庭冗长程序的约束。2002 年通过的《金融资产证券化与重建及担保权益执行法案》更进一步，允许银行和一些金融机构在不借道债务回收法庭的情况下强制执行其安全利益并收回应收款。然而，银行从违约债务中追偿的金额既少，耗时又长。2013—2014 年，银行从经债务回收法庭判决的案件中追回的金额为 3 059 亿卢比，而力图追回的未偿债务价值高达 23 660 亿卢比。因此，追偿所得仅占所涉金额的 13%。更糟糕的是，即使法律已经规定提交到债务回收法庭的案件必须在半年内处审完毕，也仅有 1/4 的案件在一年之内得到审理，这意味着即使只处理存量案卷，也需要四年的等待。然而，2013—2014 年，新提交的案件数量大约是当年已审理案件数量的 1.5 倍。因此，积压和延迟都在增加，而不是减少。

为什么会这样呢？债务回收法庭的判决可以上诉到债务回收上诉法庭（DRAT），前者有 33 个，而后者只有 5 个。尽管《银行和金融机构逾期债务清偿法案》第 18 条旨在防止更高一级的宪法法院例行干预债务回收法庭和债务回收上诉法庭判决，但尊敬的最高法院于 2013 年 1 月 22 日在印度联邦诉债务回收法庭律师协会案中遗憾地表示：

> 令人特别关切的是，尽管有法庭的声明，但高等法院继续无视《银行和金融机构逾期债务清偿法案》和《金融资产证券化与重建及担保权益执行法案》规定的法定补救措施，并根据第 226 条行使管辖权，颁布了对银行和其他金融机构追偿其应收款项的权利产生严重不利影响的相关命令。

一再拉长上诉过程而迟迟得不到判决的结果便是，当实际回收时，企业的价值通常已被剥夺得所剩无几。银行希望收回的现值微乎其微。这就使议价能力倾向于那些能够指挥最优秀的法律人才在多次上诉中为其工作的借款人，或者那些有影响力从地方法院获得债务延期的借款人，他们通常是大型借款人。面对这种权力的不对称，银行很容易屈服，接受借款人提供的不公平交易。银行的债务变成次级债务，发起人的权益变成优先权益。发起人享受着无风险的资本主义——即使在这个增长非常缓慢的时代，又有多少大型发起人尽管向贷款人提供了个人担保，却仍然拥有他们的房子，继续其原有的生活方式？

公众认为，大型发起人之所以能获得成功，是因为他与银行家之间达成了甜蜜交易（sweet deals）。尽管这些观点因为最近有关银行可能存在腐败的爆料而广为流传，但我的感觉是，奥卡姆剃刀原则给出了一个更贴切的解释：相对于有影响力的大型发起人，这种制度让银行家变得无助。尽管我们不应放慢改善银行治理和提高银行透明度的努力，但也需要集中精力改革这种制度。

谁来为大型发起人喜欢的这种单向押注埋单？显然，是这个国家辛勤工作的储户和纳税人！仅以一项指标就可说明问题，商业银行过去5年的贷款核销总额为16 101.8亿卢比，相当于GDP的1.27%。当然，其中一部分资金将被收回，但考虑到银行体系中承压资产（stressed assets）的规模，未来还会有更多的核销。客观地说，成千上万亿卢比对普通人来说往往没有数字上的直观感受，但1.27%的GDP足以支付150万最贫困的孩子从国内顶尖私立大学完成学业、获得学位所需的全部学费。

后果

让我再次强调，我担心的不是商业风险造成的损失，而是这些损失的分担，因为归根结底，偏颇和不公正的损失分担的后果之一是信贷成本更高，可获得的信贷更少。滥用这种制度的发起人必然使银行随后对商业贷款收取溢价。目前，电力行业贷款的平均利率为 13.7%，而政策利率为 8%。这 5.7% 的利差就是信贷风险溢价，它主要是银行要求的对违约和拖欠风险的补偿。由于不择手段的发起人混迹于审慎正直的发起人之中，每个商人都深受其害。即使将电力行业贷款利率与 10.7% 的住房贷款平均利率进行比较，显而易见的是，由于银行担心它们能否收回贷款，即便是优秀的电力企业支付的利率也远远高于普通家庭。通过改革降低电力部门贷款相对于住房贷款的这 300 个基点风险溢价，将对融资成本产生巨大的有利影响，其效果或许与宽松的货币政策相当，甚至超过后者。

第二个后果是，法律变得更加严苛，试图强迫偿付债务。按照大多数国家的标准，2002 年的《金融资产证券化与重建及担保权益执行法案》就像它所写的那样，非常支持债权人。这可能是立法者试图减轻债务回收法庭的负担，迫使发起人还款。但它的全部压力都落在了企业家身上，他们没有足够的资金聘请昂贵的律师或更换法院，而有影响力的发起人却再次逃脱了对他的严格约束。小企业家的资产很快就会被收回并出售，从而扼杀了许多原本可以依靠银行家的一点支持就有望成功的业务。

一部严苛的法律造成的损害可能不亚于一部软弱的法律造成的损害，这不仅因为它会导致违约，还因为它削弱了人们承担风险的激励。想想中世纪的商人，他知道如果违约，自己将被监禁，甚至被斩首，那么，他从事有风险的创新业务的激励是什么？难怪当时的商业非常保守？事实上，纽约大学的范瑞尔·阿查里亚（Viral Acharya）和印度商学院的苏布拉马尼扬（Krishnamurthi Subramanian）在一项引人注目的研究中表明，在债权人权利受到更严格保护的国家，创新水平较低。或者换一种说法，我们当前问题的解决方案不是让法律变得更加严苛，而是看看我们如何能够更公平、更有效地分担违约损失。

在困境中不公平地分担损失的最终后果就是，让整个自由企业制度名誉扫地。当一些商人享受特权，拿别人的钱而不是自己的钱冒险时，公众和他们的代表就会生气。我见过许多议员，他们对目前的事态感到愤怒。如果这些问题的解决从商业领域转移到政治领域，就会阻碍产业发展。因此，改革具有紧迫性。

我们需要的是一个更平衡的体制，一个迫使大借款人分担更多痛苦，同时对小借款人更友好的体制。这个体制应该关闭那些没有希望创造价值的企业，同时恢复和保留那些能够增加价值的企业。该体制应当维护合同的优先权，在企业无力偿债时给予债权人更多的股份和更大的控制权，同时要求发起人放弃更多。

一个更好的平衡

我们如何达到这种更好的平衡呢？

（1）让我们从更好的资本结构开始。如今之所以有这么多项目陷入困境，是因为它们的前期股本过少，有时甚至是发起人从其他地方借来的。一些发起人会想办法在项目一开始就抽走股本。所以当经济不景气的时候真的就没有了缓冲。贷款机构应坚持要求先获得更多的实际股本，并密切监控项目，以确保其股本继续存在。发起人不应试图用极少的股本为大型项目融资。我们还需要鼓励更多机构投资者将股权资本引入项目，这些机构投资者有必要监督发起人。

（2）银行需要对借款人的困境做出更快、更协调的反应。借款人应对财务困境的时间越长，企业价值损失就越大。一些银行更灵活（并且有更好的律师），因此发起人在拖欠其他银行债务的同时继续为其偿债。由于缺乏有效的破产程序，贷款机构无法走到一起，印度储备银行已授权在发现最初的困境迹象时，成立一个由贷款机构组成的联合借贷论坛（Joint Lending Forum，JLF）。这个论坛必须迅速找到一种方法来处理陷入困境的企业，其选择范围从清算到重组不等。通过这种方式，我们希望能够协调贷款人，防止借款人从中作乱。

（3）政府扩大债务回收法庭和债务回收上诉法庭数量的计划是及时的，如果同时按照最高法院的建议，扩大基础设施、增加训练有素的人员、加强案件的电子存档和跟踪，将是行之有效的。同时，

• 可以考虑在不损害正当程序的情况下，向法庭提供一些金钱奖励，以减少案件的平均审理时间。

• 也可以考虑限制涉案各方要求的延期次数。

• 向债务回收上诉法庭上诉不应该是理所当然的。事实上，债务回收上诉法庭应要求作为上诉人的借款人按期存入法律规定的由债务回收法庭下令支付的部分款项，而不是像目前的惯例那样例行放弃这类存款。

• 值得研究的是，如果不能成功还贷，是否应让上诉人自掏腰包支付延迟还贷的实际成本，其中包括延迟还贷的利息成本。

（4）根据最高法院的建议，宪法法院应该尊重法律精神，减少上诉案件的受理。很难说标准的商业案件提出了哪些法律或司法行政方面的问题，而且常规的司法干预则有利于不守规矩的借款人，但损害了贷款人的利益。

• 当上诉人在法庭上藐视债务回收法庭和债务回收上诉法庭的命令时，应该让他付出更高的代价。法院应该要求他们在受理案件之前先交存无争议的那部分贷款，这样一来，例行的轻率上诉就会

减少。

（5）困境解决制度还需要专业的纾困机构（turnaround agent），它们可以代替发起人。资产重组公司本应承担这样的角色，但它们需要更多的资本和更好的管理能力。目前的制度要求，企业一旦产生了足够的价值来偿还原始债务，就必须将企业交还给原始发起人。但这样的要求是错误的，需要废除，否则资产重组公司没有激励投入精力和资金为公司纾困。它们将只是清算者，就像迄今为止它们基本上所做的那样。我应该提到的是，印度储备银行对更多以资产重组公司形式申请牌照的公司持开放态度。

（6）政府正在制定一部非常必要的新破产法。如果结构合理，这将有助于使重组过程清晰、可预测和公平。

灵活但不是宽容

最后，让我以一个与印度储备银行监管相关的、与本演讲讨论的问题也不无关系的问题来结束我的演讲。如今，许多行业都在与银行联手，呼吁监管机构宽容。他们希望印度储备银行是“现实的”，并推迟对不良贷款的任何确认。

这是目光短浅之见，尤其是对银行而言。如今，市场不太区分不良贷款和重组贷款，他们更愿意称之为压力贷款，并相应地对银行价值打折扣。套用莎士比亚的说法，不良贷款不叫不良贷款，依然糟糕如故。事实上，由于银行的资产负债表不透明，不良贷款对分析师和投资者来说可能更糟。近年来，全球银行业面临的每一种压力都给我们上了重要的一课，那就是要迅速识别并标记出不良贷款，然后加以处理。因此，监管宽容是监管机构与银行合作掩盖问题并将其推到未来的委婉说法，这不是一个好主意。

此外，监管宽容允许银行推迟坏账拨备。因此，当隐藏的不良贷款最终无法再被掩盖时，对银行收入和资产负债表的打击就会更大，也更出人意料。这可能会加剧投资者对银行状况的担忧，而对于公共部门银行来说，还会留下一个更大的缺口需要政府填补。这些都是结束监管宽容的更多理由。换句话说，监管宽容是一种鸵鸟行为，希望问题能自行解决。这不是现实主义而是天真，因为从世界各地得到的教训是，当一个人把头埋进沙子里时，问题只会变得更糟。

与此同时，银行也一直在要求监管机构提高贷款重组的灵活性，以便与项目的现金流保持一致，给予它们获得股权的资格，以便重振陷入困境的项目。这些要求比较合理，因为它们意味着希望更有效地处理困境。过去，监管机构一直不愿赋予银行这种灵活性，因为银行管理层滥用了这种灵活性。不过，印度储备银行已经认识到自己无法对企业或项目的纾困进行微观管理，因此正在探索让银行在重组中拥有更大灵活性的方法。如果这能使更多项目摆脱困境，我们准备承担这种风险。

总而言之，印度储备银行反对将问题推到未来的监管宽容，但它将允许更大的灵活性，使问题贷款能够在今天得到有效处理。让我们也明确表示，我们将警惕滥用灵活性，如果出现这种情况，我们将严肃处理。

结论

让我做个总结。或许，我们如此乐意保护借款人不受债权人侵害的原因是，在我们的集体心理中萦绕着一个令人憎恨的放债人。但是，今天的大借款人不是无助的文盲农民，今天的贷方通常也不是高利贷商人，而是公共部门银行，换句话说，我们是贷方。当大型发起人故意违约或在偿付公共部门银行债务拒不合作时，就意味着他抢劫了我们每一个纳税人，这会增加经济发展所需的新投资的融资成本。

解决办法不是制定更严苛的法律，大借款人可以很好地规避这些法律，小借款人则会陷入困境，而是更及时、更公平地适用现有法律。我们还需要新的机构，如破产法庭和纾困机构。最后，我们需要改变观念，不要把那些故意或不合作的违约者捧为工业领袖，而应该把他们当作侵蚀这个国家勤勉工作者劳动成果的搭便车者，并让他们受到公正的惩罚。我相信这是一种思维模式的改变，韦尔盖斯·库林（Verghese Kurien）博士会赞同的。

二

在缺乏有效的破产法的情况下，印度储备银行制定了一些方案，以帮助银行摆脱困境。我们反复审查这些方案，考虑如何对其进行调整，以便于更好地解决问题。遗憾的是，除了部分勤勉尽责的银行家外，大多数银行家普遍采取“敷衍塞责、粉饰太平”的态度。他们担心要对做出的让步负责，因此经常避免做出任何决定，这或许也是可以理解的。在这种环境中，设立由政府出资的坏账银行帮助银行处理坏账的提议反复出现。我认为这种做法只是把贷款从政府的一个口袋（公共部门银行）转移到另一个口袋（坏账银行），并不能解决任何实质性问题。事实上，如果坏账银行是公共部门银行，那么不愿改革的后果最终会转嫁到坏账银行身上。既然如此，为何不直接将坏账银行的资本注入公共部门银行呢？另外，如果坏账银行是私有银行，那么公共部门银行可能普遍不愿以大幅减记的方式向坏账银行出售贷款。这样的话，设立坏账银行还是不能解决问题。

当我们发现银行不愿承认问题时，我们不仅决定终止监管宽容，而且迫使它们清理资产负债表。2015 年，由副行长蒙德拉（Mundra）领导的资产质量审查，是印度首次进行此类重大审查。此处，我将着重介绍两位谦逊有礼但坚如磐石的女士——首席总经理帕瓦西·桑德（Parvathy Sundar）和执行董事米娜·赫姆钱德拉（Meena Hemchandra）在其中发挥的重要作用。她们切实地激励了员工，并确保他们在改革的每一个环节都能得到支持。此外，她们组建的年轻团队活力四射、不知疲倦。这让我再次意识到，如果我们全力以赴，将无坚不摧。

我研究过的每一种银行困境，都可以通过承认问题、处理不良贷款和调整银行资本结构来解决。印度也不例外。但部分批评人士认为处理不良贷款问题会放缓公共部门银行的信贷。2016 年 6 月，在班加罗尔的一次演讲中，我重申过清理不良贷款的理由。这些批评者需要查看实际数据，因为数据显示，在清理不良贷款前公共部门银行的信贷就已经开始放缓，而这可能是因为银行认识到了处理不良贷款问题的严重性。

化解银行业压力

通常在像班加罗尔这样的城市里，我们会经常谈论创业。不过，今天我想谈谈解决财务困境的办法。换句话说，我想反驳货币政策过于紧缩的说法。相反，我认为信贷增长放缓的主要原因是公共部门银行的改革压力，而这显然不能通过降息来解决。公共部门银行现在需要做的是清理其资产负债表，而这一工作正在推进中，有待得出符合逻辑的结论。具体来说，我将进一步解释我们改变印度贷款合同文化所做的一切努力。首先，让我们来看一下公共部门银行信贷增长与新的私有银行信贷增长的对比情况［作者注：我省略了本次讨论中涉及的图表，但它们可以在如下网址查询：https://rbi.org.in/Scripts/BS_SpeechesView.aspx?Id=1009］。

公共部门银行贷款与私有银行贷款

数据显示，自 2014 年初以来，公共部门银行的非食品信贷增长相对于新私有银行持续下降。这不仅体现在对行业的信贷上，也体现在对小微企业的信贷上。尽管不显著并且再次回升，但农业也出现了信贷增长相对放缓的状况。每当人们看到贷款放缓，就会认为现在没有信贷需求，即企业没有投资需求。然而，我们看到的是公共部门银行相对于私有银行的贷款放缓。这是为什么呢？

我们直接可以得出的结论是，银行资本不足尤其会影响公共部门银行的信贷供应。然而，如果我们看零售贷款增长，特别是住房贷款，公共部门银行贷款增长与私有银行相近。因此，资本不足并非罪魁祸首。不仅公共部门银行贷款呈现全面收缩的态势，某些高信贷风险业务似乎也出现了收缩，特别是对工业和小企业的贷款。因此，更合理的解释是，由于公共部门银行过去的风险积累，所以从 2014 年初开始，它们就一直在缩小基础设施和工业风险敞口。因为大部分私人银行没有这些过去的风险敞口，所以它们更愿意服务于老客户以及一些因贷款需求不断增加而被公共部门银行拒之门外的企业客户。然而，由于公共部门银行的规模比私有银行大，因此私有银行无法从根本上缓解公共部门银行信贷放缓的问题。由此，我们必须让公共部门银行重新对工业和基础设施项目开放贷款，否则随着经济复苏，企业信贷和经济增长将受到影响。

这些数据驳斥了那些无视证据者的另一个观点，即企业界的压力是由高利率造成的。私有银行设定的利率通常会等于或高于公共部门银行设定的利率。然而，私有银行的信贷增长似乎并未受到太大影响。因此，合乎逻辑的结论应该是，企业界现有问题的根源不在于利率水平。因为公共部门银行不愿意向风险敞口较高的企业提供更多贷款，所以企业的压力在于它们在公共部门银行资产负债表上已有的贷款。

贷款困难主要有两个原因：一是借款人的基本状况不佳；二

是贷款人的贷款回收能力弱。这两者都加剧了当前贷款困难的问题。

贷款困难的根源：糟糕的基本面

为什么会发生坏账呢？坏账中一些贷款是在2007—2008年发放的。在这期间，印度国内经济增长强劲，企业发展前景光明。公共部门银行存款增长迅速，同时一些基础设施项目（如发电厂），已在预算期内按时完成。正是由于这种情况，银行才会在贷款上犯错。银行以企业过去的业绩及增长来推断其未来的经营状况。因此，银行愿意接受更高的项目杠杆率和更少的发起人股本。事实上，有时银行会根据发起人的投资银行所做的项目报告签署贷款协议，而不是自己做尽职调查。一位发起人曾告诉我他是如何被银行追着放贷的，当时是银行挥舞着支票簿，要求他说出他想要的贷款数额。这是一种虚假繁荣的历史性现象，很多国家在经济周期的这个阶段都出现过类似的状况。

问题是经济增长并不总是如预期那样。在全球金融危机的前几年里全球经济强劲增长，之后增速放缓，这种放缓甚至波及印度，这表明印度经济与世界经济已高度一体化。随着国内需求放缓，银行对各类项目的巨大贷款需求的预测也越来越不切实际。此外，一系列治理问题外加惧怕调查，降低了德里政府部门的决策效率，因此基础设施项目建设许可难以通过审批。项目成本超支问题进一步升级为项目建设停滞，这使借款人更无力偿还债务。

我认为这其中也存在部分不法行为，国家调查机构正在调查一些相关案件，例如，在获得贷款时使用了不正当手段；或者发起人实施欺诈行为，通过海外子公司开具超额进口商品发票或出口到海外相关皮包公司，然后声称对方违约，随之转移公司资产。我想说的是，通常除了不正当行为之外，还有其他因素在起作用，部分真正有责任心的企业家会陷入困境，那些基于他们当时了解的情况做出合理商业决策的银行也是如此。

贷款困难的根源：监管和回收不力

事实是，即使合理的贷款也会出现违约的状况。银行家若以决不违约为目的发放贷款，可能就过于保守，而给予贷款的项目过少会损害经济增长。合理贷款意味着要仔细评估项目运行的前景，我认为过去的虚假繁荣或过度依赖第三方评估可能损害了对贷款项目的评估。仔细的贷后监测，包括仔细记录和完善抵押品，以及确保登记和追踪支持发起人担保的资产，可以在一定程度上弥补评估中的不足。遗憾的是，尽管监督费用增加了，但还是有太多项目没有得到有效的监控。银行希望牵头银行进行充分、尽职的调查，但这种情况并不总是发生。此外，当一个项目陷入困境时，即便公共部门银行还在继续用新贷款支持该项目，私有银行还是会灵活地利用发起人提供的额外抵押品来保住自己的头寸，或者得到偿还。考虑到债务积压或项目回报率低，发起人有时会主动停止注入股本，甚至不再努力经营项目。

尽管《金融资产证券化与重建及担保权益执行法案》等法律旨在加快有担保债务的催收，但催收过程仍旧漫长且成本很高，尤其是当银行面对关系密切的大型发起人时。政府已提议对司法程序进行改革，包括加快债务回收法庭的运作，这会使银行更容易回收贷款，但这些法律改革需要议会审批。由于知道银行很难追回贷款，所以即便最初的项目规模已然无法偿还贷款，一些发起人还是怂恿银行通过扩大项目规模来“加倍”贷款。当然，发起人中有一部分心怀不轨者试图从扩大的贷款规模中转移资金，进而加重了银行资产负债表上的贷款问题。

这种低效的贷款回收体系使发起人获得了相对于贷款人的更大权力。他们不仅可以威胁贷款银行要将付款转移到他们偏爱的另一家银行，促使两家银行相互竞争，而且可以拒绝偿还债务，除非银行给予更多贷款。在贷款人担心贷款成为不良资产时，上述情形尤为频发。有时，发起人只提供一次性结算（OTS），因为他们知道该体系无法保证银行的贷款收回，甚至有担保的贷款也无法确保，而且这种情况多年之后依旧如此。实际上，在这样一个贷款体系中，贷款变成了隐性股权，强硬的发起人在景气的时候尽享利好，在不景气的时候迫使银行承担损失，同时还继续持有股权。

整顿银行的原则

在面对最初的困难时，世界各地的银行有三条重复的基本原则。

（1）企业生存发展能力不在于其未偿债务，而在于其自身经济价值。根据企业的可存活情况，债务可以适当减记。

由于市场环境的变化，贷款需求可能降低，项目现金流也可能明显低于之前的预测。项目建成后就有经济价值，即运营现金流为正，但远低于其债务利息。如果债务没有减记，那么项目将继续被视作不良资产，同时发起人知道他无法偿还债务，但需要继续支付利息。如果忽视这一点，那么项目可能不再产生任何现金流，资产会迅速贬值。换句话说，过度负债会破坏资产价值。

（2）即使需要额外的资金注入，也要完成那些可存活的项目。这是因为停滞的项目不会随着时间的推移而有所改善。如果完成这个项目需要额外少量的投资，而发起人没有资金，那么此时贷款给这个项目仍然是有意义的，即便是在减记总债务的同时对其放贷。实际上，新贷款产生的经营现金流即使不能偿还所有债务也可以偿还部分债务。

（3）不要仅因为不可靠的偿债承诺，继续投入资金。

此处所述与第二条原则相反。这是因为若某一项目是不可行的，那么将其规模扩大一倍并不能改变这一状况。负债累累的发起人往往建议银行扩大贷款规模，以便同时可以使用银行的未偿债务和新贷款。因为发起人在贷款规模扩张过程中可能产生新的超支成本，所以对银行来说，更好的解决办法或许是将贷款减记到初始项目，而不是深陷其中。此外，即使追加贷款，不称职、不可靠的发起人也无力回天。

银行的道德风险

遗憾的是，公共部门银行体系固有的激励措施使其管理层更难遵循这些原则（我应该补充说，部分私有银行高管有时也是如此）。由于管理者的任期较短，所以他们不愿承担当期损失，而是更愿意将损失推迟到未来，让其继任者处理。这种扭曲的激励机制会导致过度投资或“常青”的不可行项目。不幸的是，不良资产的损失使银行即使在可行的情况下也不愿贷款给项目，因为银行担心调查机构会质疑其放贷理由。银行缺乏健全且有据可查的贷款评估和实际监控，使得上述情况频发。因此，对不良项目的过度贷款、对可行项目的过少贷款这两个问题同时存在。

监管机构的困境

对于希望整顿银行体系以便银行重新放贷的监管者来说，需要制订各种计划，其中有些计划可能存在冲突。第一，我们希望银行认识到贷款的困局并主动披露，而非合理化不可行项目，以此掩盖事实。贷款分类就是一个不错的会计方法，它反映了贷款的真实价值。在贷款分类的同时提取拨备，可以确保银行有吸收损失的缓冲资产。如果损失没有发生，银行可以将拨备金转回利润。如果损失真的发生了，银行也不必突然宣布巨额损失，它可以根据审慎的规定自行设定损失。于是，银行资产负债表代表了银行真实、公平的健康状况，这也正是资产负债表的意图所在。

第二，我们希望银行对项目产生现金的能力有实事求是的认识，并将贷款数额和还款结构与实际项目相匹配。

第三，我们希望银行继续向可行项目发放贷款，即便这些项目有不良资产而且有过重组。

问题在于，将不良贷款列入债务重组的监管宽容政策会使银行更容易逃避信息披露并热衷于让不良项目长期存在。此外，在严格的披露和分类规则下，可行项目也可能面临贷款中断的问题。鉴于银行体系中的激励机制，以及印度缺乏可操作的破产法，我们并没有彻底的解决方案。因此，印度储备银行必须采取务实的方式对银行进行整顿，设定全新而有效的流程。

印度储备银行的解决方案

我们的首要任务是确保所有银行都有关于贷款人与借款人的信息。因此，我们创建了一个大型贷款数据库（CRILC），其中包括所有超过 500 万卢比的贷款信息，我们与所有银行共享这些信息。大型贷款数据库的数据涵盖每一笔贷款的状态，反映每笔贷款是在使用、已经成为不良资产，还是正在变为不良资产。该数据库使银行能够识别与借款人有关的早期预警信号，例如习惯性地延迟给部分贷款人付款。

在看到此类贷款的早期预警信号后，银行下一步应通过贷款人联合论坛来与其他贷款人协调。就像破产论坛（bankruptcy forum）那样，贷款人联合论坛的主要任务是提出解决问题的办法，并鼓励银行迅速做出决定。为提高贷款人联合论坛的效率，我们还取消了全员同意的要求，即便这使部分不相信贷款人联合论坛决定的人退出。

由于部分银行在重组不可行项目时不愿承担损失，所以我们在2015年4月终止了银行重组项目的资格，但并没有将这些项目归入不良资产。与此同时，在贷款结构上，银行对一些长期项目（如道路建设）要求偿还的周期过短，即便现金流从现在起几十年内仍然可用。因此，我们允许通过“5/25计划”对此类项目的贷款偿还进行重组，但前提是可以保证未来长期的现金流。当然，虽然银行也可以借助这一计划使其贷款结构合理化，但我们需要监控银行的具体实施过程，并在必要的时候调整方案，以帮助银行实现其目标。

鉴于发起人往往无法引入新的资金，而且司法制度经常保护股权持有人，所以我们与印度证券交易委员会（SEBI）共同制订了战略性债务重组计划（Strategic Debt Restructuring，SDR），以便银行可以将债务转为股权，进而取代无力的发起人。但我们并不希望银行长期持有项目股权，因此我们会让银行在规定的期限内找到新的发起人。

所有这些新的工具（包括一些我没有描述的方案）组成一套有效的处置制度，这套制度与庭外破产处理制度相似。银行现在有了纾困的权限，因此我们要求银行承认已有问题，进而促使它们运用这些权力。这就是印度资产质量评估力图达成的目标，2015年10

月资产质量评估已完成并与银行共享了评估成果。从那时起，银行已开始对不良贷款进行适当的分类，并从 2016 年 3 月起评估其脆弱但尚未变成不良贷款的组合，以便采取必要的行动。行业文化发生了变化，银行也非常愿意接受资产质量评估。在截至 2016 年 3 月的第一季度中，许多银行的贷款清理工作明显超出了我们的预期。当然，一旦银行对不良贷款进行了适当的分类，并提取了相应的拨备，它们让不良项目长期存在或避免将债务减记到适当水平的激励就会减弱。

尽管如此，银行贷款清理工作仍在进行中。战略性债务重组计划主要应对那些无力还贷的发起人。但是有些发起人在项目负债累累时仍能确保项目的运行。“承压资产可持续构建计划”（Scheme for Sustainable Structuring of Stressed Assets，S4A）是处置承压大账户的可选框架。承压资产可持续构建计划要预先确定承压借款人的可持续债务水平，并将他们的未偿债务分为可持续债务和权益 / 准权益工具，这些工具在借款人纾困时可为贷款人提供有利条件。由于项目不再被视为不良资产，而且若有足够的准备金，公共部门银行将在必要时提供贷款，所以有能力但负债累累的发起人就有激励继续运行项目。

最近，政府正考虑设立一家基金，向陷入困境的项目提供贷款，并考虑大量引入第三方机构，以便在可行项目陷入困境时为其提供新的贷款。若此基金的决策不由贷款困难的银行主导，那么该基金将成为促进贷款问题解决的有效手段。

为何要制订这么多计划并不断修正？

显然，借款人陷入困境的原因很多，因此我们力图为他们提供一系列解决困境的可选方案，同时限制他们掩盖问题的自由裁量权。实际上，在缺乏有效破产制度的情况下，印度储备银行一直试图设立一套全新的坏账处理机制。由于必须根据银行体系中扭曲的激励机制进行监控以确保方案的有效性，所以方案即便制定得很合理也还是需要不断修正。正如我们所知，我们已经调整了监管。我们的目标并非空泛的理论，而是务实的，同时要让整个制度不断提高透明度，增强纪律性。

好消息是，银行正在进入贷款清理阶段，并促使不情愿的发起人采取必要的措施恢复其项目运作。因此，负债累累的发起人被迫出售资产偿还贷款。很快，我们将授权一些新的资产重组公司为承压资产提供更深层的市场。此外，我们正在制定一个框架，以提高银行向资产重组公司出售承压资产时价格发现的效率和透明度。虽然最初对披露的资产规模感到担忧，但银行投资者还是买入了公共部门银行的股票。如果银行能改善贷款回收的前景，其仍在交易的那部分账面价值就仍有很大的上升空间。新计划的实施和经济向好将有助于银行清理贷款。

欺诈和故意违约

我们不仅要让负责任的发起人在遭遇厄运或意外问题时能够更容易地进行资产重组，同时还要设法减少欺诈或故意违约事件的发生。因此，极端重要的是，银行不将这些灵活的新规应用于那些经常钻空子的发起人（大家都很清楚他们是谁）或欺诈者。由于我们已经与印度证券交易所协商加大对故意违约者的处罚，所以在前一种情形中将发起人归类为故意违约者的威胁将是有效的。对于诈骗犯而言，调查机构迅速有效的调查将起到重要作用。我们应该传递这样的信息：法网恢恢，疏而不漏。此外，我很高兴地看到，总理办公室正在推进对大型欺诈案的起诉。印度储备银行成立了一个欺诈监管小组，以向调查机构及早报告欺诈案件。对于那些转移公司资产的人，特别是将资产转移到国外的人，银行与调查机构应协商发布如下严厉声明：若发起人存在转移资产的行为，银行将提高其还款要求。

银行的风险规避

银行家认为他们本人最容易被贴上欺诈的标签，而通常他们并非欺诈犯而是受害者。此外，他们控诉监管机构在贷款出现坏账时过度干预，在银行家承担合理风险而意外出现坏账时，便立刻怀疑他们存在渎职行为。遗憾的是，监管部门的这些调查常常揭露出银行家不尽职的调查或敷衍了事的贷款监控。因此，事后很难区分坏账到底是由于银行家合理冒险中的意外疏忽，还是由于银行家的贪污腐败行为。尽管监管机构一再向银行家声明它们不是义警，但银行家本人应该清楚他们的贷款热情和管理漏洞会招致诸多无端的腐败指控。

由此，解决方案中的一部分意在帮助银行家摆脱无端的腐败指控。但解决方案的另一部分是不以单笔贷款的结果，而是根据众多贷款的普遍状况来评判银行家。当然，若一位银行家与同行相比有过多的不良贷款，那么该银行家理应受到质疑。但对许多优质贷款中偶有不良贷款的银行家有必要给予奖励。这种由银行当局基于贷款模式的监控，辅之以在资金转移的证据确凿时通过监管机构施以严厉惩罚，既有可能控制不法行为，又可以奖励承担风险的行为。这种监管模式确实需要修改现行制度，包括不再强调基于委员会的银行贷款审批方式，这种方式看起来分散了贷款决策的责任。

印度储备银行的职责是什么?

有时，银行家会反戈一击指责监管机构造成了不良贷款问题。真相是银行家、发起人和市场环境都造成了不良贷款问题。监管机构不能代替银行家做商业决策，也不能插手银行的日常管理，甚至不能在银行家做出决策时对其进行调查。相反，在大多数情况下，监管机构在银行产生不良贷款时可以给予警告，并要求银行持有足够的风险缓冲资金。监管机构的重要职责是在银行产生不良资产时，促使它们及时确认并披露。在经济有望迅速回升且银行体系会自行收回贷款时，监管宽容可能是一种合理但极具风险的监管策略。监管宽容也是很多人（包括银行家、发起人、投资者和政府官员等）主张采取的策略，因为这可以把问题踢到一边，由他人处理。监管宽容策略的缺点在于，当经济增长停滞时，银行不良贷款问题会扩大，变得更难以处理。正是因为各方在经济增长停滞期，对银行不良贷款采取宽容或不承认的策略，使银行坏账问题愈发严重，所以监管机构面临将问题处理引入正轨的艰巨任务。这也就是印度储备银行要处理的问题。

正如我所说的那样，自 2014 年初以来，承压贷款的不断积累导致公共部门银行在某些部门放缓了贷款节奏。因此，2015 年年中，印度储备银行终止监管宽容、推行资产质量评估并非经济放缓的原因。相反，公共部门银行管理者已经注意到某些部门的高不良风险敞口并开始收缩贷款。信贷是经济增长的关键，而公共部门银行满足信贷需求的唯一途径是清理贷款和资产重组。

信贷增长放缓中的利好消息是，银行并没有不加区别地放贷，而是试图缩减膨胀的资产负债表中的承压资产规模，这预示未来的经济下滑。总之，对于是清理优先还是增长优先的问题，我认为答案毫无疑问应该是“清理优先”！事实上，这一答案来自其他面临财务压力国家的教训。因此，至关重要的一点是，清理工作将继续进行，而且不会再诉诸任何监管宽容。

有时，宽松的货币政策被视为减轻坏账问题的一种途径。然而，对于负债累累的发起人来说，宽松的货币政策不能解决任何问题。银行即使控制了借款人的所有现金流，也无法彻底保全贷款，因此在政策利率下调后，依然没有激励下调对借款人收取的利率。此外，由于银行很少在借款人业务上展开竞争，所以贷款利率不会因竞争而压低。总之，与普遍的看法相反，宽松的货币政策无法应对严重的坏账问题。

政府能做什么呢?

政府正在加快完善债务回收程序，并制定新的破产制度。下述两项措施可有效促进问题的解决，并在短期内带来丰厚回报。

一是完善公共部门银行治理，以摆脱困境。政府通过印达哈努什（Indradhanush）倡议明确表示，希望确保公共部门银行的健康。打破过去董事长和总经理的专权，通过银行董事局改进对董事会和管理层的任命，将更多的决策权下放给专业董事会，并找到激励管理层的新方法，这些措施都将有助于改善贷款评估、监督和偿还。

二是将对银行注资，并将注资与业绩挂钩，从而使业绩较好的银行有更广阔的成长空间。在理想情况下，对经营不佳银行的注资应伴随治理的改善，但考虑到这些银行需要承担清理资产负债表带来的损失，所以最好尽快注入政府资本。因为政府面临着迫切的资金需求，所以有时不愿对银行注资。然而，很少有比对公共部门银行注资带来更高投资回报的活动，所以为保证信贷增长，政府必须对银行注资。最后，经济调查表明，印度储备银行应帮助对公共部门银行资本化。但这似乎是一种不透明的做法，会使银行监管机构再次涉足银行业务，随之可能产生利益冲突。

最好的解决办法是，印度储备银行在保留足够盈余作为缓冲资本的前提下，应尽可能多地将盈余交给政府，这符合称职央行的风险管理实践。事实上，我们把所有的盈余都交给了政府，这就是我们在过去三年里所做的事情。另外，政府可以向银行注资。这两个举措不必关联在一起。此外，如果政府不能直接用现金购买银行股权，也可以采用一种不太有效的资本形式，即发行银行的“政府资本化债券”（Government Capitalization Bonds），以换取股权。这样，银行将在资产负债表上持有这种债券。这可能束缚银行的部分资产负债表，但可以肯定的是这将有利于增加银行资本。

后记：今天演讲所述的内容，我不会改口。尽管现在各方采取的措施越来越多样化，但仍需要所有人参与并采取行动，这一点与过去一样紧迫。全国民主联盟政府修订了有关债务回收的各种法案，以防止银行被轻易操纵，并颁布了新的破产法。此外，全国民主联盟政府还明确了债务回收法庭的职责。这些都是印度政府平衡借款人和贷款人的重要措施。然而，我们还需要跟踪、观测这些措施的运作效力，并在必要时对它们做进一步的修正，直到建立起快速、公平和透明的处置制度。

第七章

经济及其他议题

一

印度储备银行行长承担的责任，比监管者或中央银行家要大得多。由于印度储备银行担负最后借款人职责，同时还负责管理国家的外汇储备，因此，储备银行行长是国家宏观风险的主要管理者。如果他是一名认真负责的行长，当他认为经济处于危险之中或出现路线选择错误时，就必须发出警告。作为政治中立的技术性官员，他既不能一直为政府叫好，也不能毫无约束地批评政府。储备银行行长在选取发言议题及确定评论语气时，都必须十分谨慎。

各方都会犯的一个错误便是把印度储备银行行长当作普通政府官僚对待。如果储备银行行长自己也这样认为，那么他将屈从于中央或地方政府，无法给出独立的能够避免国家陷入经济危机的技术性见解。印度储备银行行长必须明确自己的职责，要知道自己有时须就政府行为发出宏观经济风险预警，有时须坚定地说“不！”。

每一届政府都会试探储备银行行长的容忍度，在理想状态下，政府会对印度储备银行的谨慎态度表示认可，也不会有太过分的举动。然而，如果政府误认为印度储备银行行长只是一般的官僚，便会对储备银行行长缺乏顺从的表现感到不满，极力削弱他的权威。这同样不利于国家发展。

我时刻谨记自己作为国家风险管理人的职责，即便在向当时的政府解释这一角色的必要性时也是如此。在我直接负责的领域，这意味着有时需要在非公开场合拒绝政府的要求，同时向政府提供更为稳妥的解决方案；在负有间接责任的领域，则要提供非公开的建议或指导，如果涉及的议题引发了全国性讨论，还要公开发表讲话。在国际货币基金组织担任首席经济学家期间，我的职责是识别一系列国家的宏观经济风险。这使我能够以国家间的独特视角看待问题，也增强了我的责任感。

我身上的责任感还有另一个来源。在媒体的持续高强度关注下，我意识到很多寻求榜样的年轻人将储备银行行长作为自己想要学习或模仿的对象。为不辜负这些年轻人的期望，我必须表现出最高的职业素养、高于一般人的水平。

尽管央行行长须在必要时警告风险，但他并不是反对党的代言人。他仍然是政府的核心组成部分，而且他的政策目标也必须与政府更加广泛的可持续增长与发展目标相一致。然而，在一个不熟悉审慎劝诫的国家、在习惯于顺从官僚主义的媒体环境中，央行行长的职责可能被错误解读。围绕央行行长会形成新的观点。他可能被媒体及社交网络看作批评家，人们会从他发表的所有演讲或评论中寻找支持这一观点的证据。在这样的情况下，央行行长应该从公众面前消失吗？或是因为害怕被误解而不再公开发表言论？还是直面风险、认真履行自己的职责？我选择后者。一方面，当被众多国际性风险包围时，我们的国家能够沿着稳定的路径发展十分重要；另一方面，我认为年轻人（包括印度储备银行里的年轻职员）应认识到，当使命召唤时勇于站出来发声是非常重要的。不过，我确实会定期与政府交换意见，并认为我们能够达成共识。

基于风险管理者的视角，以及印度正从货币动荡中恢复的现实，因此，在第一次公开演讲时，我试图阐释印度当前的状况。我必须恪守中央银行家的行为准则，不能沉迷于过度炒作。此外，经济在过度乐观与过度悲观之间的频繁切换，也是我于2013年10月在哈佛商学院演讲时的话题。

过滤出真实的印度

印度板球迷对待自己主队的态度，就像是患了躁狂症一般。当他们的球队发挥出色时，他们将球员捧到神一般的高度，忽视球队的明显弱点；而当球队不可避免地遭遇失利时，则会招致同样疯狂的批评，球队存在的每一个问题都会被仔细讨论。事实上，球队并没有赢球时球迷夸赞得那般好，也不像输球时球迷批评得那样糟。即便在胜利时球队的弱点也是存在的，只不过被忽视而已。

这样极端的态度也适用于人们对印度经济表现的评判。外国分析师也加入了印度民众的队伍，在过度兴奋与自我鞭挞间摇摆。几年前，印度怎样做都不会错。评论家发明了“Chindia”这样的词语，将印度的表现与其北边的邻居中国相提并论。如今，印度怎么做都不会对。

印度确实存在问题。印度上一季度的年化经济增速已降至4.4%，通胀高企，且前一年的经常账户与财政赤字非常巨大。所有的评论员都强调印度存在基础设施薄弱、过度管制、制造业规模小，以及劳动力受教育程度低、技能欠缺等问题。

印度确实存在不足，如果印度希望实现强劲且稳定的增长，上述问题必须加以解决。但在印度快速增长时，这些问题也是存在的。要明白哪些是在短期内必须解决的问题，就要理解是哪些因素制约了印度快速增长。

一方面，像所有主要新兴经济体一样，2008 年金融危机后，印度政策制定者向经济体注入了巨额财政与货币刺激。随之而来的经济增长引发了通货膨胀，尤其是世界经济并没有像最初预想的那样会陷入第二次大萧条。因此，中央银行必须收紧货币政策，而高利率会降低投资与消费增速。

此外，印度负责配置土地、自然资源、发放各类许可证的机构在经济强劲增长期间忙得不亦乐乎。经济高速增长使得土地、矿产等资源更加稀缺、价值更高。当这些资源在过去十分便宜的时候，操纵资源也不会有利可图；而经济增长则加大了腐败的寻租空间。

同样，工业发展对农田及森林的侵占愈加严重，迫使农民及部落背井离乡。印度是一个发展中国家，但印度社会却像第一世界国家那样敏感。政客及社会活动家组织抗议，促使新的环境保护法及土地征收法得以通过，以促进社会可持续发展。长期看，印度会提高这些新法律的效率，使其更好地发挥作用；但在短期，这些法律增加了各类官僚对投资的干预。因此，经济增长以及各方对极速增长的反应，增加了腐败的可能。

幸运的是，在民主制度下，印度各部门间存在制衡机制。印度的调查机关、司法机关、媒体开始就大规模贪腐的指控开展调查。随着清查工作的推进，其负面影响便是官方的决策对风险的容忍度越来越低，多项大型项目被突然叫停。

直到现在，随着政府设立新机构来加快决策进程，并实施决策过程透明化，这些项目才获准继续进行。重新开工之后，到完工还需要一段时间。项目完工后，经济增速将获得显著提升。

危机后的过度刺激政策加之大型项目的停工还导致了内外部赤字高企。2007—2008年，印度财政赤字占比在2.5%左右，位于合理区间；而危机后财政刺激政策却使政府财政赤字占比上升至6%以上。同样，大型采矿项目的中止使印度不得不增加煤及废旧钢铁的进口量，而铁矿石出口量也应声而跌。

此外，黄金进口量的增长使经常账户进一步承压。农村地区刚富起来的消费者用积蓄购买黄金，作为价值贮藏的手段；而城市地区的富人因担忧通胀，也纷纷购入黄金。颇具讽刺意味的是，如果他们购买的是苹果公司的股份，而不是大宗商品，他们投入的钱就会被视为对外投资，而不会增加外部赤字。

总体来说，印度经济增长放缓及财政与经常账户赤字并非结构性问题。这些问题通过适度改革就可解决。这并不是说大刀阔斧的改革不好，或者未来十年的稳定增长不需要大规模改革；但为解决当前存在的问题，印度并不需要在短时间内成为制造业巨头。

事实上，印度当前亟待解决的问题更加常规、更好解决：清理项目，减少针对性差的补助，寻找更多方法降低经常账户赤字，提高融资便利度。去年以来，印度政府在这些领域采取了一系列措施，已经取得了初步成效。例如，随着出口额的增长和进口额的下降，经常账户赤字大幅收窄。政府及印度储备银行预计本财年逆差大概在700亿美元左右，远低于前一财年的880亿美元，但最新数据显示这一数字还会更低。

这就引出了另一个话题。由于分析师执着于寻找结构性改革的路径，以解决更深层次的经济挑战，因此，他们并不认可细节性的改革，称之为“创可贴”式的修修补补。然而，精准施策的小幅改革，或者说是策略性渐进主义能够解决亟待解决的问题，从而为大规模的结构性改革争取时间及经济政治空间。

换言之，当印度政府承诺将去年的财政赤字占比降至 5.3% 以下时，没有人相信他们能够做到。然而，这一数据的最终值为 4.9%。同样，我们预计经常账户赤字今年将降至 3.7%，而且我认为最终数据可能更加乐观。虽然我们采取的所有措施并非无可挑剔，也非均可持续，但我们完成了任务。

尽管印度经济仍然存在诸多问题，但印度经济增速可能在今年增至 5% ~ 5.5%。这样的表现算不上亮眼，但在经济低谷期也是不错的。今年的季风气候非常有利，这将刺激消费增长，尤其是农村地区的消费增长。而在公路交通愈加便利、社区间联系更加紧密的带动下，农村地区的消费增速已经处于高位。

印度银行部门无疑经历了坏账增加。这主要是由于银行的投资项目被推迟，而非取消。一旦这些项目投入运营，它们就能生成现金流来偿还贷款。同时，印度的银行拥有吸收损失所需的资本。

印度的金融状况强于一般新兴市场经济体，更不必说危机中的新兴市场经济体。印度的公共债务总额与 GDP 之比呈逐渐下降趋势，从 2006—2007 年的 73.2% 降至 2012—2013 年的 66%，中央政府债务与 GDP 之比仅为 46%。此外，印度债务以卢比计价，且平均到期时间超过 9 年。

印度的外债情况更为有利，仅占 GDP 的 21.2%，其中多数为私人部门债务，且短期外债占 GDP 之比仅为 5.2%。印度的外汇储备规模为 2 780 亿美元，约占 GDP 的 15%，足以为若干年的经常账户赤字提供资金支持。即便将贸易贷款及海外印度人持有的存款记作短期负债，印度的外汇储备也足够偿还所有债务，且仍有剩余。

也就是说，印度能够做得更好，且提升空间非常大。在未来几年，印度经济通往更加开放、更具竞争力、更加高效、更具人性化的道路注定不平坦，但在短期，有更加容易的目标可以实现。

例如，我们致力于发展印度的金融体系，稳妥地拓宽融资渠道，这能够成为未来几年印度经济高速增长的动力源。我们还可以建设大型基建项目。例如，德里—孟买工业走廊，这是与日本合作的大型项目，投资额达900亿美元。该项目把德里与孟买的港口连接起来，总长度1 483公里，共跨越6个邦。该项目包括面积在200～250平方公里的9个大型工业区、高速货运专线、3个港口、6个机场、1条连接政治及金融中心的六车道无交叉路口高速公路，以及1座容量为4 000兆瓦的发电站。我们已经见识过黄金四边形高速公路体系的建成对印度经济的巨大促进作用，德里—孟买工业走廊的作用我们拭目以待。最好的印度即将到来。

再回到板球的比喻上来，印度社会推崇公开辩论。但是我们的情绪波动总是很大，这或许与印度媒体容易激动、竞争性强、十分年轻有关。对于外国人及本国人对印度的评论，剔除掉其中狂热与绝望的部分，将使我们更加接近真相。

二

我们向各届政府强调保持宏观经济稳定的重要性。2014 年 2 月 13 日，我在演讲中提醒团结进步联盟政府控制财政赤字规模，敦促其解决石油补贴这一令人头痛的问题。当时团结进步联盟政府即将公布最后的预算。我对全国民主联盟政府也提出了同样的建议。

宏观经济建议

下面简单回顾一下宏观经济情况。在农作物丰收、出口走强、大型停工工程初步复工的提振下，印度经济逐渐企稳。然而，经济增长仍然十分疲弱。我们必须致力于确保宏观经济稳定，这意味着要使经济增长更加强劲，尤其通过投资推动增长；要将经常账户赤字稳定在适度水平；要使财政赤字与政府的财政路线图相一致，并降低通胀。政府在提高经济增速、缩小经常账户赤字、实现财政目标方面做了很多努力，我们必须对此予以肯定。我坚信 2013—2014 年度的财政赤字将接近甚至低于财政部长设定的红线。

然而，接下来，我们仍然要继续沿着财政整固的道路前进，不断提升财政调整的质量和可持续性。在减少补贴及准入资格错配的同时，将资金投入确有必要的公共项目上。这非常重要。

有效的财政控制能够帮助我们对抗通胀。其次是弱化农业支持价格对通胀的影响，以确保这些价格在农民处于困难时只发挥基本支持的作用，而不是取代市场价格。相对于农业支持价格，准确的市场价格和及时传播的播种信息更能将农业生产引导到最有价值、最有需求的领域。

再有，将能源价格上调至市场价格水平将在中期起到抑制通胀的作用，这也是印度储备银行试图控制通胀的时间期限。这样的说法听起来似乎有些自相矛盾。这其中的原因在于，更高的价格将减少过度消费，进而降低政府补贴及财政赤字，激发投资与竞争。在全球能源市场供给日渐稳定充沛的情况下，更应让市场决定价格。价格调整不充分、不恰当的后果，就是印度储备银行需在对抗通胀方面承担更重的负担。

三

我收到了很多讲话的邀请，大部分被我拒绝了。但我无法拒绝每一个邀请，平均下来大概每月演讲一次。后来我意识到，这和美联储主席公开讲话的频率几乎相同。不过印度对新闻十分渴求，在7×24的报道渠道下，哪怕演讲的场合再小、地点再偏僻，都不会被漏下。由于媒体在场，我无法一稿多用（媒体能报道的新消息越少，越有可能揪住细枝末节的信息不放），也不能在每次演讲中都讲货币政策或金融部门改革。于是我想到，何不讲一下我在政治经济学领域关于改革与增长的研究呢？这既能启发民众，也利于印度储备银行完成使命。2014年8月，在拉利特·多西纪念演讲中，我从我们生活于其中的印度环境出发，阐述了加大力度深化金融普惠的必要性。

印度的金融与机遇

我们即将迎来印度的第67个独立纪念日。在一个人的生命中，67年是一段很长的时间，几乎相当于如今印度人的平均预期寿命。在印度刚独立时，印度人的平均寿命更短，所以在印度刚独立后出生的人，大部分已经不在了。在这样一个时间节点上，我们应该回望与盘点。对于独立后的第一代印度公民，我们实现建国国父们的愿望了吗，还是完成得很差？我们还需要做些什么？

显然，国父们希望印度公民拥有政治自由，拥有决定受谁统治以及思考、表达、信仰、崇拜的自由。他们还希望我们在地位与机会上享有公正与平等，希望我们能够摆脱贫困。

在实现政治自由方面，我们取得了长足的进步。我们的民主体制日益成熟，对于无视民众需求的政府，民众可以用脚投票。保障选举自由的机制日渐强劲，选举委员会及一系列法律法规的实施，确保印度能够在全国范围内开展较为公正的自由选举。政治团体、非政府组织、媒体以及个人都可以审视公共政策，发挥制衡作用。司法部门也采取了重要措施保护个人自由。

我们的经济远比刚成立时富庶，贫困现象也显著减少。诚然，韩国在最初和我们有着相似的处境，但今天要远比我们发达。但也有很多国家比印度差得多。一个充满活力的民主社会的优点之一，就是民众有用脚投票的权利，确保国家治理水平不至于太差。相较于专制集权社会，民主社会能够实现更稳定、更平等的经济增长。

不过，从客观角度看，我们的民主制度与经济确实存在一些问题。即便印度的民主与经济较以往更有活力，但在最近的选举中存在的一大问题仍然是，过去的权贵社会主义是否被权贵资本主义取代，那些有钱有势的人是否通过向贪腐政客行贿，获取土地及自然资源。权贵资本主义扼杀透明度与竞争，损害自由、机会和经济增长。此外，将特殊利益置于民众利益之上，也不利于民主表达。如果关于权贵资本主义的这些认知是正确的，那么接下来的问题自然是为何民众能够容忍？为何他们会投票给延续权贵资本主义的贪腐政客？

关于权贵资本主义持续存在的假说

一个广为认同的假说是，印度政界太缺乏“好人”了。印度政界有很多正直的人，这样的说法对他们并不公平。即便这一假说是正确的，也时常会有人站出来清理政坛，这些人一般来自中上层，具有专业背景。但是，当这些“好人”站出来维护选举尊严时，他们通常以千金散尽收场。难道说，选民真的不想拥有完全干净的政府吗？

除了认为品德高尚的人只存在于中上阶层以外，这一假说的错误之处还在于将问题归咎于个人道德，而非现行体制。2008 年，我在孟买商会演讲时说道，民众之所以对贪腐政客示以宽容，是因为在一个穷人及底层民众可享用的资源十分匮乏的社会中，那些贪腐政客是他们的救命稻草（这一观点受到理查德·霍夫斯塔德的研讨会文集《改革时代》的启发）。

接下来让我解释一下这一观点。印度公共资源的配给不利于穷人。在很多邦，即便拥有配给卡，也无法从配给商店获得所需商品。而在贫困地区，很多人甚至没有配给卡，或者贫困线以下配给卡（Below Poverty Line Card）。老师不去学校教书，警察不记录犯罪行为，有钱有势者更是逍遥法外。公共医院人手短缺，免费药品经常缺货。这样的例子数不胜数，你也能够想象这些熟悉的画面。

于是，狡猾的政客乘虚而入。尽管穷人没有钱“购买”本应享有的公共服务，但他们拥有政客觊觎的选票。这些政客略施小计，对选区中贫苦选民的处境略做改善，或者为他们提供一份政府里的差事，或者帮他们登记初步案情报告（FIR），或者给他们一处地权。这样，这些政客就获得了穷人的感激，更重要的是，获得了穷人的选票。

当然，也有很多正直的政界人士，真心想改善选民的生活。而之所以当前的政治体系容忍腐败，是因为街头政治能使当下的官僚体制对选民更有利。而且，这样一个体系是能够自我维持的。不愿与之同流合污的理想主义者承诺对之进行改革，但选民们知道，一个人的力量实在微不足道。此外，谁会资助理想主义者与整个体系做斗争呢？所以，何不维持现状，即使这意味着改革者将散尽家财？

于是，这便形成了一个完整的循环。穷人及底层民众需要政客帮助他们获得工作及公共服务。贪腐政客需要商人提供资助，用来收买穷人、运作选举。奸猾的商人需要假手腐败的政客低价获取公共资源及合同。而政客又需要穷人和底层民众的选票。在这个体系中，不同群体间的依赖关系使得这种各取所需的格局能够长期存在。

诚心为民的政治领导人及政府尝试过，也正在尝试打破这一恶性循环。如何才能让更多的政界人士从“整治”这一体系转为改革这一体系？显然，答案在于提高公共服务的质量，以及降低公众对恶性循环的依赖程度。这两方面都十分必要。

那么，如何提高公共服务的质量呢？传统解决方案是向公共服务领域投入更多资源，并改变其运作模式。当下，在提高公共教育及医疗卫生水平方面，采取了很多值得尝试的措施。然而，如果存在资源流失或公务人员缺乏积极性的情况，而这样的情况在治理水平最低的邦有可能出现，这些措施将很难起到作用。

有人认为，将公共服务确定为法定权利就能确保其供给。很难想象，只是通过立法使公众形成预期就能确保有效供给。毕竟，每个持有配给卡的人都预期自己将在平价商店买到谷物。然而，谷物缺货或质量不佳还是常有之事。

信息集中化能有所助益。如果公众知道当地公共药房分得了多少药品，或是当地学校获得了多少午餐补助，他们就能更好地对公共服务进行监督，当应享利益没有兑现时，就会向高层发出抗议。然而，公共服务最差的地方，通常也是公众受教育水平低、社会地位低、组织涣散的地方，因此，让穷人实施监督也难以有效。

有人认为，这也是为何应将中产阶级纳入公共福利的原因，这样一来，中产阶级就能抗议糟糕的公共服务，从而确保所有人都能获得高质量的服务。但是，实行全民福利需要投入大量资金，而且很可能无法改善穷人的处境。中产阶级与穷人居住在不同的地区。即便同住一地，穷人也不会去中产阶级经常光顾的场所，因为他们会觉得格格不入。再退一步，即便所有人都去同一个地方，服务提供者仍然可能对挑剔的中产阶级与逆来顺受的穷人区别对待。

那么，如果更多的资源或更好的管理并不足以解决问题，什么才是解决之道呢？一方面就是降低民众对政府岗位及公共服务的依赖。例如，在私人部门获得一个好的工作岗位，能够使一个家庭有足够的钱来支付私人医疗、私人教育，降低他们对公共服务的需求。高收入能够提升一个人的社会地位，教师、警察及政府官员也会给予他更多尊重。

然而，如果一个人从一开始就没有享受过好的教育和医疗，又怎么能找到一份好工作呢？在当今社会，拥有好技能对找到好工作至关重要。没有技能的人，要么接受一份低薪工作，要么通过恩庇获得一份好工作。于是，我们得出了一个自相矛盾的观点：优质公共服务对民众摆脱对低质公共服务的依赖至关重要。

花钱解放穷人，赋予他们能量

我们将注意力再拉回到演示板。在我看来，印度克服这一矛盾的途径，就是花钱解放穷人。与其承诺为穷人提供公共服务，何不直接给他们现金？穷人有了现金，就可以随意选择光顾的商家，而不是只能光顾处于垄断地位的政府供应商。平价商店老板必须以市场价格销售商品，这样一来，他就不能再暗中转移谷物；此外，他必须与邻近的商店竞争，也就不能再怠于服务和经营。通过为穷人赋权，政府会关闭公共服务系统中客流量偏低的商户或机构，从而促进竞争。

我们需要做的大部分工作其实已经成为可能。印度政府打算在独立日宣布一份全民普惠金融规划。它包括识别穷人，为他们制作一一对应的生物识别器，开设关联银行账户，并将政府转移支付资金存入账户等。当这一规划全面铺开后，我相信这将给予穷人尊重及选择的自由，以及以往通过乞求才能获得的服务。它能斩断劣质公共服务、贿赂、腐败之间的利益链条，而这一链条的存在正在愈加令人担忧。

毫无疑问，现金转移支付并不能解决所有问题，而且也有争议。家长式作风的社会工作者经常会质疑，即使通过转移支付拿到钱，穷人也只会用这些钱去买酒喝。然而，自雇妇女联盟等非政府组织所做的研究表明，事实并非如此。此外，我们可以试着将这些钱交由女性保管，她们更善于规划支出。还有人认为，可以为转移支付设置附加条件，例如，只有当收款人的子女按时上学，他们才能获得这笔钱。但是，设置附加条件的弊端在于，如果监管者是腐败的或低效的，直接的福利转移支付的整个过程将受到影响。不过，在采用自动机制的地方，可以对转移支付的用途进行监督，并对负责任的支出行为自动予以奖励。

还有一个相关的问题，穷人是否会对现金转移支付产生依赖？现金转移支付是否会成为让穷人陷于贫困的绊脚石而非摆脱贫困的垫脚石？这确实是一个非常重要的考量。当穷人将收到的钱用于教育、医疗，提升能力、拓展机会，而不是用于非核心消费时，转移支付才能起到最好的效果。穷人中的大部分人都会努力抓住这一机遇，尤其是为了他们的子女。不过，如果有证据表明转移支付被挪用，部分转移支付资金可通过电子兑换券的形式发放，专用于食品、教育及医疗。当然，我们应该根据数据而非先入为主的观念来制定政策。对于那些在转移支付扶持下开始逐步赚大钱的人，我们必须想办法退出对他们的资助。但是这一环节应该怎样做，才能不对工作和赚钱起到消极抑制作用，是日后需要解决的问题。美国设计出了收入税收抵免项目来解决这一问题。

还有一方面的顾虑是，私营服务提供商是否愿意在偏远地区开辟业务。显然，如果偏远地区的居民有购买能力，私营服务商肯定会将触角延伸至那里。当然，最理想的结果是之前由公务人员提供的服务，现在由一些穷人提供。此外，实施转移支付并不意味着取消公共服务体系中有效的部分，而是说穷人使用公共服务时也将支付费用。

普惠金融及直接转移支付更广泛的意义在于，它们能使穷人摆脱对低质量公共服务的依赖，进而不再受贪污但高效的政客的操控。这并非万全之策，但将帮助穷人走出贫困，实现真正的政治独立。普惠金融还能起到更多的作用。通过使穷人及边缘人群不再受制于高利贷，通过向穷人中的企业家提供信贷及建议，通过给予家庭储蓄及购买保险的能力，普惠金融能够帮助穷人走上经济独立的道路，进而强化好的公共服务带来的政治自由。这也是普惠金融如此重要的原因。

通往普惠金融的五要素

最后，我谈一下印度储备银行将如何加速实现我刚才描述的普惠金融。在我看来，实现普惠金融主要做好五方面的工作：产品、场所、价格、保障和利润。

如果要吸引穷人的注意，我们要设计出迎合他们需求的产品，为他们提供安全的储蓄场所、可靠的收寄款方式、附加条件少的快捷贷款通道，以及易于理解的意外、人寿、疾病保险和可以用来养老的收入。这其中，简单和可靠是关键，也就是说，要让人们明明白白花钱和获益，没有坑人的隐含条款或单方面退出条款。印度储备银行将敦促银行开发一系列基本产品来满足穷人的金融需求。

这些产品应具备两个重要特质：一是低交易成本，二是容易获得。在过去，这意味着服务提供场所，即银行网点，要离顾客近一些。因此，普惠金融项目中的关键组成部分就是将银行网点开设到未设银行的地区。今天，随着手机及代理商的普及，银行可通过很多方式提供服务，我们很难准确判断顾客将通过何种方式获得服务。也就是说，在今天，“场所”并不意味着实际地理位置的靠近，也可以是电子意义上的靠近，或是代理商的靠近。为实现这一目标，我们放松了对银行服务代理的管制，鼓励银行与移动通信公司结成联盟，开始发放支付银行牌照。

获取产品的交易成本，包括中间服务的价格，应控制在较低的水平。无银行账户的人，最初通常只需要小额金融服务。银行应尽量提供自助服务以降低成本，并雇用当地人任职员，为他们支付相应的薪水。此外，应将监管负担降至最低。为实现上述目标，印度储备银行开始为小型地方银行机构发放牌照，对“了解客户信息”规范加以简化修订。上月，我们优化了银行账户开户流程。对于没有正式住址的流动工人及居民，他们开户时不必再提供当前住址证明。

没有经验的新顾客需要保障。印度储备银行正在完善《消费者保护条例》，强调金融机构应提供简单易懂的产品。我们也在和政府合作，普及金融知识。向穷人普及金融知识不仅要在识字班，还应深入学校。银行为穷人创业者提供资金的同时，还应给他们提供商业管理方面的建议。在这一过程中，可以寻求类似国家农业和农村发展银行（NABARD）这样的组织或非政府组织的帮助。我们还在强化消费者投诉赔偿机制，进一步拓宽监管范围，强化市场信息收集，加强与法律法规的协调，减少不守信用的商家数量。

最后，尽管行政命令能够显示政府的决心，也能够使银行在相应预期之下进行投资，但如果银行不能实现盈利，也很难实现普惠金融。因此，位于金字塔底端的最后一个因素就是利润。例如，政府应该向提供转移支付服务的机构支付合理的佣金，银行也可以向穷人收取合理透明的费用或利息。

总之，发展中国家面临的最大风险之一是中等收入陷阱，这会给裙带资本主义可乘之机，制造寡头统治，放慢经济增长。如果竞选期间的争论能作为参考指标的话，这是当前印度公众关注的一个十分现实的问题。为了避免落入中等收入陷阱，也为了巩固国父们在 67 年前为我们赢得的独立民主，我们必须强化公共服务，尤其是面向穷人的公共服务。提升公共服务水平的途径之一是普惠金融，这也是在接下来的几年，印度政府及印度储备银行相关规划的重要组成部分。我希望在座的各位也积极行动起来，共同助力这项事业取得成功。谢谢大家！

四

受果阿邦首席部长的邀请，2015 年 2 月 20 日，我在高善必（D. D. Kosambi）创意大会上发表演讲。鉴于这是纪念伟大博学者的“创意”盛典，这次演讲我主要围绕自己的研究领域，并延伸到更广泛的政治经济学范畴，再次阐述普惠金融这一议题。

民主、包容及繁荣

谢谢大家邀请我来参加这一盛典。鉴于这是一次以“创意”为主题的大会，我就不再展开来讲印度储备银行的货币政策，想必大家对此也都十分了解。我想和大家分享一下我研究了多年的课题：自由市场民主的发展。我是以政治经济学教授的身份发表今天的演讲，大家可以暂时忘记我作为储备银行行长的身份。我猜想可能在座很多人想听我讲未来利率的变动情况，抱歉让你们失望了。

所有人都希望生活在一个安全、繁荣的国度，充分享受思想与行动的自由，能够行使自己的民主权利，通过选举选择政府。那么，一个国家如何确保政治自由与经济繁荣呢？为什么这两个概念总是同时出现？印度应该怎样做，才能拥有确保繁荣及持续政治自由的必备条件？这些都是十分重要的问题，但鉴于其性质，不可能在一次演讲中给出答案。在座各位不妨将这次演讲理解为对这一议题的参与。

福山关于自由民主社会的三大支柱

政治学家弗朗西斯·福山（Francis Fukuyama）用两部著作分析了世界政治体系的形成，分别是《政治秩序的起源：从前人类时代到法国大革命》（2011）和《政治秩序与政治衰败》（2014）。这两部著作以福山的老师塞缪尔·亨廷顿（Samuel Huntington）的理论为基础，论述了自由民主（liberal democracy）最有可能促成政治自由及经济成功，它有三大支柱：强有力的政府、法治、民主问责。在今天的演讲中，我首先与大家分享我对福山著作的解读。我向大家推荐这两本书，希望大家能够亲自读一读，以了解它们丰富的内涵。接下来我会论述，这其中应该还有第四根支柱：自由市场，这对确保自由民主蓬勃发展十分关键。由于机会不平等的问题日益严重，这些支柱在工业国家有所弱化，这其中的教训印度应引以为戒。

我们先来分析福山的三大支柱。强有力的政府并不意味着军事强权或通过信息手段排除异己。相反，强有力的政府是指通过清廉、积极、称职的治理者，实现高效、公平的政府治理。

法治是指，政府的行为受到律法（dharma）约束。这里所说的律法是印度流传至今的、广泛认同的准则，它界定了道德和正直的行为，通过宗教、风俗以及司法权威实施。

而民主问责是指政府必须被广泛接受，民众有权利推翻不受欢迎的、腐败的、不称职的统治者。

福山的观点比行政、立法、司法三权分立、各自制衡的传统理论更有见地。极端自由主义者认为，政府的最优模式是扮演“守夜人”角色，主要职能是保护人身、财产安全，并确保合同的执行；而极端马克思主义者认为，随着阶级斗争的结束，社会对政府的需求也会消失。而福山与亨廷顿则认为，即使在发达国家，拥有一个强有力的政府也很有必要。

在独裁统治下，无论政府如何蛮横、专权，它都算不上是一个“强”政府。它们的军队或警察能够恐吓手无寸铁的民众，却无法为他们提供良好的法律和秩序，也无法与武装反对派展开较量。这样的政府制定不出明智的经济政策，也提供不了好的学校及干净的饮用水。在一个强有力的政府中，职员具备提供优质公共产品的能力，他们有专业的知识、良好的动机，以及完整的人格。很多发展中国家意识到了强有力的政府的重要性，他们向多边开发机构寻求帮助，来提升自己的治理能力。

单是有强有力的政府还不足以确保政府沿着正确的方向行进。在希特勒的统治下，德国政府极为高效。火车总是能够准时到站，就像 1975—1977 年时的印度一样。但是，希特勒的政府是一个强势政府，高效、果断地带领德国走向了一条毁灭之路，它无视法治、取消选举。因此，让火车能够准时到站是远远不够的，政府还必须在合适的时间沿着正确的方向前进。引导火车前行的铁轨就好比法治，而达成一致意见制定列车时刻表的过程就是民主问责。

但是，为何我们同时需要法治与民主问责，来确保一个强有力的政府沿着正确的道路前进呢？单是民主问责不足以限制独裁政府吗？或许不能！希特勒经由选举获得权力，直到德国在二战中形势被逆转、开始出现物资短缺之前，希特勒一直受到大多数德国人的支持。民主政治可能会催生多数人暴政，我们需要法治来避免多数人暴政的发生，确保“游戏的基本规则”能够保持，这样无论哪个政府掌权，环境都是可预测的。通过确保所有居民享有不可剥夺的权利与保障，法治能够保障少数人的利益不被多数人侵犯。通过维持一个可预期的、不受大众情绪左右的经济环境，法治能够确保企业放心投资。

那反过来说呢？单有法治不够吗？是不够的，尤其是在动荡的发展中社会！法治是缓慢变化的基本行为准则，政府和公民都必须遵守。但它本身还不足以应对新兴族群、新科技、新思潮带来的变化。民主问责能够确保政府响应多数民众的心声，允许新兴族群通过政治协商或竞争施加影响。即便这些群体的诉求无法成为政策，民主政治也能够允许他们以非暴力的方式表达不满。因此，法治与民主问责互为补充，共同制衡强有力的政府。

三大支柱的起源

福山的著作主要探究不同社会中三大支柱的起源。他认为，今天一个国家是怎样的制度，很大程度上由这个国家的历史发展过程决定。例如，中国历史上经常出现战乱，最近一次是在共产党执政前，多方军阀持续混战。这样无序的军事拼杀，意味着社会中的各个群体必须要以等级分明的军事集团存在，其中的统治者拥有无限的权力。当最终某个集团胜出时，它必然要实行中央集权的专制统治，确保混乱不会再次出现。为统治疆域辽阔的领土，中国需要完善的、由精英组成的官僚体系，于是便出现了科举制。因此，历史上，当中国处于统一状态时，必然会出现不受约束的高效政府。此外，福山指出，与欧洲及印度不同，中国不存在基于宗教或文化的其他强大的权力来源，来确保法治的实施。

与之相对，在西欧，教会限制了统治者的权力。因此，在军事斗争及统治者受教会教规约束的双重作用下，强有力的政府与法治共同出现。

而在印度，种姓制度造成了劳动者的分隔，这使印度不可能出现全民战争。因此，在印度历史上，各族群之间的战争不会像中国那样激烈。其结果是，印度不需要一个强有力的政府将其影响力渗透到社会的各个方面。与此同时，印度古老宗教关于统治者行为的教义，可以约束印度统治者滥用权力的行为。在上述因素的影响下，印度政府相对较弱，其行为进一步受到法治的约束。福山认为，不同的历史发展过程，解释了为何中国政府高效但受制约少，而印度政府弱但很少出现独断专行的统治。

任何这样的一般性结论都可能而且也应该引发争论。福山并没有提出历史宿命论，但认为历史与现实之间有很强的关联。像印度这样的国家也如鱼得水般很适应民主政治，历史与文化在其中起到的作用不那么明显。充满活力、可问责的民主政治，并不仅仅意味着民众每隔五年便有投票的权利。它由很多要素构成，包括从事深度调查的新闻媒体、不受政治正确约束的公共大讨论、代表不同选区利益的多个政党，以及代表不同群体利益的众多非政府组织。为何印度实行民主政治而与印度有着相近历史和风俗的一些邻国却没有，学术界对这个问题的争论还在继续。

但我今天不再围绕这个话题继续展开。相反，我想讲一个福山没有讨论的问题。显然，一个国家需要强有力的政府提供治理服务，以实现经济繁荣。同样，自由市场是实现繁荣的关键。但是为何所有的富裕国家既实行自由民主政治，又受法治的约束？

接下来，我将围绕两点展开论述。一是自由企业与民主问责和法治带来的政治自由是互相促进的，因此，自由企业体系应被视为支撑自由民主的第四根支柱。二是这所有四根支柱的基石是经济能力在所有民众间的分配大致平等。这一基石在工业国家正在开裂，而在印度这样的新兴经济体也亟待加固。

自由企业与政治自由

一个国家政治自由的核心要素是代议制民主。那么，为何国家的政治自由与自由企业是互相促进的呢？

当然，这二者之间有关键的相似之处。充满活力的政治民主制度与充满活力的自由企业体系都致力于创造一个鼓励竞争的公平环境。在民主领域，政界的"创业者"与其他政客展开竞争，竞争的资本是过往的政绩及对未来的政策规划。而在经济领域，企业之间凭借所售产品的质量，获得消费者的青睐。

但二者之间至少有一点关键的不同。民主政治中人人平等，每个成年人只有一张选票。相反，在自由企业体系中，消费者的权力大小与他的收入及拥有的资产有关。那么，是什么机制，能够确保普通选民不通过选举来抢夺成功富有人士的资产？同样，如何保证成功富有人士不侵犯普通选民的政治权利？这就是民主政治与自由市场经济之间的根本冲突，而这一冲突集中体现在近期的美国大选中。一方面，中产阶级对暗淡的经济前景颇为不满，他们倾向于支持奥巴马总统；另一方面，商业人士对越来越高的税率和医保补助感到不满，他们支持前马萨诸塞州州长罗姆尼。

普通选民愿意保护富人的资产、接受仅对他们适度征税的原因之一可能是，在普通选民看来，富人管理财富更有效率，因此也能创造让所有人都受益的更多的就业机会与经济繁荣。因此，如果富人白手起家，而且在公平、透明的竞争市场中成为赢家，那么对于社会来说，允许富人拥有并管理财富、对其征收合理的税费，是有利于社会发展的。然而，富人越被认为是游手好闲和不正直的，只是继承了财富，甚至通过不当手段获得财富，那么，普通选民就越是希望对富人进行严格管制并课以重税。

例如，在一些新兴市场经济体，富人的产权并不受到公众的广泛认可。这是因为，这些国家的很多寡头巨富是通过可疑的手段获取资产。他们变得富有不是因为善于经营企业，而是因为善于钻营关系。当政府对巨头企业开展调查时，并没有太多反对的声音。而当大企业乞求政府保护他们的财富之后，企业也失去了对专制统治的制衡。这样一来，政府也就变得愈加专制。

相反，在竞争性的自由企业体系下，所有人都有公平竞争的机会。这样的体系帮助最有效率的竞争者获得财富。竞争的公平性促进了对财富正当性的认知。此外，公平竞争会催生创造性毁灭的过程，继承的财富若是得不到妥善管理将会化为乌有，新的充满活力的财富会取而代之。因此，世代累积下来的不平等虽然显著，也不会招致普通人的憎恨。

相反，在这样的环境中，每个人都梦想成为下一个比尔·盖茨或南丹·耐卡尼（Nandan Nilekani）。这种普遍存在的梦想好似触手可及，这个体系也获得了额外的民主支持。富人对其在公众中的正当性抱有信心，他们能够运用财富带来的独立性限制政治专权、支持法治、保护民主权利。因此，自由企业与民主相互维系。

民主体制能够支持产权和自由企业体系有其更深层的原因，而非愤世嫉俗者认为的选民和立法者可以被有钱的资本家收买。愤世嫉俗者的观点或许在某一时段能成立，但是，如果没有公众的支持，保护财富就只能采取越来越强制的手段。最终，这样的一个体系同时失去民主与自由企业带来的优势。

基石：经济能力的平等分布

然而，工业化国家对某一问题日益担忧。当所有竞争者参与竞争时，如果他们成功的概率从根本上来说是相同的，那么自由企业体系就能正常运转。由于所有人机会均等，最后成功获得财富的人，靠的是更加努力、更懂创新，偶尔还有运气帮忙。谁会成功并不是预先决定的，因为没有某一类人在参与竞争时拥有根本上不同或更优越的起步条件。但是，如果某一群体的经济能力在起步时就已显著分化，那么，竞争环境就不再足以使所有人都有相同的先验成功概率。自由企业体系就会更多地偏向那些起步条件更好的人。其后果是，民主不再支持自由企业体系，成功的富裕阶层也不愿意再支持民主。

在一些西方民主社会，上述情形正在变成现实。对很多人来说，成功变得愈加遥不可及。好的教育是当今通往财富的敲门砖，但对于很多中产阶层的人来说，这已经很难负担得起。高质量教育机构主要被富裕阶层的子女占据，这并不是他们花钱买进去的，而是因为他们从小就念贵族学校，还有私人教师辅导。中产阶层家长无力给他们的子女培养同等的能力或素质，因此，他们会认为这个体系是不公平的。社会对自由企业体系的支持程度在降低，托马斯·皮凯蒂（Thomas Piketty）所著的《21 世纪资本论》备受追捧，承诺会打压竞争、金融、贸易的非自由主义左翼或右翼政党的影响力越来越大。自由企业与民主之间的互相支持被对抗情绪取代。

此外，由于阶层差异造成了民众能力的不同，政府可以继续择优选才，但这会造成阶层代表性不足；也可以在选拔时将代表性置于能力之上，但这会影响效率。代表性不强或效率不高的政府都不能很好地执政。这样一来，政府治理能力也会受到威胁。

因此，在工业化国家，经济能力平等分布这一基石正在开裂，支撑自由市场民主的四根支柱也在动摇。在我看来，未来几年这将成为世界各国普遍面临的重大问题。

对印度的警示

接下来让我总结一下对印度的警示。印度继承了英国统治期间形成的民主体制，并在此基础上进行了彻底的印度化。因此，福山强调的三根支柱中，印度最强的一根是民主问责。此外，印度也广泛坚持法治。正如福山指出的那样，印度最需要加强的部分，是政府提供有效治理及公共服务的能力（也包括印度储备银行等监管者在内）。

这并不是说印度的中央政府及地方政府没有表现出色的领域，建设新德里地铁、泰米尔纳德邦的公共分配体系、印度政府的“普惠金融计划”项目都说明了这点。但我们需要这样的能力深入所有邦的方方面面。此外，随着经济的发展，在政府与监管的很多领域，我们需要更多具备相关知识与经验的专业人才。例如，印度政府急需受过专业教育的经济学家，印度的经济服务专员也太少了。

与印度不同，其他国家通常是先出现强有力的政府，强有力的政府再受到法治与民主问责的制约。而在今天的印度，我们面临相反的情形。印度拥有强有力的司法机构、反对党、自由媒体、非政府组织，他们的目标是限制政府滥用职权。不过，政府的必要职能与滥用职权之间有时并非泾渭分明。我们必须加强政府（和监管）能力，在政府能力发展壮大之前不要急于移植层层制衡。我们必须在给予政府不受制约的权力与造成政府完全瘫痪之间找到一个恰当的中间点，并认识到我们需要完成的任务与当年的西方国家不同，也与其他亚洲经济体不同。

例如，要求政府在偏远地区进行一系列调研的商业审批程序。应该考虑我们的政府能否保质保量地按时完成这些调研。如果不具备这样的能力，这项工作就很难推进。同样，如果我们针对政府或监管行为发起多重上诉程序，而这一程序进展缓慢且不加区别，那么我们在限制政府滥用职权的同时，可能会影响必要的政府行动。如果政府或监管者在应诉准备方面不及私人部门充分，那么上诉将会偏向资源更充足的一方，而不是伸张正义。因此在谋划改革时，我们不应过多考虑理论化的理想情况，即在一个行政资源充足的国家政府如何运转；而是要结合印度的实际情况考虑政府如何运行。我再强调一遍：我们需要制衡，同时也要确保制衡在合理的区间内。我们不能从没完没了的行政审批，变成没完没了的行政诉讼！

最后我想说的是，近来一个振奋人心的进展是，越来越多的印度人能够接受良好教育、具备竞争能力。在印度储备银行，让我最为愉悦的经历之一便是会见四级雇员的孩子，他们中很多人在私人部门公司担任管理人员。随着教育为全国的年轻人打开上升通道，公众对自由企业体系的支持度也会上升，政治对话的焦点也随之从发放救济转移到创造就业。只要我们确保自由化的节奏与经济能力的扩展相匹配，公众就会支持改革。这也意味着，如果我们要将支撑繁荣与政治自由的四根支柱坚实地扎根于我们的社会，我们就必须确保经济能力在社会中的平等分配。而经济包容让全体公民更容易地获得高质量的教育、营养、医疗、金融、市场，这对经济实现可持续增长十分必要，也是道德律令不可缺少的一环。

后记：这篇演讲中的一个名字引起了争议：希特勒。如果我事先知道社交媒体会有怎样的解读，我肯定不会用这个名字。这篇文章主要强调增强印度政府行政能力的必要性，并没有特指哪届政府；却被曲解为要警惕强有力的政府，尤其是本届政府。然而，我无法事先设想各种可能的解读，很难确保演讲完全不被误解。

五

在我任职期间，关于重塑印度未来发展道路最重要的一个议案，是全国民主联盟政府的“印度制造”计划。在我看来，这是一个非常好的想法，因为这意味着政府将着力提升印度的生产能力，不论是产品还是服务，不论是面向国内经济的进口替代还是面向全球经济的出口替代。在我看来，应该明确的是，印度制造并不必然意味着主要销往海外市场。在全球经济增速疲缓、贸易保护主义抬头的情况下，我们不能忽视印度这一体量巨大又充满活力的市场。事实上，目前，对印度产品来说，国内市场将成为主要的增长市场（growth market）。在短期，我们应该着眼于“印度制造，但主要面向印度”。长期的情况可能会有所不同，主要取决于各方形势将如何发展。这也是我于2014年12月在德里巴拉特·拉姆（Bharat Ram）讲座的框架。这篇演讲的主要内容是如果印度制造主要以迎合国内需求为主，我们应如何控制其中的风险。

印度制造，但主要面向印度

尽管美国复苏势头渐猛，但世界经济增长依然疲弱。欧元区在衰退的边缘徘徊，而日本在加税之后已经连续两个季度负增长。随着工业化世界陷入停滞，多个新兴市场经济体重新审视它们出口导向的增长模式。在过去几年，国际货币基金组织一再调低世界经济增速预期。经过危机后缓慢复苏的六年，国际货币基金组织最新的《世界经济展望》的标题是“余波、疑云、不确定性”。

新兴市场的情况

工业化国家经济增速放缓，使得新兴市场国家传统的出口导向型增长模式愈加难以为继。在过去的10年，中国依靠向工业化国家出口拉动增长，而其他新兴市场国家则通过向中国出口实现繁荣。现在，新兴市场国家不得不再次依靠国内需求，而在过度刺激的诱惑下，这一任务很难完成。由于工业化国家实行超级宽松的货币政策，大量流动性在世界各地间涌动。这使得完成上述任务愈加困难。任何经济增长的迹象都会吸引外国资本，而如果管理失当，则会导致信贷和资产价格泡沫，以及本币汇率被高估。当工业化国家最终收紧货币政策时，部分资本可能会撤离新兴市场。因此，新兴市场必须十分小心，确保资本撤出时，它们不是毫无防备。

在2013年夏天，印度等新兴市场国家经历过美国逐步退出量化宽松造成的慌乱。从中期看，印度在政策制定上应如何侧重呢？我主要总结了四点：一是印度制造；二是为印度制造；三是确保经济的透明度和稳定性；四是致力于打造一个更加开放、公平的全球体系。

对印度的启示

1. 印度制造

印度政府制定的提高印度生产能力的目标，是值得赞赏的。这意味着要提高印度的生产率，包括农业、采矿业、制造业及服务业等各方面。

为实现这一目标，印度必须大力建设基础设施。

一是通过公路、铁路、港口及机场，打通印度各个地区与国内及国际市场的通道。就像国家高速公路的修建拉动沿线地区经济一样，如果能将真正的不受天气条件影响的道路修到村庄，这也将产生巨大的经济效应，比如说园艺、家禽养殖、奶牛养殖变得火爆，新开很多服装店、杂货店，机动车数量越来越多。

二是确保生产商能够以有竞争力的价格获得电力、矿产品、水等生产要素。

三是通过移动电话、宽带及业务代理等中介机构，使得每个人都能够以电子化、金融化的方式与外部世界连接。

四是鼓励市场、仓库、监管者、信息汇集商及传播商等公共机构的发展。

五是提供安全、可负担的居住及生活场所。

提升印度生产率的第二个必要条件是提升人力资本水平。首先应提高印度的医疗、营养、卫生水平，确保民众健康且有工作能力。人们还需要更好、更适合的教育，需要具备劳动力市场认可的技能，需要所就业的公司有激励在员工继续教育上投资。

政府正在测算并致力于降低印度的营商成本。小企业家的困境众所周知，因为他们面临着五花八门的神秘监管，以及众多有权关闭其企业的检查人员。心胸狭窄的官僚被授予这些监管权后，有可能变成暴君。政府原本让他们帮助而不是阻碍企业，这也是合理之举。作为监管者，我们也必须不断审视监管的成本和收益。

最后，我们需要让融资变得更容易。我已经在其他场合谈到过这个议题，这里不再赘述。在继续之前，我要补充一些注意事项。

当我们讨论“印度制造”时，有一种危险是，我们可能会认为它意味着专注于制造业，试图沿袭中国的出口导向型增长道路。我认为这并不是我们意欲关注的重点。

一是正如我刚才指出的，在可预见的未来，增长缓慢的工业化国家不太可能吸收大量额外的进口。其他新兴市场当然可以吸收更多的出口，因此以地区为重点的出口将会得到回报。但整个世界不太可能适应另一个出口导向型的中国。

二是工业化国家自己也在发展资本密集型的、灵活性强的制造业，力度非常大，部分制造业产能正在回流。试图发展制造业的新兴市场经济体必须与这一新趋势竞争。

三是如果印度力推制造业出口，它还要和中国抗衡，中国仍然还有剩余农村劳动力可以利用。对于印度来说，出口导向型增长模式不会像亚洲先行者那样容易实现。

我在这里并不是要散播出口悲观主义。印度成功打造了自己的比较优势领域，这些领域将继续发展下去。相反，我反对的是通过提供低价原材料或低估本币汇率来补贴出口商的增长策略，因为在当前的情况下，这样的做法不可能奏效。我也不赞同着重鼓励某一个部门发展，如制造业。并不能因为这对中国适用，就意味着对印度也适用。印度与中国不同，如今也是不同的发展时代，因此，对于何种策略将奏效，我们应该持开放态度。

从更宽泛的意义上说，持开放态度意味着打造一个适宜各种类型企业发展的营商环境，让众多优秀企业家大展拳脚。只是因为我们认为某一产业重要，或者因为它是劳动密集型产业，我们就为其提供原材料补贴，这一策略在印度从来不曾奏效。与其这样，不如让我们厘清各个产业部门真正需要的公共产品是什么，然后努力提供这些公共产品。例如，中小企业需要的是能够监测产品质量的机构、能够转让应收账款的平台、能够建设营销网站的国家门户

（state portal）；这些比补贴贷款重要得多。再如，对旅游业来说，需要的是落地签证政策以及承载力更强的交通网络；这比税收上的小恩小惠重要得多。

第二个可能出现的误读是将“印度制造”理解为设置关税壁垒，通过提高关税实现进口替代。这一策略之前也尝试过，但并不奏效，因为这将减少国内竞争，降低生产者效率，提高消费者成本。相反，“印度制造”意味着将扩大开放，让我们的企业与世界的其他企业充分竞争，也欢迎外国企业来到印度，共享印度的发展环境，为印度创造就业岗位。

2. 为印度制造

如果外部需求增长可能陷入停滞，那么，我们必须以国内市场为主。这意味着我们必须竭力打造最强劲的、可持续发展的统一国内市场，这就需要降低国内买卖的交易成本。之前提到的改善交通网络将起到促进作用，同样，这还需要在生产者到消费者的供应链中，设置更少但更高效且更具竞争力的中介商。此外，一部设计合理的销售税（GST）法案，通过降低各邦之间的边境税率，真正打造出国内一体化的产品与服务市场，这将在未来几年印度经济增长中起到关键作用。

国内需求必须给予必要的资金支持，并且尽可能通过国内储蓄来实现。我们的银行体系正面临一些压力。我们的银行在满足经济巨大融资需求的同时，必须吸取过往在项目评估及结构配置上的经验教训。它们还要提高经营效率，与新近注册的外资银行和即将成立的支付银行及小型金融银行展开竞争。在这个过程中，我们不应在流转或回收承压资产方面制造额外的障碍。在这方面，印度储备银行、政府及法院都还有很多工作要做。

我们还必须将金融服务扩展至那些被排斥者。他们一旦学会了如何储蓄及理财，就可以负责任地借贷。新设立的机构及新开发的产品将吸纳印度各个角落的存款，这将扭转家庭储蓄率偏低的局面。此外，稳定的低通胀率也将起到同样的作用。在最新预算公布前，个人储蓄带来的收入税优惠基本上以名义利率确定；这意味着这些优惠的实际价值将受到影响。针对家庭储蓄的新的预算激励措施，将确保印度的投资主要由国内储蓄提供。

3. 确保经济的透明度和稳定性

正如我刚才提到的那样，像葡萄牙、西班牙这样的发达国家也无法管理国内需求。国家总是倾向于过度刺激，形成大量财政赤字和经常账户赤字，而随着货币环境收紧，经济增长也会崩盘。能够避免经济大起大落的少数几个国家通常有稳健的政策框架。

印度不属于任何一个权力集团，也绝不想将自己置于需接受多边组织救助的境地。这就意味着我们更需要制定合理的政策框架。

显然，围绕一条明确的财政整固路径制定稳健的财政政策框架非常关键。比莫·扎兰委员会提交的报告，为财政政策框架提供了周密的行动方案，而印度政府也已经明确表示，将坚决执行已经发布的财政整固计划。至于我们是否需要另设机构确保赤字规模可控及预算质量较高，这还需要进一步讨论。部分国家设有独立的预算办公室或委员会。这些机构在评价预算的估测方面发挥了重要作用，这其中就包括那些无资金准备的长期负债，工业化国家的经历表明，在经济增长时这类债务合同很容易签署，但又很难真正实施。

在货币政策方面，致力于将通胀率维持在稳定低水平的中央银行，能够为经济增长提供最好的货币环境。然而，在应对发展中出现的问题时，中央银行应认识到新兴市场经济体的韧性并不像工业化国家那样强。新兴市场经济体更为脆弱，民众的缓冲措施和社会安全网更为薄弱，因此，新兴市场经济体对抗通胀的方式，不能像工业化国家那样激烈。应对通胀的沃尔克方案从来不适用于印度，而尤吉特·帕特尔的渐进模式更适合印度的情况，使我们在应对通胀的同时，确保经济也能适度增长。接下来，我们会与印度政府商讨合适的时间线，将印度经济的中期通胀率调至 2%～6% 的中间位置。

除了通胀率外，中央银行还应关注国家的金融稳定。这是一个次级政策目标，但如果经济在低通胀背景下出现了信贷和资产价格泡沫，那么金融稳定将成为中心议题。在有些情况下，维护金融稳定意味着包括中央银行在内的监管者，需要站在大众情绪的对立面。监管者的职责并不是刺激股市上涨，而是要确保国家的经济基本面和金融体系足够稳健，能支撑经济的可持续增长。如果这能够带来股市的上涨，那当然好；但这只是一个附带的好处，并非政策目标。

在可预见的未来，印度将面临经常账户赤字，这意味着我们需要国外资金的净流入。融资的最佳方式是长期股权投资，即外商直接投资，这种方式还能同时引进新科技及新方法。我们当然不能以牺牲印度的利益为代价来吸引外商直接投资，例如，无论国际药企说什么，在印度为药品申请专利的要求是完全合理的。但与此同时，我们也要确保政策是透明的，并能快速应变。如果我们能给印度初创公司提供更好的经营环境，也就能为外国企业提供更好的投资环境，毕竟对于现行体制来说，这两类公司都是外来者。这意味着我们要有透明、高效的法律程序来处理合同纠纷，以及完备的破产体系来应对经营压力。政府已经开始着手解决这些问题。

4. 致力于打造一个更加开放、公平的全球体系

印度不属于任何国际权力集团，也不是重要自然资源的出口国，且大量商品依靠进口。因此，印度需要一个开放、充满竞争与活力的国际贸易与金融体系。例如，我们的能源安全，并不依赖在偏远的脆弱国家拥有石油资产，而是以全球石油市场运转良好、不受破坏为基础。我们需要强势、独立的多边机构在促进国际经济贸易中发挥公正裁判者的作用。

然而，当前国际货币体系依然沿用工业化国家以前设计的框架，并依然由这些国家的人掌控。客观来讲，国际货币体系也在非常缓慢地变革之中，但也有急需变革提速的原因。随着经济增速放缓以及为巨额债务负担融资的需要，工业化国家在一个开放的全球体系中的利益并不是理所当然的。比如说，一些监管措施表面上看是为了增强工业化国家金融体系的安全和稳健，但同时也会抑制对新兴市场资产的投资。我们必须认识到，经济增速下降会使发达国家的政策制定关注国内，甚至政治风向也会转向贸易保护主义。而多边治理体系仍由工业化国家主导，这一治理体系也许不足以捍卫开放的国际经贸体系。

因此，新兴市场国家应负起维护全球经济开放的责任。新兴市场国家不仅应参与多边机构的份额及管理改革，还要向国际社会不断注入新议程、新观点、新见解。印度仅仅对发达国家的提议持反对态度已远远不够，印度还要提出自己的观点。这意味着我们的研究部门、大学和智库，必须为印度代表在国际会议上表达观点提供支持。

结论

最后让我做一下总结。我们比自认为的更加依赖全球经济。全球经济增速放缓，且保护主义情绪抬头，意味着我们必须更加倚重区域性需求或国内需求来拉动经济增长，即主要为印度制造。国内需求导向的增长模式极难把控，因为这通常会导致过度投资。这也是为何我们应强化国内宏观经济制度，以实现经济稳定可持续地增长。同时，我们也不能让国外市场进一步萎缩，我们必须努力争取更加开放的全球体系。与其被动应对，不如主动出击。这需要我们加大对研究机构的投资力度，包括官方机构的研究部门、智库、大学等。总之，虽然世界对印度的期望在降低，但这不应成为我们放低眼界的原因。

后记：这篇演讲主要是关于国家风险管理的，即在贸易萎缩、保护主义抬头的情况下，我们该如何应对。但它还是被部分人误解，引起了一些争议。批评者说，我是在攻击“印度制造”，并提出一个替代方案“为印度制造”。这样的解读是完全错误的。只要“印度制造”是经营环境及基础设施改善的结果，而非源于有损声誉的提高关税壁垒、鼓励进口替代这种传统方式，理性的经济学家不可能对此表示反对。显然，这些批评者没有看到这篇演讲的标题“印度制造，但主要面向印度”，更不必说演讲的内容，因为我通篇都在细述甚至扩展印度政府的“印度制造”这一议案。我并不反对鼓励生产的倡议，我们当然应该推行“印度制造”。但在我看来，部分狭隘的热心支持者过于乐观地在全球经济走弱的背景下，仍然期望全球需求保持强劲。在出口这一议题上我不持悲观主义态度，而是现实主义，后续印度出口数据的显著走弱也证实了我的这些观点。我们必须推行“印度制造”，但最初还是主要面向印度；在我写这本书的时候，印度实际上也是这样做的。

六

我的母校，位于德里的印度理工学院（IIT），邀请我在毕业典礼上发表演讲。当我在思考应讲些什么的时候，我忽然意识到，这些即将毕业的学生，也就和我的孩子差不多大的年纪。在这样一个时间节点，我应向我的孩子传递什么样的信息呢？一篇好的毕业典礼演讲，最好能向毕业生发起挑战，又能使他们有所启迪。这肯定不能是关于经济方面的演讲，虽然这有教育意义，却起不到启发作用。想到这里，我知道演讲主题该怎样确定了。2015 年末，印度国内就“宽容”这一话题展开了激烈的争论，这就是我要讲的主题。我向这些即将毕业的年轻印度学者解释，印度的力量源于她长久以来拥有宽容与论争的传统。随着我们愈加接近创新的前沿领域，这也是我们在经济领域的比较竞争优势之源。这篇演讲于 2015 年 10 月 31 日发表。

宽容与尊重：经济发展的核心要素

谢谢印度理工学院邀请我回到母校，在毕业典礼上致辞。三十年前我从这里毕业，获得电子工程学学位。那时我十分紧张，不知未来会怎样。我并没有意识到面对未来的挑战，印度理工学院已帮我准备周全。我们的教授都十分敬业。我在这里就不点名致谢了，以免给没有提到的教授造成困扰。他们对我们要求很高，通过不断挑战我们，让我们了解自己的能力。在那时，印度理工学院的计算机科学专业并入电子工程系。我们班上有不少绝顶聪明的人，能够认识他们是我的荣幸。在与他们合作并为争夺高分展开竞争之后，我总结出了在最激烈的竞争环境中的成功之道：极其努力地工作、拥有友谊，以及足够多的运气。自那时起，这些教益我一直铭记于心。

那时，印度理工学院不仅关乎学习，更关乎成长。相信现在也是如此。除了少数特例之外，我们中的大多数人在中学里都是书呆子，很少参与对抗激烈的体育活动。而到了印度理工学院，大家的情况都差不多，我们终于有机会在板球场上投球、击球，而不再是给场上的球星捡球。从摄影到出版，每个人都有自己爱好的领域。当然，我们都想加入戏剧社，这能有机会与异性长时间相处。可惜我不具有表演天赋，只得去别处实现自己的价值。但印度理工学院给我提供了很多选择。

在印度理工学院，学生政治活动生机勃勃，也不乏计谋、策略乃至倒戈相向。这也是一项智力上的消遣。印度其他地方的学生政治活动受暴力和腐败干扰，在这里并没有。你必须说服这些小小年纪的高智商选民为你投票，在这个过程中，我们也提高了说服别人的能力。

在印度理工学院，我们在教室里成长，在壁球场上成长，在典雅的印度青年古典音乐和文化推广协会（SPIC-Macay）的通宵经典音乐礼堂里成长，在拥挤的摇滚音乐会中成长。我们中的有些人会在凯拉什（Kailash）学生公寓外久候，等待偶尔有所收获，那便是在美丽的秋夜，与朋友们在礼堂的屋顶上聊天、看星星。在印度理工学院，我们褪去青涩，日渐成熟。初入校园时，我们是聪明的男生女生，离开时，我们成为更有智慧的年轻人。我确信，印度理工学院给予你们的和给予我们的一样多。在未来的很多年，你都将对此心存感激。

我知道大多数毕业典礼上的讲话，很快就会被忘掉。对于演讲者来说，这是一个道德风险。如果你们不会记住我将要讲的话，那么我也不必用心打磨演讲内容。这个结果就是经济学家所说的“坏均衡”：我的讲话不值得被记住，你很快就会把它忘掉。如果是这样的话，不如我就此打住，这样我们都能去处理更紧要的事情。

即便如此，我还是要跳出个人激励的局限，认真履行自己作为首席嘉宾的使命。今天，我演讲的主题是为何印度崇尚辩论及质询的传统，对于印度经济增长来说至关重要。让我来详细解释。

罗伯特·索洛（Robert Solow）获得了诺贝尔经济学奖。他在经济学上的主要贡献是证明了经济增长中的主体部分并不是源于更多劳动力及资本的投入，而是将这些生产要素以更聪明的方式结合在一起，也就是他提出的“全要素生产率增长”。换句话说，新的观点、新的生产方式以及更优的组织管理，是实现经济可持续增长的关键。当然，作为一个较为贫穷的国家，通过投入更多劳动力，将更多劳动力从低生产率的农业转移到高附加值的工业和服务业，或者给他们更先进的生产工具，印度也能持续增长一段时间。如果你是经济学专业的毕业生，你应该知道，通常来说印度的生产能力距生产可能性边界很远，因此，通过复制发达国家的发展方式，我们也能在很长一段时间内保持增长。

不过，更有智慧的工作方法能帮助我们超越旧的增长模式，以更快的速度接近生产可能性边界，正如我们在软件行业的部分领域所做的一样。当然，当你终于到达边界，开始使用世界最前沿的方法，要实现进一步发展，就只能通过创新，并超越别人。这就是我们的软件公司正在努力去做的事情。

今天在座的各位即将成为印度理工学院校友会中的一员。我们的校友正带领印度向生产可能性边界发起挑战。从线上市场的兴起到新的服务网络及支付系统的出现，电子商务领域取得了可喜的进展。如今，在追逐流行服饰方面，小镇居民与大城市居民享有同等的选择权，互联网已经将全印度的服装店带到了消费者家门口。小镇当地商店售卖的劣质服装已经没有市场，它只能转做生鲜易腐品生意，甚至开始提供送货到家服务。通过新理念、新生产方式促进经济增长，正是印度理工学院的教授与校友为我们的国家做出的贡献。

那么，一个国家及其教育机构应该怎样做，才能确保新想法、新理念不断涌现？首先，要形成竞争氛围。这意味着鼓励向权威及传统发起挑战，经验验证是评判一个观点的唯一标准。这也就确保了不会有人依仗自己的权力强行推行某一观点或意识形态。相反，所有观点，无论源起于国内还是国外，无论已流传千年还是刚刚诞生，无论是世界著名教授还是初出茅庐的学生提出，都必须接受严格检验。

相信在座的很多同学读过理查德·费曼（Richard Feynman）的《物理学讲义》。当我们在印度理工学院上学时，这是必读书之一。这位获得过诺贝尔物理学奖的物理学家是20世纪最伟大的人物之一。然而，在自传中，他却觉得普林斯顿高等研究院的气氛令人窒息。正如我们所知，那里聚集了多位世界顶尖学者，在多学科的环境中开展研究工作。但是，他却觉得死气沉沉，因为没有学生向他质疑，进而迫使他质疑自己的观点，甚至发现新的理论。新思想源于质疑与另类观点，这些另类观点初听起来或许会有些愚蠢。毕竟，爱因斯坦之所以能发现相对论是源于这样一个问题：如果一个人在速度达到光速的火车里旅行，他将会有怎样的经历？故此，所有观点都不能被轻易否定，但也要接受争论和持续的检验。没有人能享有言论不受质疑的特权。如果没有竞争，我们就会陷入停滞。

这也就引出了第二个核心要素：保护。这里并不是指保护某一观点或传统，而是保护质疑与挑战的权力，以及在不严重伤害别人的前提下特立独行的权力。这事关全社会的利益，因为正是通过具有反叛精神的创新挑战，社会才得以发展，才能有新观点出现，推动索洛模型中的全要素生产率增长。幸运的是，印度素来鼓励辩论，并保护持有异见的权利。有人甚至将这一理念体现在永久性建筑中。古印度国王罗荼罗乍在坦加布尔建造宏伟的布里哈迪希瓦拉神庙时，里面同时建有印度教的毗湿奴及佛祖打坐的雕像，显示了对不同宗教信仰的包容。当阿卡巴大帝邀请持各种观点的学者来到他的宫廷，就永恒真理展开辩论，他只不过是在遵循古印度教及佛教国王的传统，保护探究的精神而已。

那么，群体性情绪该如何处理？如果某些观点或行为伤害了某一群体，该不该发出禁令？或许应该，但是每个人都会被自己讨厌的观点折磨，因此，动辄发出禁令会扼杀所有的讨论。相较之下，通过宽容与相互理解来营造更利于创新的环境，是更好的选择。

让我来解释一下。如果某些行为会造成人身伤害，或者对某一群体进行言语攻击，从而影响该群体参与创新，那么这些行为应被严令禁止。比如说性骚扰，无论是口头的还是付诸行动的，在社会中绝无容忍空间。但同时，各群体也不应过分敏感，否则任何言论都可能被负面解读。心理学中有一种确认性偏差理论认为，一旦你开始刻意寻找冒犯你的言论，你就会觉得任何人说的任何话都有问题，即便最无辜的表达也会被曲解。如果我的言行冒犯到你了，但还没有伤害到你，这还远达不到禁言禁行的标准。因为任何形式的禁止，以及在禁止过程中的暴力行为，对我也是冒犯，且冒犯程度可能更甚。与过度放纵、妄自尊大一样，过分的政治正确也会阻碍进步。

换言之，你应尽可能地避免让我感到不安；而当你确实让我感到不安的时候，你应该认真向我解释这样做的原因，解释为何这并不是人身攻击，从而推进讨论。你应在这一过程中表示出尊重，让我确信你质疑我认同的观点对推动进步来说是必要的。同时，我也应该尽力不要把自己的思想与人格捆绑起来，把对我的思想的质疑等同于不可饶恕的人身攻击。宽容意味着人们不应对自己的思想太缺乏信心，以至于不能让它们接受任何挑战；宽容意味着有一定程度的抽离，这对成熟的讨论来说是绝对必要的。最后，如果某一想法与某一群体的核心人格紧密相连，在这样非常特殊的情况下，我们在质疑时就要格外小心。

宽容可以剔除争论中的冒犯，并逐步培养尊重。如果每次提及敏感话题我都会抓狂，那么反对者就更乐于碰触敏感话题，就像恶作剧那样。但是，如果我的反应异于他们的预期，而是要求他们解释其关注的问题，他们就得绞尽脑汁来梳理辩词。这样一来，反对者就不会轻易触碰敏感话题，同时，每个群体的易怒人士也不再那么容易被激怒。宽容与尊重带来了互相强化的好均衡。

例如，美国的叛逆青年曾经焚烧美国国旗。他们这样做是为了激怒参加过美国战争的上一代人，因为在上一代人看来，国旗标志着他们曾为之奋斗的事业。在美国警察中，很多人是退伍老兵。他们会对此做出激烈反应，而这正是叛逆者希望看到的，并以此来推进自己的诉求。随着时间的推移，美国社会对焚烧国旗变得愈加宽容。由于这不会再引发激烈反应，人们也不会再故意这样做来制造轰动。总之，如果群体情绪变得更为宽容，不再那么脆弱，试图伤害它的行为也将消失。正如圣雄甘地所说：“行为的黄金准则是互相宽容。要知道，我们绝不会有完全一致的想法；我们总是在只言片语和不同观点中窥见真理。”

让我来总结一下。在座各位将引领印度创新的征程。相较于我们的时代，如今的印度更能有效利用各位在科技方面的非凡才智。我希望大家拥有无限的雄心壮志；如果你们能够继续思考、不断挑战自己，相信你们将获得巨大的成功。但是，当你们走向世界的时候，要记住我们的传统，在尊重与宽容的环境中进行争论。努力坚持这一传统，甚至为此而斗争，这就是你对这所伟大学校中的老师以及含辛茹苦供养你上学的父母的回报，也是在为我们的国家做出贡献。谢谢大家！祝大家好运！

后记：我知道这篇演讲也会被那些评论家误读，但我还是决定不因此纠结。又一次，很多人甚至没有读完全文，就大加批评。他们认为我是在批评印度社会的“不宽容”，而事实上，我想表达的，是保持我们一直以来的宽容传统。有些评论可以说十分滑稽，声称“我们印度是一个宽容的国家，他却指责我们不宽容，所以我们应该把他炒掉”，或者诸如此类的话语。不过对我来说，最重要的评论是我最忠实的小评论员的一句话短评。我十几岁的儿子在远方认真读了我的讲稿，认为我的观点与他的标准相契合。他写道：“我为你感到骄傲。”

七

社交媒体确实独具生命力。在它那真理相对化的世界中，现实可能会被严重扭曲。有时候，在一个类似“以讹传讹”的游戏中，每个评论员都基于前一个评论员的失真信息来判断我的想法，而几乎没有人探究我到底说过什么。

说到被人误解，让我印象最深的是我结束在国际货币基金组织累人的一天会议后发表的一些评论。我那时正在接受市场观察（MarketWatch）记者格雷格·罗伯（Greg Robb）的采访，我和格雷格·罗伯是老朋友了。在这一长时段的采访中，罗伯向我提问的一个问题是：

市场观察：如今印度经济是全球经济的亮点。当其他中央银行家和财政部长要求您传授秘诀时，您会告诉他们什么？

作为央行行长应有的谨慎态度以及对印度经济正在复苏的担忧使我认识到我不应自夸，因此我的回答如下。

拉詹：好吧，我认为我们有需要改进的地方。俗语说“于盲人之境，独眼者为王”，印度经济现在差不多就是这个样子。因为各方面措施早已就位，所以我们认为印度经济已经发展到可以实现中期增长潜力的阶段。由于目前印度国内投资正在飞速增长，因此我们的宏观经济相当稳定。当然，印度经济并非不受所有冲击的影响，而是不受大量冲击的影响。现在，印度经常账户赤字约为1%，财政赤字持续下降，而且政府坚定地实施稳健的政策。印度通胀率已从11%降至现在的5%以下。因此，利率也极有可能下降。由于我们早已确立了通胀目标制，因此不断取得成果。

当然，还有一些问题有待解决。目前，印度正在进行结构改革。政府正在制定新的破产法。改革的重点是商品和服务税。改革已经取得许多令人振奋的进展。例如，就在上周，我很荣幸地参加了一个平台的启动仪式，该平台实现了印度所有银行账户间的移动转账。由于这是一个公共平台，不属于任何一家公司，因此任何人都可以使用。这是它与 ApplePay、AndroidPay 等支付平台的不同之处。在我看来，该平台是同类产品的首创。值得庆幸的是，技术进步让人们的生活变得更加美好。让我们拭目以待技术进步将如何改进人们的生活。

认真地看完我的全部回答，就可以看出，尽管我承认我们仍有许多问题有待解决，但我始终对印度改革持乐观态度，没有贬低正在进行的改革。但是，社交媒体在报道时仅摘取访谈中的只言片语："俗话说'于盲人之境，独眼者为王'，印度经济现在差不多就是这个样子。"曲解这句话的几位部长对我的言论予以负面评论。最终，我受够了有含沙射影之嫌的争论。因此，2016 年 4 月 20 日我在美国国家银行管理学会说了以下几点，对狂热情绪发出警示，并在结束时再次强调了相互尊重和宽容的必要性。

言论与目的并重

当我思考应该讲些什么的时候，我想我应该讲一个最近的经历，这一经历称得上美国人所谓的"受教时刻"。要从这一经历中获取经验，我们首先要从印度经济的起点讲起。尽管制造产能利用率低至

70%，但印度仍是世界上经济增长最快的大国。虽然两次反常雨季后农业增长缓慢，但印度经济增长的潜力无疑是较大的。

但是，增长率只是经济表现的一个指标。人均 GDP 水平也非常重要。按人均计算，我们仍然是世界上最贫穷的大国之一。在合理解决我们每个公民的关切之前，还有很长的路要走。我们经常与中国比较。在 20 世纪 60 年代中国经济规模比印度要小，但现在中国的经济规模按市场汇率计算是我们的 5 倍。而且，中国的人均 GDP 是印度人的 4 倍以上。理智的想法是我们距离成功还有很长的路要走。

作为必须务实的中央银行家，若印度成为增长最快的大型经济体，我也不会欣喜若狂。我们当前的经济增长毫无疑问是印度政府和人民辛勤工作的反映，但是我们必须在接下来的 20 年里重复这样的表现，才能使所有印度人民过上体面的生活。但这并不是要贬低过去已经完成和正在进行的改革。中央政府和邦政府致力于建立强大而可持续的增长平台，而且我坚信该平台的益处正在逐渐展现。但除非我们的改革持续推进一段时间，否则我仍持谨慎态度。

我们必须牢记，在国际声誉中我们是“爱说大话，极少兑现”的国家。这就是我们现在仍然是金砖五国（BRICS）中人均最贫穷的国家的原因所在。我们需要坚定地推进改革，长期稳步地兑现我们的承诺，以此来改变国际社会对印度的看法。我们不能沉迷于当前的经济增长优势，因为一旦我们相信自己的优势并开始分配未来的财富，就好像我们已经拥有了那样的财富，我们就切断了经济持续增长的源泉。这一幕在印度的发展历程中反复上演，以至于我们都不知道如何终结它。

因此，当我在接受外国记者采访，被问及印度成为世界经济亮点是什么感觉时，我引用了“于盲人之境，独眼者为王”这句话。这句谚语在各国都有悠久的历史。虽然荷兰哲学家伊拉斯谟用拉丁语写下“于盲人之境，独眼者为王”，但他可能也是受到了先贤启发。

我的意图是要表明世界经济增长疲软凸显了印度的增长，但印度仍急需更快的增长。然后我解释说，尽管印度所有改革正在进行中，但我们正处于经济增长的风口浪尖，而且尚未发挥自己的潜力。

但是，在我们这个新闻饥渴的国家，国内报纸将我引用的谚语作为头条。准确地说，国内报纸也报道了相关内容，但现在很少有人会阅读标题以外的内容。因此，这次采访变得颇具争议，大家都认为我是在贬低我们的改革成绩，而非强调还有很多问题有待解决。

更一般而言，公众人物所说的每句话、每个词都会被过度解读。如同报纸头条内容那样，词句悬空而缺乏必要语境。这就为想要曲解含义制造麻烦的人提供了机会。当然，最糟糕的是访谈中那些使用广泛的词语或谚语，因为它们很容易被故意曲解。如果我们要进行公平的公开对话，那么每个人都应该根据自己的情况具体阐述，这是不可剥夺的权利。然而，这可能是一个无法实现的希望！

但是，我确实想向为此受到伤害的部分盲人致歉。毕竟，这谚语暗示，独眼的人要比盲人好。无论如何，这样的想法都是不正确的。因为盲人也可以发展出其他能力弥补其残疾。不可否认的是，残疾人对成功的意志和渴望可以帮助他们在正常人的世界中取得过人成就。此外，由于他们的其他才能（如触觉、嗅觉和听觉）得到了更好的磨炼，因此可能会为我们的世界增添新的视角和新的变化，使之变得更加丰富和更具活力。由此，我确实很抱歉引用过暗示盲人没有能力的谚语。

但这又引出了一个重要的问题。那就是我们有多少语句带有易被曲解的含义？当意图明显不同时，我们又应该如何宽恕那些不当选用语句的行为？

让我举两个例子。甘地曾经说过："以眼还眼只会使整个世界失明。"显然，这句话的隐含意思是整个世界不应失明。有人可能会曲解这句话，认为它暗示失明是一种看不清世界的劣势，由此这句话可能被视为带有歧视的色彩。然而，甘地的重点是在论述荒谬的报复策略，而非眼盲，他的目的也不是要贬低盲人。

我的第二个例子来自我曾经参加的一次教职会议，其中一位男教授使用"经验法则"（As a rule of thumb）来论述自己的观点。一位女性历史教授因此变得非常激动和生气。她斥责说，"经验法则"在历史上是为了最大化男性权力，使他们可以在不违反法律的情况下殴打妻子。她很生气，男教授这么轻率地使用这个词，这似乎是在纵容家庭暴力。当然，这位男教授对这句话的历史渊源一无所知，并为此道歉。显然，他的不知情表明他无意冒犯，但这位女教授却被冒犯了。

这里有两个重要问题。首先，如果我们将所有时间都花费在审查是否使用礼貌用语或防范所有注意事项上，那么我们将变得乏味且无法交流，因为没有人愿意听这样的话。

例如，"以眼还眼只会使整个世界失明"可以由"报复会减少集体福利"代替。后者简短、礼貌且精妙，但对大多数听众来说乏味无趣。或者，我们可以说，"取走他人身体的任何一部分都会降低该群体的集体能力，除非他们发展出能够弥补缺失部分的能力。"这种说法比所谓的正确说法更为准确，但过于直白且乏味，进而缺乏说服力。

同时，不注意冒犯性用语会助长阻碍进步的陈规陋见。当抽象地指银行家、科学家、工程师或外科医生时，我们经常称之为"他"，从而固化人们的成见，即这些职业不适合女性。显然，这种做法使我们忽略了女性在这些领域中日益突出的表现，甚至主导地位。我们应该怎么做才能解决这些问题呢？

我认为我们要共同努力来改善公共对话。演讲者用语要更加谨慎，不要存有冒犯之意。同时，听众不要断章取义，而应该将语句放在具体语境中来理解演讲者的意图。换言之，为了进行有效的交流和辩论，而非我们在某些电视节目中看到的情绪化争论，我们需要尊重、宽容对方。我们面临的最大危险是不交流或不辩论，因为那样我们将使扭曲的陈规陋见在不受挑战的情况下滋长，加剧分裂。在印度这样的国家中，陈规陋见的滋长将是一场灾难。

有趣的是，很多人对本次演讲的一些报道也感到困惑，即我是在为自己的言论悔恨，还是在向盲人道歉，还是在抗争。我认为这些没有必要进一步澄清。那些不愿意了解我演讲的真正意图的人也不必深究。

第八章

国际议题

在我的大部分任期里，我担心工业化国家中央银行释放的流动性洪流。在我之前担任首席经济顾问和20国集团框架工作组（Framework Working Group）联合主席期间，我和我非常能干的各位顾问，包括普拉杰·米时拉（Prachi Mishra）博士，共同推动了20国集团最终认识到工业化国家货币政策（通过资本流动）可能引起的溢出效应。当美联储开始实施紧缩政策时，我公开谈到了有必要考虑其行动的后果——我犯了央行人评价其他央行政策的大忌，但是我认为指出这一点对印度很重要。虽然我并不天真地认为这会改变美联储的政策，但它促成了一种态度上的改变。也许由于各种消息来源的类似评论，美联储在随后的一些声明中确实表示，它对美国以外的情况很敏感，并且在一次政策会议上表示，如果出现不稳定的情况，它有可能携手其他国家共同应对。无论如何，我受邀于2014年4月10日在布鲁金斯学会就我的担忧发表演讲[1]。最近卸任的美联储主席伯南克出席了会议。

1 本章所引用的文章可以在以下链接中找到：https://www.rbi.org.in/scripts/BS_SpeechesView.aspx?Id=886。

竞争性货币宽松：昨日重现？

在金融危机之后，世界似乎正在苦苦挣扎，我想提请大家注意我们需要关注的一个领域：在这个日益联结的世界中实施货币政策。当前的环境可以描述为通过非常规政策实现的极端货币宽松。在债务积压和结构性变革的需求限制了国内需求的世界中，这些政策的相当大一部分影响跨越国界（有时通过较弱的汇率）。更令人担忧的是，它引发了连锁反应。正如我将论证的那样，这种竞争性宽松政策同时发生或先后发生，发达经济体和新兴经济体都参与其中。世界总需求可能比应有的更弱，更加扭曲，金融风险更高。为了确保稳定和可持续的增长，需要重新审视国际游戏规则。发达经济体和新兴经济体都需要适应，否则我担心我们即将开始下一轮恶性循环。

中央银行家通常不愿公开表达他们的担忧。但是因为我们所需的变革与政治因素相关，所以两位我非常尊重的央行行长的演讲让我深受启发，它们分别是伯南克在2005年的“全球储蓄过剩”的演讲，以及杰米·卡鲁阿纳（Jaime Caruana）2012年在杰克逊霍尔的演讲。他们从不同的角度表达了和我类似的担忧。

在开始之前，我应该在这个透明时代披露我的关注点。在过去的几个月里，印度经历了大量资本流入，而不是资金外流，市场认为这是一个新兴经济体已经做出了一些必要政策调整的结果。虽然没有一个国家可以与国际体系脱钩，但我们的外汇储备充足。我的言论是出于对更加稳定的国际体系的渴望，这样的体系对富人和穷人、大小经济体都是如此，而不仅仅出于印度的具体情况。

非常规政策

我想着重谈一谈非常规货币政策（UMP），我指的是长期保持利率接近零的政策和资产负债表政策，后者包括量化宽松或为了影响特定市场价格而改变中央银行资产负债表的外汇干预行为。我将在整个演讲中强调的关键点是，量化宽松和持续的外汇干预在经济后果上应该是等价的，尽管它们经由的渠道可能有所不同。我们对这两类政策的态度，应该根据其溢出效应的大小，而不是依据固有的正当性。

我还要补充一点，非常规政策可以发挥作用——当市场崩溃或严重失调时，中央银行家必须创新式思考。对于全世界来说，幸运的是，他们在雷曼兄弟倒闭后立即做出的大部分决策是十分正确的，尽管他们在面对极端的不确定性时也在不断地弥补失误。他们通过诸如定期资产支持证券贷款工具（TALF）、定期拍卖工具（TAF）、问题资产救助计划（TARP）、证券市场计划（SMP）和长期再融资操作（LTRO）等创新性计划，让流动性更加易得。通过放松抵押品条件发放长期贷款，通过购买超出通常限额的资产，以及专注于修复市场，他们为世界金融体系重新注入流动性，如若根据当时的资产市场价格该体系将会崩溃。在这件事上，中央银行家是当之无愧的英雄。[当时我还未能忝居中央银行家之列，所以发出这样的赞美不会让我感到左右为难！)] 关键问题是这些政策的实施被延长到超过修复市场的必要限度而且其好处远非那么确定。让我列出四个问题：

（1）一旦危机结束，非常规货币政策仍是正确的工具吗？它会扭曲行为和活动，从而阻碍复苏吗？宽松的货币政策可以用来解决宽松本身带来的危机吗？

（2）这些政策是否换来了时间，或者中央银行负有责任的信念是否阻碍了其他更合适的政策得到实施？换言之，当中央银行家不情愿地说，他们是不得已而为之时，果真是如此吗？

（3）退出非常规政策容易吗？

（4）这些政策对其他国家的溢出效应是什么？

由于我在前面的演讲中已经详细讨论了前两个问题，所以让我关注最后两个问题。

退出非常规政策

工业国家实施长期非常规货币政策的宏观经济论点是，如果通胀保持平稳，它的成本就会很低。因此，即使收益不确定，也值得追求。然而，一些经济学家对长期使用非常规政策可能构成的金融部门风险表示担忧。资产价格可能不会在退出时恢复到较早的水平，它们可能会超速下行，退出可能会导致重大的附带损害。

其中一个原因是，由于政策保持宽松，金融部门和借款人的杠杆率可能都会提高。一个渠道似乎是资产流动性的提升导致贷款人相信资产销售将支持贷款回收，从而导致他们提高贷款价值比。然而，当流动性收紧时，太多贷款人依赖资产出售，导致资产价格和贷款回收率直线下降。由于贷款人没有考虑他们的贷款对“甩卖”价格的影响，以及对其他人贷款的影响，他们可能建立杠杆的过度激励。如果贷方依赖资产出售回收贷款，而非前期项目评估和尽职调查，那么随着时间推移这些影响会加剧。另一个可能的渠道是，如果中央银行发出信号，由于失业率很高，它会在艰难时期以持续的方式进行干预，银行本身就会加杠杆，或者相当于获得更多的非流动资产和负债。

在长期实施非常规政策之后，杠杆率不一定是退出可能产生波动的唯一原因。投资经理可能担心相对于其他人表现不佳。这意味着他们将不会持有风险资产，除非风险资产相对于安全资产有一个风险溢价，从而使他们相信持有风险资产不会使业绩不佳。较低的安全资产回报预期使风险资产更容易满足所需的风险溢价，并且确实吸引了更多的投资经理购买它，也即“长期低价”的前瞻性指引越可信，承担的风险就越大。然而，随着投资经理挤入风险资产，风险资产的定价更加精确，利率环境转变时出现抛售的可能性就越大。每个投资经理都会在此时抛售风险资产，以避免成为持有它的最后一个人。

因此，杠杆和投资者拥挤可能加剧退出的后果。当货币政策过于宽松时，无论是宏观还是微观的审慎监管都可能不足以作为防范。其中的一部分原因在于如美联储理事斯坦（Stein）所说的那样，货币政策“进入每一条裂缝”，包括金融体系中不受监管的部分。另一部分原因在于超宽松的货币政策会极大地扭曲激励，其后果通常在事后才能理解。然而，退出的后果不只是在国内被感受到，它们还会溢出到国际上。

溢出效应

在这个日益一体化的世界里，也许最容易受到风险波及的是边境上的邻国。当大国的货币政策非常规地宽松时，资本流动往往会增加资本流入国的杠杆率。这不仅仅是由于跨境银行业务流动的直接影响，还有因为汇率升值和资产价格上涨，特别是房地产价格上涨带来的间接影响，使借款人看起来拥有的资产净值比他们实际拥有的更多。

在这种情况下，资本流入国的汇率灵活性有时会加剧繁荣而不是带来经济的平衡。事实上，在美联储于2013年5月开始退出量化宽松政策后导致的这一轮经济波动里，允许实际汇率在上一期量化宽松期间升值最多的国家遭受了对金融状况的最不利影响。在金融部门实施教科书式自由化政策的国家也不能免于资金流入的影响，事实上，它们的市场更有深度，可能吸引更多资金流入。发达经济体的经济环境变化时，这些流动性市场可能是出售资产的地方。

宏观审慎措施很难抵御资本的大规模流入，尽管西班牙实施了逆周期调控，但仍有房地产繁荣。当然，资本流入国应该进行调整，但信贷和资本流入会掩盖所需调整的幅度和时间。例如，税收收入的膨胀，包括对新房征税、新销售的销售税、金融资产出售的资本利得税以及对更繁荣的金融部门的所得税，可能会误导一个国家产生财政健康的幻觉，主权债务的低风险溢价更让人以为平安无事。与此同时，名义汇率升值也使通胀保持低位。

在政策承诺较弱的一些新兴市场中，区分周期性问题还是结构性问题的难度变大，屈从于民粹主义诱惑的意愿也更强。但是，认为面对资本流入的顺周期政策主要是穷国的问题，这是一种错误的看法；即使拥有强大制度的富裕资本流入国，如爱尔兰和西班牙，也无法抵御资本流动导致的脆弱性。

理想情况下，资本流入国希望稳定的资本流入，而不是非常规政策推动的资本流入。然而，非常规政策一旦得到实施，他们就会认识到货币长期宽松带来的问题，进而认识到资本流出国退出非常规政策的必要性。但是，当资本流出国退出非常规政策时，一些资本流入国已经变得杠杆化和结构失衡，并且容易受到资本外流的影响。鉴于投资经理预测未来政策路径的后果，即使缓慢谨慎的退出也可能导致严重的市场动荡和附带损害。事实上，退出越透明，沟通越好，外国投资经理对经济形势变化就越确信，他们退出风险头寸的速度就越快。

当资本流入国抗议非常规政策的实施以及退出步伐仅由流本流出国的经济形势驱动时，它们的抗议并非不合理。因杠杆和资本涌入而变得更加脆弱的资本流入国可能会要求退出非常规政策的步伐和时间至少部分地考虑它们面临的情况。

支持国际货币政策协调的理由

因此，我呼吁加强货币政策协调，因为我认为这将是对当前各国自行其是的巨大改进。当然，国际货币政策协调在央行行长中并不受欢迎，因此我必须说明为什么我重申这一呼吁以及我的意思。

我并不是说中央银行家围着桌子集体制定政策，也不是说他们定期互通电话并协调行动。我强烈建议，发达国家和新兴市场大国中央银行应将其政策中的溢出效应更多地内部化，并就“游戏规则”达成新的协议以避免非常规政策带来较大的不利溢出效应和可疑的国内收益。考虑到实施强协调在操作上面临诸多困难，我建议至少中央银行重新诠释其国内使命，以考虑其他国家在一段时间内的反应（而不仅仅是即时反馈效应），从而对溢出效应更加敏感。这种弱“协调”可以通过重新审视全球安全网来补充。

来自协调的收益

经济学家普遍认为，如果每个国家在优化其政策的同时考虑其他国家的政策，政策协调的收益就不大。“纳什均衡”离全球最优并不远，因此在国际货币领域流行“管好自己”的信条。国家宏观经济稳定被认为足以促进国际宏观经济稳定。国内和国际方面基本上被视为同一枚硬币的两面。

有两个因素导致了对这一信条的反思。第一，国内制约因素包括降低失业率的政治要求以及利率零下限的经济约束，这些因素可能导致实际制定的货币政策不同于不受约束的国内最优化政策。功能失调的国内政治也可能推动货币政策进一步偏离无约束的最优政策。换言之，中央银行为应对各种政治压力和脆弱性，甚至可能偏离受约束的最优政策，转向第三好的政策而不是第二好的政策。第二，跨国资本流动可能导致更剧烈的政策传导，这种政策是由代理（和其他）因素引起的，这些因素并不一定与资本流入国的经济状况有关。

这方面的一个论点是，如果某个大国采用非常规和高度宽松的次优政策，其他国家可能会效仿，以避免在需求疲软的世界中的汇率升值。因此，与全球最优保证相比，政策均衡的建立速度可能过低。另一个论点是，当资本输出国处于利率零下限，并且资本流入国以激进的外汇储备积累应对资本流入时，两国可能会因更温和的政策而改善。实际上，协调可能让政策制定者有政治空间摆脱次优政策。如果政治瘫痪和随之而来的财政紧缩迫使资本流出国产生对货币刺激措施的次优依赖，允许其他地方扩大需求的政策协调可能会使资本流出国减少对货币刺激的依赖。

国内最优接近全球最优

尽管存在这些论点，但国际货币基金组织等多边机构的官方声明仍然支持非常规货币政策，同时淡化了对其他国家的不利溢出效应。事实上，国际货币基金组织的乔纳森·奥斯特里（Jonathan

Ostry）和阿蒂什·戈什（Atish Ghosh）在对国际政策协调障碍的出色分析中认为，多边实体对国际政策“公正”的评估有失偏颇。

> ……如果评估员系统性地倾向于认为政策变化（更严格的财政政策、更宽松的货币政策、结构性改革）总会增进国家和全球层面的福利。这令人怀疑，因为基本情况应该是各国绝不会坐失可获得的福利增益……国家和全球层面的福利增益不可能总是正相关。

通过淡化非常规政策对跨境货币传导的不利影响，我们在危机后的房间里俯瞰大象。我从中看到了两个危险。第一个危险是任何残存的游戏规则都在崩溃。我们对非常规货币政策的集体认可实际上表明，如果恢复增长面临其他国内因素的制约，例如零利率下限约束，那么扭曲资产价格也未尝不可。但国际社会可接受的政策应当由净溢出效应而不是花哨的缩略语决定。

否则，各国可以正当地实施所谓的外部量化宽松（QEE），他们借助这一政策干预外汇市场以降低汇率并积累巨额外汇储备。我们过去对外部量化宽松不满的原因在于这一政策对世界其他地区有显著的负溢出效应。但是，如果我们不愿意根据其溢出效应来评估所有政策，那么多边机构就没有合法的方式宣布外部量化宽松违反了游戏规则。事实上，一些发达经济体的中央银行家私下向我表示担心，量化宽松“主要是通过改变汇率来实现的”，这使得它只在程度上而不是在本质上不同于外部量化宽松。

第二个危险是非常规政策的退出如果管理不善，将导致新的扭曲行为。尽管资本流出国中央银行竭尽全力对外表示他们如何取消宽松政策将取决于其国内活动，但他们对如何因应国外的动荡保持沉默。市场参与者由此认为，资本流入国，特别是那些没有巨额外汇储备货币的国家，只能独立支撑，并在量化宽松政策退出时遭受破坏性的挤压。

事实上，一些新兴市场从最近的动荡中汲取的教训是：（i）不扩大内需并积累巨额赤字；（ii）维持有竞争力的汇率；（iii）积累大量外汇储备，因为当出现问题时，你只能靠自己。在总需求不足的世界中，这是国际社会想要传递的信号吗？

这已经不是第一次上演资本流动逆转的剧情，每次转向都会产生毁灭性的影响。在20世纪90年代初期，美国的利率保持在较低水平，资本流入新兴市场。新兴市场危机的浪潮从1994年的墨西哥开始，到2001年在阿根廷结束，其间席卷东亚和俄罗斯，部分原因是工业化国家的利率上升导致这些资本流动出现逆转。包括中国在内的新兴市场随后的外汇储备增加导致全球需求疲软和一些工业化国家的超支，最终导致2007—2009年的全球金融危机。不过，危机后的非常规货币政策再次将资本推向新兴市场，并伴随着脆弱性的积累。随着新兴市场再次积累外汇储备，我们是否为重演“全球储蓄过剩”铺平了道路？

有两种明显的补救措施：在制定政策时考虑负溢出效应，以及构筑更好的全球安全网，以减轻各国通过外汇储备缓冲进行自我保险的需要。

更合理的政策

尽管我们生活在一个货币传导国际化的世界中，但政策重点是地方性的。中央银行对其为何不应充分考虑溢出效应进行了多次辩护。为了捍卫现状，有一些经常被使用的论据，当我们想论证这些论据的不足时，一个方法是看看如果它们被用来捍卫外部量化宽松，即持续干预汇率市场以保持汇率的竞争力，它们是否能自圆其说。

辩护 1：我们是一个发展中国家，我们的任务是支持增长。提高生产率的制度性约束，以及我们易受增长停滞的影响，意味着有竞争力的汇率以及外部量化宽松对履行我们的使命至关重要。

辩护 2：如果我们增长强劲，世界会不会变得更好？外部量化宽松对我们的发展至关重要。

辩护 3：我们在制定政策时要考虑来自世界其他地区对我们经济的反馈效应。因此，我们不会忽视外部量化宽松对其他国家的影响。

辩护 4：以国内为重点的货币政策已经非常复杂，难以沟通。如果我们又不得不考虑外部量化宽松对其他国家的影响，那将变得极其复杂。

那些抱怨货币操纵的人会认识到，这些辩护有许多问题。货币操纵可能有助于短期增长（即使这有争议），但会造成长期扭曲，从而损害操纵国家。有更明智的政策可以促进增长。即使中央银行拥有纯粹的国内使命，该国的国际责任也不允许它任意将成本强加于世界其他地区。我们估计净溢出效应，并且不能理所当然地认为非常规政策发起国家恢复经济增长带来的积极溢出效应（比如通过更大的贸易）可以抵消对其他国家的不利溢出效应。对资本输出国的反馈效应只是世界各国经历的溢出效应的一小部分，如果一国中央银行仅以国内为导向，即使考虑这些反馈效应，也将远达不到实施全球最优政策。无论这会增加多少复杂因素，各国都必须注意其政策对他人的影响，因为我们都有国际责任。

当然，读者会认识到，这些论点中的每一个都是为了捍卫非常规货币政策。然而，多边机构大肆抨击持续的货币干预，却为非常规货币政策卸责。这种卸责是否不应取决于净溢出效应的大小及其导致的竞争性政策应对？如果不仔细估算，我们怎能知道？

操作协调：一些建议

我们需要摆脱这种非常规政策循环和竞争性的货币宽松政策。最近几个月的事件已经为新兴市场重建外汇储备积累奠定了基础。而这一次，发达经济体如果低估了自己推出复苏政策时带来的溢出效应，它们将更难抱怨。

独立评估员

在理想的世界中，量化宽松或外部量化宽松等非常规货币政策应由独立评估员评估其溢出效应。评估程序不难想象；也许在受影响国家（如 WTO）投诉之后，独立评估员可以分析这些政策的影响，并判断它们是否符合游戏规则。如果这些政策主要由国内受益，而成本却大部分由国外承担，则将受到特别仔细的审查。如果评估员认为该政策会降低全球福利，则应采取国际压力制止此类政策。

这种理想化程序的问题显而易见。在哪里能找到这样一个公正的评估员？多边机构的工作人员非常出色，能够独立判断。但初步评估后带来的政治压力并不均衡。当一个小国抱怨时（没有国家喜欢独立评估），初步评估通常保持不变，但如果大经济体发生抗议，初步评估往往会改变。这方面有许多例外，但是，多边机构评估的公正性要想获得人们的信任还需要做更多的工作。

即使多边组织不受权力政治的影响，它们也不能免于认知俘获（cognitive capture）。他们的工作人员接受了工业化国家中央银行工作人员使用的模型和框架，在此模型里，货币政策是提升经济活动的极其有力的工具，浮动汇率对各国隔离最不利的溢出效应极其有效。尽管有证据表明这些模型通常低估了“挂钩”的程度，但在这些模型中总是可以有“脱钩”。事实上，这些模型中多数没有现实的信贷模式，或者在债务积压的经济体中不存在货币传导模式，这大大降低了它们的价值。这方面虽然有所进展，但仍需要时间。

而且，即使真正独立的评估得出了某些政策违反游戏规则的结论，这样的判断又将如何执行呢？

现实情况是，游戏规则是在不同时代构建的，旨在阻止竞争性贬值和货币操纵。它们尚未得到更新以针对当今世界的各种竞争性宽松政策。但目前尚不清楚的是，即使它们得到更新，也不确定是否可以在当前环境中得到评估和实施。

更温和的提案

或许，最好还是选择一个更温和的提案。中央银行应评估其自身行为的溢出效应，不仅考虑即时反馈，而且考虑在其他国家改变其政策时的中期反馈。换句话说，资本流出国不应该仅仅担心资本因其政策直接流向其他国家，而是要关注长期反应，例如持续的外汇干预会带来何种反应。这将使中央银行更加关注溢出效应，同时确保其国内使命的达成。

例如，这意味着各国中央银行在退出非常规政策的时候，也会关注新兴市场的情况，据此决定行动时机，同时保持行动的总体方向与国内情况一致。他们的政策声明应该承认这些问题。一个具体的例子就是，美联储在 2013 年 9 月推迟退出量化宽松，这使新兴经济体在 2013 年 5 月的初步警告后有更多时间进行调整。无论推迟的基本理由是什么，它都有助于为 2013 年 12 月开始平稳地退出量化宽松创造条件，同时不扰乱市场。相反，在 2014 年 1 月阿根廷经济波动造成对新兴市场的冲击之后，美联储在 2014 年 1 月的政策声明，没有提及对新兴市场形势的担忧，也没有表明美联储的政策将考虑这些市场的未来情况。这可能无意间发出了这些市场彼此独立的信号。美联储各大区联储的主席强调美联储国内使命的言论并无助益。从那以后，美联储的沟通更加细致入微，但是当政策利率必须提升时，沟通的挑战同样横亘在前。

国际安全网

新兴经济体必须努力减少其经济中的脆弱性，以达到像澳大利亚一样，可以允许汇率根据资本流入灵活地调整。但是，建立起相关制度需要时间。与此同时，新兴市场快速和稳定地吸收大量资金的难度应该被视为一种约束，就像零利率下限一样，不是可以快速改变的。它们在抵制吸收资本流动的诱惑的同时，也会寻求安全网。

因此，防止再次上演大量外汇储备积累的另一种方法是建立更强大的国际安全网。正如金融危机表明的，这不仅仅是新兴经济体的问题。在国际流动性迅速枯竭的世界中，世界需要双边的、区域性的和多边的流动性安排。这样的多边制度安排已经做过尝试和检验，可以更广泛地获取，并且没有双边和区域制度安排可能带来的某些潜在政治压力。实际上，互换安排可以通过国际货币基金组织等多边机构进行，而不是在双边基础上进行，因此多边机构承担了任何（小）信贷风险，而资本流出国中央银行无须向其政治当局证明这些安排的合理性。

同样有价值的可能是国际货币基金组织的流动性额度，国际货币基金组织对申请额度的国家进行资格预审，并（或许私下）告诉它们在现行政策下它们可以获得多少额度。在国际货币基金组织评估后，可用额度的大小每年进行修订，任何额度削减将在6个月后生效，以便给一个国家留出调整的时间以获得更高限额，或寻找其他安排。在全面流动性短缺的情况下，国际货币基金组织董事会将激活流动性额度（例如，在长期低利率后资本输出国采取紧缩政策导致投资经理变得规避风险）。国际货币基金组织在一份讨论文件中提出了这种应该加以探讨的安排，因为这种安排使各国能够获得流动性，而不需要背负与国际货币基金组织接触的污名，也不需要满足国际货币基金组织的大多数安排附带的条件。

显然，国际货币基金组织的资源要确保安全，只给予真正暂时缺乏流动性的国家，而不是给那些需要进行重大改革以重新进入市场的国家。同样明显的是，各国获得资金的途径各不相同，而在宣布流动性紧急状态结束后延长使用资金，将使国际货币基金组织的这项计划成为必要。不过，国际货币基金组织董事会曾研究过的全球稳定机制（Global Stability Mechanism）和短期流动性额度（Short-term Liquidity Line）这两项提议值得仔细研究，因为它们最接近于真正帮助抵消外汇储备的增加。

最后，对于国际货币基金组织来说，在资本流动逆转的脆弱性日益加剧的时期，找出那些既没有自己的流动性安排，也没有双边的、区域的或多边的流动性安排可以支持的国家，并努力改善它们获得某些安全网的机会，这将是一项有益的工作。当利率环境发生变化时，诚实的事前经纪人的作用可能会被证明是极其重要的。

结论

在我看来，目前国际货币政策的不成体系是可持续增长和金融部门的重大风险来源。它不是工业化国家的问题，也不是新兴市场问题，而是集体行动的问题。我们正在被迫推动竞争性货币宽松政策。

如果我使用让人联想到大萧条时代的术语“不成体系”，那是因为我担心在总需求较弱的世界中，我们可能会进行无用的竞争以获得更大的份额。在这个过程中，与大萧条时期的政策不同，我们也在创造金融部门和跨境风险，这些风险会在非常规政策结束时显现。认为每个人都应该预料到后果，是无法实现的。正如前国际清算银行（BIS）总经理安德鲁·克罗克特（Andrew Crockett）所说，“金融中介机构更善于评估相关风险的时间点，而不是预测风险在金融周期中的演变。”

开出正确药方的第一步是识别病因。在我看来，极端宽松的货币政策更像是病因，而不是药方。我们越早认识到这一点，我们就将拥有更可持续的世界增长。

第九章

储备银行事务

一

也许在储备银行的任期之内，最让我感到兴奋的是有机会和一群专业且具备献身精神的人——储备银行的工作人员一起工作。即使按照国际标准，这些工作人员的平均素质也很高，更不用说按照公共部门的标准。该组织为其从事的工作感到自豪，并且有着很好的同志情谊和社区传统。印度储备银行的年轻员工来自各种各样的学校和背景，真正代表了印度的多样性。他们热情，渴望工作和学习。我很快就意识到，当我设定一个小组的任务时，他们总会适应这种情况并反馈高质量的工作成果。在 2015 年 4 月 1 日印度储备银行成立 80 周年之际，以下是我发给同事的信息。

关于印度储备银行成立 80 周年的评论

印度储备银行今天已经 80 岁了。80 年是人类生活中很长一段时间，南方人民用 Sathabhishekham（印度南方的一个庆祝仪式）庆祝，但对于一个机构来说，这不算历史悠久。尽管如此，自 1935 年以来，已经发生了很多事情，当时储备银行的目标是“管理货币发行、保持储备以确保币值稳定并保障国家货币和信贷体系有效运行”。

当时印度受英国统治，第一任储备银行行长奥斯本·史密斯（Osborne Smith）爵士是澳大利亚人。但印度储备银行当然不是英国的机构，并且从一开始就一直致力于服务印度的经济利益。它还培养了印度人才 。1943 年，钦塔曼·德瓦尔卡纳特·德希穆克（Chintaman Dwarkanath Deshmukh），我们最优秀的金融思想家之一，被任命为储备银行的第一位印度行长。他不仅在布雷顿森林会议上代表印度的利益，同时也是任职时间最长的财政部长之一。他必须面对的问题包括如何尊重但坚决地处理英国在第二次世界大战期间积累的债务。

多年来，储备银行一直有很多这样优秀的领导人，这也反映了政府十分重视建立一个强大的中央银行。历任行长和副行长都是印度经济界的名人，如行长内加尔·罗摩·劳（Benegal Rama Rau）、纳拉西姆、帕特尔（I. G. Patel）、曼莫汉·辛格、兰加拉詹（C. Rangarajan）、比莫·扎兰、雷迪（Y. V. Reddy）和苏巴拉奥，他们都得到了副行长拉克什·莫汉、什亚马拉·戈皮纳特（Shyamala Gopinath）、乌沙·托拉特（Usha Thorat）和苏比·勾卡恩（Subir Gokarn）等人的协助。由普肖塔姆达斯·塔库尔达斯（Purshottamdas Thakurdas）和耶兹迪·马勒加姆（Yezdi Malegam）等人领导的印度储备银行董事会也非常出色。

有趣的是，许多行长来自行政服务部门，只有纳拉西姆来自印度储备银行内部。尽管如此，所有人都明白，储备银行的作用是保障国家的货币和金融稳定，即使在努力实现金融发展的同时也是如此。政府与央行之间始终保持着健康的对话，并通过各自的时间和对风险的态度来了解情况。而且历史记录证明，历届政府一贯赞赏储备银行给出的明智建议。

没有哪个机构比它的员工更伟大。如果储备银行今天受到尊重，那是因为多年来为它工作的成千上万有能力和奉献精神的人。让我仅举两例来代表这些为数众多的人。博帕尔办公室的副总经理拉尼·杜尔维（Rani Durve）创作了许多关于虚拟电子邮件和过高利率等主题的电影、书籍和街头戏剧，以便教育和提醒公众。尼尔玛·帕特纳亚克（Nirmal Pattnayak），信息技术部的一名助理经理，他通过国家电子支付系统为政府部门提供全印度电子资金转账，从而在一夜之间使政府成为这些系统的重要用户。两者的成就都超越了普通的职责要求，储备银行中的其他很多人也是如此。

同样值得称道的是工作人员的普遍正直。今天令我深感自豪的是，当有人进入我们的大楼以说服我们改变某项规定时，他们携带的武器不是金钱，而是通过论证什么是正确的来说服我们。

强大的国家机构很难建立。因此，现有的强大机构既应该得到外部的支持培养，又应不断焕发内部活力，因为它们是稀缺的。焕发活力意味着不断思考如何更好地为这个国家的人民服务。无论是通过加速文件流转，减少开支，简化文书工作和法规，进行创新型研究，还是与同事合作，我们都有很多方法可以做到这一点。我请你们和我一起重新致力于这个伟大机构的第 81 年，以确保它继续帮助国家守护所有人的繁荣和经济机会。

二

虽然我对储备银行深感自豪，但仍有改进的空间。我们进行了认真的内部改组，目的是精简组织。我们也完善了绩效考核体系，加强技能考核和技能培养。所有这些变化都是由高级管理人员设计的，没有外部顾问的参与，因此储备银行将会发生变化。我对这些变化都没有发表公开演讲，但其中有一些确实被公之于众：每年年底，我都会给储备银行员工写一封信。虽然这是一种内部沟通，但下面这封信被泄露给了媒体（这正好印证了一句格言，即印度储备银行行长说的话或写的东西都不是秘密）。不幸的是，泄露出来的信息主要是我对有待改进的相关领域的思考（表明这是有新闻价值的），而不是我认为那些运行良好的方面。我完整地复制了它，因为它已经公开了。

致印度储备银行员工的年终信，2015 年 12 月 31 日

我祝你们和你们所爱的人在新的一年里幸福、健康、充实。我希望你们在这一年的最后一周能和家人朋友在一起。

过去的一年，我们的同事采取了很多行动，获得了很多成就。我不再一一列举——相信你们已经关注了报纸上的报道，并将在我们的年度报告中阅读到全面详细的观点。我相信，我们会根据公众对我们员工的专业精神和操守的赞扬，继续招聘最优秀的人才。我仍然对许多员工的奉献精神和能力印象深刻，最近，一个由立法者

和监督者组成的团队在过去几个月里不知疲倦地工作，放弃了无数假期，致力于清理银行资产负债表这一非常重要的任务。

然而，一个强大的组织必须依靠持续的自我反省来保持高水平的卓越。在未来的几个月里，我们有机会通过员工大会进行对话。但是，让我指出一些重要和令人关切的领域。

有效的服务

我们是一家服务机构。我们有客户，不管他们是受监管的机构、公众还是政府。我们需要高效地为客户服务。总的来说，我们的工作人员表现良好，有一些非常敬业的人做出了职责要求之外的贡献。但是，当我追问我遇到的利益相关者时，也确实听到了一些批评。我们的规章制度并不总是很清楚；我们的员工有时既不了解自己的规章制度，也不愿意帮助客户；偶尔我们的反应非常缓慢和官僚化（躲在不透明的规则背后或避免决策而不是采取明智的行动）。批评者想到的是一个缺乏想象力的守旧组织，而不是一个与时俱进的智慧型组织。

我们正在努力精简规章制度，并试图淘汰旧的规章制度。我们需要继续改进语言，以便每一个有关的人都能毫不费力地理解我们想说的文字和精神。简单易懂的规章制度对我们的员工也有好处，尤其是那些刚进入一个部门的员工，他们能因此很快适应新环境。我们还需要建立一个案例库，帮助我们理解类似的问题过去是如何处理的，也就是说，我们需要建立制度化的记忆，而不是让重要的经验在个人记忆中消失。这就要求各部门的专家记录他们的知识，尤其是在他们准备离开的时候。的确，我们可以将文件编制和汇报的流程变成工作交接过程的一个重要部分。我们还需要精简所有的表格，把大部分文件放到网上，用独特的客户身份认证，这样就可以避免重复填写常见的细节。最后，我们需要遵守时间表。我们正在跟踪响应时间。我们希望在未来一年看到采取具体措施，在必要的情况下减少响应时间。

合规文化

人们常说印度有一个软弱无力的国家政府。我们被贬斥为既没有行政能力揭露不法行为，也不惩罚不法者——除非他是弱小者。这种信念会自我滋长。没有人想追查人脉关系良好的不法富人，这意味着他们有更多机会逍遥法外。如果我们要实现强劲的可持续增长，这种有罪不罚的文化就应该停止。重要的是，这并不意味着像某些人想象的那样反对财富或商业，而是反对不法行为。

作为本国最主要和最受尊敬的监管者，我们应该起引领作用。我们以最高程度的正直激励每一层级员工。但我们并没有强制执行合规要求。我们是否允许受监管的实体年复一年地在不规范的做法下逍遥法外，即使这些做法在检查 / 审查中被注意到了？我们是否应该更加不容忍监管机构的草率做法，以免多年后这些做法导致大规模欺诈？我们是否应该传讯那些不标记他们应该发现的问题的会计师？我的理解是，我们需要就加强对所有层级的检测和违规处罚开展持续对话。我们不能被看作纸老虎。我们要改变我们对合规的态度，这一工作正在进行中。

自我反省，相互支持

如果我们对被监管者施加更多要求，那么我们也不能放纵自身。与所有组织一样，我们依赖于一些坚定的人，他们用宽广的肩膀扛起组织。他们都是表现最优的人。第二层次是努力或能力超过工作的需要，但他们离真正的优秀还有一点距离。第三层次是消磨时间的人，对他们来说，工作只是谋生的途径，他们已经失去了追求卓越的欲望。他们每天投入合理的努力，不会比要求的哪怕多一丁点。还有一些人被工作压得喘不过气来，或者失去了工作的欲望。我在储备银行遇到过所有这些类型的人。

不幸的是，我们的业绩评价体系不能帮助我们确定谁需要激励和改进，以及如何帮助他们这样做。几乎每个人都被认为是优秀的，从那些全心全意为储备银行工作的，到那些逃避一切责任和义务的。

我们需要改变这一点，奖励那些表现好的人，帮助那些表现不好的人。新的绩效评估体系就是为了帮助实现这一点。我们确实认识到，在第一阶段中存在一些缺陷，每一个新体系都会存在这些缺陷。我们正在努力解决这些问题。但请不要将自己的评分低于正常水平归因于新体系建设过程中的不足。评分中可能有你应该认真对待的信息。作为一个组织，如果我们不进行认真的自我反省，继续假装大家都很好地工作，我可以向你保证，储备银行不可能比现在更好。如果我们要和世界上最好的人竞争，就需要不断地评估和更新自己。

在未来的一年里，对述职官员的要求将会很高。他们需要让下属知道他们的表现如何，甚至可能每季度都要告诉他们一次，以及非正式地记录下这些讨论。最终的绩效考核应该区分好坏，而且不应该让被评估的人感到意外，也就是说他们应该在这一年里收到一些提示。没有得到定期反馈的下属应该询问他们的上司。这意味着所有人都有更多的工作要做，但这对帮助我们改进是至关重要的。

让我强调一个我特别关心的问题。在我参加晋升面试的过程中，我担心面试的人会失去好奇心，失去学习和提升自我的欲望。我担心，有些人不看办公桌上的报纸以外的东西，对银行的其他分支机构和他们的工作一无所知，更不用说更广阔的世界了。我们强调专业化，但这并不意味着没有必要看报纸，更不用说杂志和书籍了。如果储备银行要保持活力，这种情况就必须改变。自鸣得意和自我满足会使人慢慢地堕落为平庸。

我们确实想要改进我们给予员工的学习支持。我们打算继续对我们的工作人员进行投资，金禧奖助金（Golden Jubilee Fellowship）的扩大就是证明。未来一年的重点将是改进人力资源部评估个人需求和职业规划的工作，并提供必要的技能培养。我们想让一个人在储备银行的职业发展是自我驱动的，而不是由储备银行的需求驱动的——尽管两者的结合总是不可避免的，但最好是两者兼备。高级管理层欢迎你们在这方面提出建议和想法。

沟通与合作

我以前讲过这一点，以后还会讲。我们需要在横向和纵向上改善储备银行内部的沟通渠道。储备银行不能被划分为多个独立机构——我们有太多的工作需要跨部门协调。对管理者来说，更好地沟通意味着他们更愿意面对面或通过视频会议 / 电话 / 电子邮件进行交流，而不是通过部门间的备忘录和文件推送。这意味着对你手头的问题做出快速反应，认识到合作将得到充分回报。这意味着要定期与员工开会讨论他们的问题。

对员工来说，这意味着在与管理者面对面的会议上，愿意提出问题，解决焦虑，而不是在当时保持沉默，然后听信于既得利益者散布的毫无根据的谣言，他们恰好想利用你的焦虑。编造阴谋论总是一件有趣的事情，我们印度人往往更喜欢阴谋论，而不是平常的解释。然而，储备银行的管理是公开的，人们只需要询问事实就可以了。

我们还需要更好地与外界沟通。这意味着我们应该走在媒体的前面，而不是被动应对。如果我们想突出成就或规章制度，我们应该准备一份新闻稿，让媒体聚焦于重要的事情；新闻稿要迅速切入主题，而不是从无关的历史篇章开始。如果你想在报纸上发表新闻稿，最好在下午五点半或之前发表。除此之外，记者没有时间在第二天写稿子，而且第二天才发表出来的新闻也太旧了。

银行里有些人不屑于交流。他们可能会说："为什么不让我们的成就为自己说话呢？"不幸的是，在这个媒体更加关注、公众更加渴望新闻的世界里，我们要么塑造新闻，要么被它塑造。后者更令人讨厌。有些人可能还记得，我们对出租车公司采取的一些行动被称为"反科技"吧。

灵活性

成功的组织通常是充满活力和灵活性的。他们适应环境。面对未来的挑战，我们需要灵活应对。在某种意义上，这意味着要抓住印度经济扩张带来的机遇。例如，收集市场情报的新职能是为了向国家级协调委员会提供信息，这是对我们无法监管所有试图钻监管空子的运营商的有力回应。展望未来，我们需要建立监管能力，以监督诸如互联网市场里这类也在放贷的新实体。

尽管应该警惕过度监管，但我们也必须认识到，如果我们不扩大责任，其他人将会填补这些责任。这并不总是坏事，但如果新的监管机构导致割据和许多监管漏洞，整个体系将变得更糟。

但这也意味着，我们应该准备好为储备银行雇用能干的新员工。虽然我们将尽可能寻找本系统人才，但在某些领域我们需要横向进入。我们将尽量减少这些方面的工作，但如果我们做得像我们认为的那样好，只要内部人员有公平的机会竞争这些工作，我们就应该准备在必要时看到一些横向进入。我认为储备银行中的保护主义态度在这一领域十分强烈，需要进行辩论。

嵌入社会

最后，我们正在嵌入一个不断变化的社会中。当公众要求公共组织提高透明度和实现更好的治理时，过去可以接受的做法现在已经不再适用。我很高兴地报告，今后我们的预算将由董事会批准。我们的股利政策目前正与政府进行讨论，但我们打算利用最先进的原则使之以规则为基础，以便保护储备银行的稳定，同时政府从所有权中获得所有可能的股息。我们还打算改进董事会对工资和额外津贴谈判的监督。透明和良好的治理是保护我们自己不受巡回调查影响的方法——每个人都应该认识到，一个有效的监管者有敌人，这一点就像恺撒的妻子一样，不应受到怀疑。

我们也需要关注社会的需求。虽然很难说我们的利润净额属于政府以外的任何人，但我们可以用自己的个人资金履行企业社会责任。令我自豪的是，我们的员工已经同意放弃一天的未休假工资（leave encashment），为这个国家遭受的各种灾难捐出一大笔钱。最近一次灾难发生在金奈（印度城市名）。更令我自豪的是，我们的地区办事处在面临灾难时挺身而出，确保储备银行的服务正常运转，即使他们自己的家庭也面临困难。我被告知，金奈的储备银行医务人员在洪水过后提供了至关重要的公共服务。这的确值得赞扬，而且符合储备银行里涌动的社会精神。

我们还致力于建设一个更清洁的印度。让我们以身作则，净化我们的环境，无论是在办公室，在聚居地，甚至在外面，在我们的社区。我们需要重整旗鼓，使储备银行积极投身于“清洁印度”运动（Swachh Bharat，印度总理提出的清洁行动计划之一），以达到总理提出的要求。

最后，我想说，我们都很荣幸能够为这样一个优秀的机构工作，它给了我们丰厚的报酬，给我们带来了富有挑战的工作，同时也让我们履行了为公众服务的职责。如果我指出了我们可以改进的领域，那是因为我认为如果不这样做，就会损害这个伟大的组织。同样，我希望你们指出我们高级管理人员在哪些方面可以改进。如果我们想保持活力，应该让想法、建议以及建设性的批评能够上下流动。

再次祝大家新年快乐！

三

印度储备银行员工的素质和品格是无价之宝，我们应竭尽所能予以维护。在内政方面，我最大的遗憾是无法解决各任行长遗留下来的长期悬而未决的问题：为退休人员提供等同于政府雇员享受的退休金福利，尽管政府一再保证此事将得到解决。我希望政府会合理地解决此事。

也许由于储备银行的能力和正直，所以它被委以很多使命。此外，由于储备银行是维护印度货币和金融安全的主要机构，因此它不得不拒绝很多利益集团的要求。这意味着我们与反对印度储备银行政策的群体间存在着持续的斗争，这些群体认为改变政策的最简单方法不是说服印度储备银行，而是夺走印度储备银行的权力。尽管我认为印度储备银行现有的权力并非全部必要，也并没有拥有全部的必要权力，但是我对那些没有合理依据的变革建议持谨慎态度。我认为若不保持谨慎态度，我们可能会屈服于别有目的的利益集团（他们想要一个能力弱的监管者）或谋权者（他们多为想要争夺权力的政府官员），又或者印度储备银行可能会成为替罪羊（被委以可能无法完成的任务）。

正如我之前提到的那样，委员会报告是发起政府变革的方式。当然，委员会报告的合法性会各有不同，尤其是在特定议程或利益集团推动的情况下。大量基础研究都可以掩盖一个事实，即许多政策建议最终只是建议，没有相关研究的支持。团结进步联盟政府的财政部委托金融部门立法改革委员会提议对金融体系进行重大改革。这其中有些建议非常有用且经过深思熟虑，但我和其他监管机构仍高度关注其他建议的实用性和合理性，以及它们是否真的与报告背后的研究有关。报告中看似给出了某些委托人或起草人的偏见，而非所有成员之间的合理共识。极少有人认识到该报告在其最终草案中记录了许多不同的意见。若在未与监管机构达成共识的情况下，像执行国家法律一样强制执行报告中的建议，而不是像落实一份报告那样，那么我认为公开表达我们的担忧是非常有必要的，而我在2014年6月的一次演讲中也正是这样做的。我认为既要讲求沟通策略，又要提出正确的问题。

《金融部门立法改革委员会报告》：做什么和何时做？

《金融部门立法改革委员会报告》是印度金融史上最重要、研究最周密且广为流传的报告之一。它不仅列出了金融部门的职能及其结构，而且规定了金融部门监管的法律法规。该报告的撰写者因其对国家的贡献而备受称赞。

报告中有很多值得称赞的地方。该报告提出了保护消费者的必要性，提出了所售产品是否适合目标客户的问题，金融机构有责任确定产品的适当性。报告还要求监管机构评估其消费者保护体系。根据《金融部门立法改革委员会报告》的这些重要指引，印度储备银行也确实参与了这样的活动。

报告中还包含更多有价值的东西。金融部门立法改革委员会希望法律制定不要过于细致，而要给监管机构更多的回旋余地。这点确实很重要，因为在世界范围内监管的变化速度超过了立法的变化速度。金融部门立法改革委员会强调需要一个明确的货币框架，这一点最终形成了尤吉特·帕特尔委员会的报告，该报告将对我们今后几年的改革政策起指导作用。同样，我们现在非常需要建立像金融处置局（Financial Resolution Authority）这样的新机构来填补机构的结构空白。

我还可以继续讲下去。但我今天来这里并不是要赞扬《金融部门立法改革委员会报告》，而是要进一步指出实施其中的某些建议将是个错误。这些建议的基本逻辑是有问题的，并且与监管的基本原理背道而驰。在其他情形下，尤其是在监管架构更发达且司法部门在财务事项上经验更为丰富的情形下，这些建议更具经济合理性。但如果印度现在要实施这些建议，将会使其金融系统陷入困境。让我解释一下这是为什么。

监管的逻辑

根据《金融部门立法改革委员会报告》，监管的逻辑是处理市场失灵或更通俗地说是处理不良行为。委员会谈论的信息不完全或糟糕的激励措施是不良行为的一个原因，但是，使监管成为必要的不良行为的一个最重要原因是经济学家所说的不完备合同。受监管实体（客户、广大民众、纳税人或市场）的行为无法在合同中完全规范，因为它太难实时观察或验证，或者只能用许多合同来衡量。

尽管法院可以执行特定合同，但监管机构有时可以做得更好。例如，一家银行可能会有很多来自信用卡客户的投诉。虽然没有客户会认为该案值得提起诉讼，并且没有客户能证明错误在银行，但大量投诉会使监管机构认为该银行需要整顿。通过比较该银行的客户投诉的性质与其他银行的客户投诉的性质，监管机构可以做出判断并采取行动。同样，如果某个特定产品引起的投诉比其他产品多得多，则监管机构可以要求行业对产品进行适当修改，甚至禁止。

监管者可能还必须防范某些形式的合同，例如金融危机之前出现的那些稀奇古怪的证券。如果监管机构认为某种证券会给金融体系带来系统性风险，那么即使该证券已在市场中交易，也可以将其禁止。尽管监管机构没有证据表明该证券将造成预想中的风险，但他不能等到风险发生后再采取措施，因为那时可能为时已晚。

更广泛的观点是，许多监管行动都是基于监管机构多年经验的合理判断。由此，监管机构填补了法律、合同甚至监管方面的空白。监管机构所做的一切并非都能在法院找到法律依据。法院不会干预公司董事会使用商业判断规则做出的具体决策，它们不会反复揣测商业决策，仅在公司董事会所做的决策违反法律规定的情况下才会对其予以起诉。同样，在一系列监管决策中，我们不应过度揣测监管机构的判断。

过度法律监督的危险

然而，金融部门立法改革委员会希望监管机构的所有工作要完全符合法律要求，而这不仅包括制定监管体系，还包括做出监管判断。为此，它想建立一个金融部门上诉审裁处（Financial Sector Appellate Tribunal）。目的是对监管机构的行为予以更多的制衡（请注意，大多数监管行动已经可以被上诉至高等法院）。但是多少制衡才够，法律监督会变得过度吗？

我们必须防范三种风险。第一种风险是法院对监管机构的行为做出判决，但法院没有相应的能力、经验或信息，也缺乏精确的证据。因此，如果我们试图这样做，就会破坏监管的目标。当然，我们也可以相信法院遵循“监管判断”（regulatory judgment）规则，并且不会过度干预事务，但这并不意味着双重标准，即相信法庭的判断，而不相信监管机构。不过，以往的经验表明，各个实体喜欢证明其存在的正当性，如果这一经验成立，法庭将对监管机构施加更多非必要的干预。

第二个风险是简化上诉程序会引起过多的上诉。在法规完善、判例历史悠久且法院判决高效的发达国家中，这不是问题。但是印度的金融体系正在发展，许多新规有待制定（如果我们采用基于原则的立法方法，要制定的新规将会更多），因此在司法部门有大量事务有待学习，而且在司法程序缓慢的情况下，鼓励上诉可能会使法律系统瘫痪并造成混乱。此外，由于需要遵守的法规有待完善，市场参与者就有可乘之机。

最后，在每个国家，对监管服务的良好遵从可以有效规范参与者行为。在发展中国家，私人行为较少受到规范或制度的约束，这一点尤其重要。但是由于私人团体及其高薪聘请的律师可以制衡监管者，所以良好的遵从也就不复存在。故而，最后的危险是即便在不受司法审查的地区，监管机构也可能变成纸老虎，失去其促使良好市场行为的能力。

我在争辩说不需要制衡吗？当然不是！但是制衡手段早已有之，包括高等法院可以审查监管决定，以及由民主选举产生的议会代表可以任命或罢免监管机构。金融部门立法改革委员会提议向议会提交年度报告，并定期与议员进行讨论，这些都是很好的建议，可以加强监督。但是，我强烈敦促政府不要将监管机构与其他受监管部门相提并论，并错误地认为对金融监管机构施以进一步的司法监督是通往金融发展之路。

监管架构

金融部门立法改革委员会强力干预的另一个领域是监管架构。正如我之前所说，这里非常需要它的一些建议，包括金融处置局。但是，某些改革建议的逻辑性很差，有时甚至不一致。

假设我们采纳其中一个建议，将所有交易法规合并到新的统一金融机构下。因此，远期市场委员会以及印度储备银行当前开展的债券监管活动都将发生变化，印度证券交易委员会的业务活动也将发生变化。但这一建议假设中央监管的协同效应是证券交易实现的基础。但是还有其他协同效应吗？它们有多重要呢？

例如，在交付实际商品的远期交易中，监管机构对发现价格的实体商品市场以及商品交付仓库的监管可能是监管协同效应的重要来源。期货市场委员会是应该归入统一金融机构，还是与政府商品监督部门建立更紧密的联系呢？我认为回答这一问题需要进行更多的调查研究。

同样，债券交易的监管是与其他债务产品（例如银行贷款）的监管，还是与货币政策操作（在债券进行交易的地方）或者其他交易形式更协同？我不确定《金融部门立法改革委员会报告》中是否有令人信服的答案。我个人认为，此时改变债券交易的监管不仅会严重阻碍政府债券市场的发展，还会阻碍证券的跨范围更具流动性的进程，而印度储备银行目前正在推进这一进程。

金融部门立法改革委员会在强调协同作用和监管统一方面似乎也存在不一致。他们认为，所有交易的监管应在一个体系中运行，所有消费者权益保护监管应在另一个体系中运作，但信贷监管应从中分离出来——银行应继续由印度储备银行监管，但作为准银行的非银行金融公司应由统一金融机构监管，这将是一个集交易监管和信贷监管于一体的大型监管机构。这种监管分隔是没有意义的，并且会妨碍监管的统一性、对信贷增长的监管以及货币政策的实施。

从更广泛的角度看，金融部门立法改革委员会似乎对重组的益处持有过于理想化的观点。他们似乎相信，一旦将某些活动合并到一个组织中，就可以充分发挥协同效应，而如果这些活动存在于单独的组织中，则不能发挥协同效应。我过去也曾认同这一观点，但我现在认为这一观点太极端了。尽管大型官僚监管体系中的孤立机构可能会阻碍协同效应的发挥，但监管机构间频繁的会议足以使其活动获得协同效应。实际上，金融部门立法改革委员会的一项特别有用的建议是巩固金融部门发展理事会（Financial Sector Development Council）。金融部门发展理事会是监管机构间合作的良好平台，通过机构间的人事互动可以进一步扩大其带来的好处。例如，印度证券交易委员会主席和我计划每月会商一次以解决一些问题。

同时，尽管监管机构之间的谈判与合作可以克服组织上的障碍，但赋予监管机构某些职责却将履行这些职责的工具交与其他机构的做法是不明智的。印度储备银行负责管理卢比的内外部价值，更广泛而言，还要致力于宏观经济稳定。正如诸多多边机构和学界认识到的那样，吸引资本流入的能力现已成为宏观审慎工具箱中公认的一部分。但是，若取消印度储备银行对内部资本流入的控制，那么金融部门立法改革委员会是否会从印度储备银行手中拿走重要的监管工具呢？

摸着石头过河

为了避免上述听起来像是对监管领域的有意辩护，我要补充一点，即印度储备银行在某些地方是可以放弃其权力的。例如，如果政府想管理自己的债务，那么印度储备银行没有理由干预。不同于金融部门立法改革委员会的看法，我认为尽管印度储备银行可以更好地执行政府的指示而不会造成任何福利损失，但政府自行管理债务也不会有太多利益冲突。不过，我认为在目前一段时间内，政府还是要依靠印度储备银行代其管理债务。

相反，请将我的此番评论视为从《金融部门立法改革委员会报告》中提取有用的内容，同时避免推行那些成功概率值得怀疑的宏大计划。毫无疑问，我们的法律需要改革，但这并不意味着我们要采用全新的立法方式、全新的监管结构或者在监管之上又叠加全新的监督。确实，我们曾经历过并且将来还会经历监管机构之间矛盾重重的时期。但这是合并某些组织或拆分其他组织的原因吗？或许这可能导致许多其他方面的功能失调。毕竟，没有任何监管机构能够在危机中独善其身。恰恰相反，不同监管机构的成败取决于国家的兴衰和监管者的素质。

毫无疑问，我们也曾有过监管者超越职权范围或专横霸道。但这是他们的一切行为要受到司法质疑的原因吗？是出于某种原因，我们需要更多的制衡手段，还是我们在试图解决不存在的问题？就像中国人说的那样，我们要摸着石头过河。让我们不要盲目跳跃，希望每次落地时总有一块石头可以支撑我们。

四

在我任上的最后几天，我想解释为什么印度需要一个独立的中央银行。圣斯蒂芬学院是一个理想场所，该学院为印度培养了许多优秀的经济学家。我想澄清一个具体问题，即印度储备银行的股利问题。尽管在担任行长期间支付了储备银行有史以来曾向政府支付的最大金额的股利，但仍不断有人建议，我们可以支付更多。其中一些建议反映出对中央银行资产负债表中运行的经济学缺乏理解。2016 年 9 月 3 日是我任职的最后一天，我谈到了这两个问题。

中央银行的独立性

早上好。很高兴受邀到圣斯蒂芬学院演讲。1980 年，我想和我最好的朋友一起申请经济学学士学位。但由于我为印度理工学院的考试付出了巨大的努力，我屈服于沉没成本的谬论，学习了电机工程。我一点也不后悔那错付的青春，但我希望贵校今天能授予我临时学员资格！

在过去的几周里，我概述了印度储备银行对通胀、不良债务、金融普惠、银行业改革和市场改革的态度。今天，我想解释为什么所有这些意味着印度需要一个强大而独立的印度储备银行来确保宏观经济稳定。然后我将讨论我认为确保这种独立性需要些什么。

对宏观经济稳定的需要

增长是好的，但稳定的增长更好，特别是在这么多人生活在边缘的贫穷国家。对于印度储备银行而言，这意味着确保增长不超过我们的潜力，采取审慎政策降低风险，并建立足够的缓冲，使国家免受冲击。

创造并分享蛋糕：利率和汇率

然而，这一使命令中央银行受到批评。如果我们努力降低通胀率，利率仍将高于借款人的预期。如果通胀率下降，货币贬值将低于一些出口商的期望。如果我们敦促银行进行清理，银行对习惯性不付款人的容忍度可能会降低。无论我们做什么，都会有人反对。然后印度储备银行成为印度经济表现不佳的最佳替罪羊——如果出口没有增加，那是因为利率过高而且汇率过高。

与抱怨的人不同，印度储备银行不奢求经济上的一致性。如果我们开始大量购买美元以使汇率贬值，如果我们要保持对流动性的控制，我们就只能购买较少的政府债券。其结果是债券市场利率上升。此外，贬值的汇率将意味着更高的通胀，这反过来意味着更高的政策利率，因为政府为我们设定了通胀目标。再一次，这意味着更高的利率。只要看看巴西或俄罗斯，你就会明白，如果你想要稳定增长，就不可能同时拥有大幅贬值的汇率和较低的利率！

初级经济学：没有免费午餐

经济学的一个基本教义是没有免费午餐。这可以从印度储备银行的股利问题中窥见一斑：一些评论员似乎认为，只要印度储备银行向政府支付更多的股利，公共部门银行可以完全进行资本重组。让我来解释为什么事情并非那么简单。如果接下来的事情很复杂，请相信我，它确实很复杂。但是请注意，同学们，尤其是因为这关系到你们的钱。我相信你会理解的。

印度储备银行如何产生盈余？当然，我们发行公众持有的货币，并向商业银行发放存款（即准备金）。这些是我们的固定负债。当我们发行这些债务时，我们从市场上购买金融资产。我们不对我们的债务支付利息。但是，我们持有的金融资产，通常是国内和国外政府债券，却可以获得利息。因此，我们产生了大量的净利息收入，因为我们几乎没有为所有负债支付任何费用。

我们的总成本，主要用于印制货币和银行家佣金，仅相当于我们净利息总收入的约七分之一。因此，由于印度储备银行作为该国货币的管理者，我们获得了大量盈余，超过几乎整个公共部门盈余的总和。这完全属于印度的公民。因此，在撇开需要保留的股权资本以维持印度储备银行的信誉之后，印度储备银行董事会将剩余的盈余支付给印度储备银行的所有者，也就是政府。

印度储备银行董事会已决定，力争获得国际 AAA 评级，以便能够更容易进行国际交易，即使在政府感到困难的情况下，即在“缩减恐慌”的情况下，没有银行质疑我们是否有能力交付非居民外币存款［FNCR（B）］掉期，即使负债有数千亿卢比。根据印度储备银行员工复杂的风险分析，董事会在过去三年中判断，印度储备银行目前约 1 万亿卢比的股权资本足以达到这一目的。因此，过去两年中，它已将产生的全部盈余支付给政府，每年约支付 6 600 亿卢比，没有任何截留。这相当于整个公共部门向政府支付的股息。在我任职于印度储备银行的三年里，我们向政府支付的股息几乎与前十年一样多。然而，有人建议我们应该支付更多的特别股息，超过我们产生的盈余。

即使在法律上可以支付未实现的盈余（但事实并非如此），即使董事会确信更高的股息不会损害印度储备银行的信誉，也有一个更根本的经济理由说明为什么特殊股息政策无法帮助政府突破其预算限制。

理由如下：我们赚取的大部分盈余来自政府资产的利息收益或其他市场参与者的资本收益。当我们将这笔钱作为股息支付给政府时，我们会将从中赚到的钱放回系统中，不需要额外印钞或提高准备金。（这并非完全正确。我们的外汇资产收益来自外部，因此当我们将这些收益作为股息支付给政府时，我们会增发货币。我们会考虑这一点。）但是，当我们向政府支付特别股息时，我们必须创造额外的永久储备，或者更通俗地说，印制货币。每年，我们都会考虑一个与经济现金需求和通胀目标相一致的永久储备增长率。给定预算的增长率，为了支付特别股息，我们将不得不在我们的投资组合中出售政府债券（或者，比我们预算少的公开市场购买），这相当于从公众中抽出等量的资金。

当然，政府可以使用特别股息来支出，减少同等数量的公共借贷额。但是印度储备银行将不得不向公众出售等量的债券，以便坚守其创造货币的目标。政府和印度储备银行向公众出售的政府债券总净额（即有效的公共部门借贷要求）不会改变。但是，以印度储备银行特别股息为政府支出提供融资的全部目的，是减少向公众出售政府债券的总量。这个目标没有实现！

总之，印度储备银行应该向政府转移全部盈余，保留足够的缓冲，这与良好的中央银行风险管理实践相一致。事实上，今年董事会支付的股息比预算编制时承诺给政府支付的要多额外 800 亿卢比。另外，政府可以向银行注入资本。这两个决定不必联系在一起。从印度储备银行抽取更多资金的创造性方法并不存在，也就是说没有免费午餐！相反，政府应承认其在印度储备银行的实质性权益，并在宣布其净债务头寸时从其未偿债务中扣除。这将使有关各方都满意，也不会减少货币发行。

虽然我刚才说的话听起来很复杂，但这也是正确的经济学推理。类似的具体理由使我们拒绝了面对高通胀时的降息要求，拒绝了根据一时兴起而贬值或升值汇率的要求，拒绝了利用外汇储备为各种项目融资的要求，拒绝了将坏账或已被放弃的农民贷款归类为不良贷款的要求，如此等等……

我们一直担负着维持宏观经济稳定的任务，而这项任务常常要求我们拒绝看似显而易见和有吸引力的提议。我们必须要做的事情，对于每一个非专业人士来说，即便是那些受过严格经济学训练的人，也很难迅速掌握。当然，我们仍然必须尽力解释，但我们也需要建立一种制度，让公众相信央行会做正确的事情。这就是为什么我们需要一个值得信赖的独立中央银行。

中央银行的独立性

在这样的环境中，中央银行有时不得不与中央政府和邦政府的高层站在对立面，我的前任苏巴拉奥博士曾经说过这样的话："我希望财政部长有一天会说：'储备银行经常令我大为恼火，以至于需要出去走一圈消消气，哪怕是独自一人散步。不过谢天谢地，有储备银行存在未尝不是好事。'"我会走得更远一点。储备银行不能只是"存在"，它说"不！"的能力必须受到保护。同时，中央银行不能摆脱所有限制，它必须在政府设定的框架下运作。这需要付诸许多行动。

概述印度储备银行的责任

当印度储备银行的职责模糊不清时，它的行为就会不断受到质疑。相反，如果宪法当局为印度储备银行的责任勾勒出一个框架，它就可以采取与这些责任一致的行动，并取得成果。政府最近为印度储备银行制定的通胀目标就是一个这样的例子。如果印度储备银行总是无法达到目标，批评者就会抨击它，但如果他们想要降低利率，即使印度储备银行很少达到其目标，他们反倒可能请求政府改变目标。

同样，印度储备银行董事会采用了风险管理框架，该框架指出了印度储备银行面临的风险所需的权益水平。然后，印度储备银行的股息政策成为增加权益后每年有多少留存盈余的技术问题。因此，框架缩小了关于股息的意见分歧的空间。

然而，印度储备银行在宏观经济稳定中的角色仍然模糊不清。尽管印度储备银行显然对信贷机构的安全性、稳健性以及对外账户的稳定性负有责任，但仍有一些领域比较麻烦。例如，在以通胀为重点的框架下，印度储备银行的应变能力取决于中央和各邦的财政审慎性。印度储备银行应在多大程度上对财政挥霍无度，包括或有债务积累提出预警，以及何时这种预警会被视为干扰了民选代表的合法决定？在这个领域，清晰明确的角色定位将是有益的。

加强监督

尽管总是与财政部磋商，但印度储备银行在做出诸如非居民外币存款掉期安排等业务决策方面拥有自由是重要的。然而，总是有一些政府实体在寻求对印度储备银行的各方面活动进行监督。层层审查，特别是那些没有技术知识的实体进行的审查，只会阻碍决策。由政府任命的印度储备银行委员会（包括政府官员和政府任命的人员）应继续发挥其关键的监督作用。在这方面，印度储备银行的所有重要决定，包括预算、牌照、监管和监督，现在要么由董事会批准，要么由其下属的一个小组委员会批准。印度储备银行董事会的空缺至今已有好几个月，应尽快填补，以便充分利用该董事会的专长和督导。

议会了解印度储备银行正在做什么也很重要。行长和副行长定期与各议会委员会互动，而且我们也与议会财政常务委员会每六个月互动一次，由行长报告储备银行的活动，委员会提出自己的看法和关切的问题。

印度储备银行行长的地位

中央银行行长与二十国集团财长一起出席二十国集团会议是有原因的。因为与其他监管机构或政府秘书不同，中央银行行长掌握了重要的政策杠杆，并偶尔会不同意该国最有权势的人。

在法律地位低下的同时，拥有事实上的强势是危险的。今天，印度储备银行行长拥有内阁秘书的薪水。储备银行行长由总理与财政部长协商任命。储备银行行长在政府等级中的职级没有明确的界定，但人们普遍同意，他仅向总理和财政部长汇报。印度有一种非正式的理解，即储备银行行长可以做出必要的决定。为了宏观经济的稳定，这一切都不应该改变，但如果这些问题还会被讨论，那么明确地将储备银行行长的级别与他作为国家经济政策最重要的技术官员的地位相匹配，可能会是有益的。

沟通

我不会自欺欺人地以为记者和摄像机跟着我到处走，是因为我是一个磁性扬声器。他们跟着印度储备银行的历任行长，是因为后者可以提供影响市场的政策信息。幸运的是，我避免了无意间说出任何能影响市场的话。

同时，虽然印度储备银行的历任行长有不同的沟通方式，但没有人可以免除沟通。与发达国家不同的是，储备银行行长可以就货币政策的进程定期发布暧昧的声明，偶尔还会向议会或政府抗议财政政策的动向。在我们这个发展中的民主国家，印度储备银行行长必须不断为储备银行采取的行动（包括正在进行的许多结构性改革）辩护。

实际上，沟通很大程度上既是教育，也是告知。例如，我既要向企业家和零售借款人解释为什么利率没有下降那么快，还得用多萨饼的价格向养老金领取者解释，为什么赚取更低的名义利率和更高的实际利率时，其处境更好。公众的理解可以帮助简化改革之路，并增加对政策的支持。因此，印度储备银行行长必须反复解释。

当然，有时储备银行行长必须警告某些行动方案或经济中某些趋势对增长和宏观经济稳定的危险。最后，储备银行行长也是这个国家年轻人的榜样，因此，当储备银行行长受邀面向年轻人讲话时，不应该逃避责任，而应该敦促他们遵循最高的公民标准。

结论

这是我目前在印度的最后一次公开演讲，我的继任者将接管印度储备银行的沟通工作，而我想为其让路。为这个国家工作是一种荣誉，特别是能和你们探讨它的未来。谢谢你们的聆听！

后记：我不再是印度储备银行的行长了。但我的演讲中有一点值得重申：让印度储备银行保持不明确的定位是危险的，因为官僚机构会不断地力图削弱其权力。正如斯里尼瓦萨－拉加万（T. C. A. Srinivasa-Raghavan）等观察人士指出的那样，这并不是最近才出现的现象，但由于历届政府和财政部长对印度储备银行的角色有所误解，印度储备银行面临着被削弱的风险。作为负责国家经济风险管理的技术官僚，印度储备银行行长不仅仅是另一个官僚或监管者，将其纳入官僚体系弱化其地位的做法是错误的，也不符合国家利益。进一步明确印度储备银行的角色，明确肯定其独立性，将符合印度的利益。

五

在印度储备银行任职期间最难写的一封信，也许是告知同事我在任期结束之时不再寻求连任。2016 年 6 月 18 日，我在印度储备银行写了这封信，以此结束我的任期。我想回忆一下我们一起完成了多少事情，尽管我承诺在剩下的几个月里会采取一系列行动来处理一些零散的事情。

给印度储备银行职员的信

亲爱的同事：

我于 2013 年 9 月作为印度储备银行第 23 任行长正式上任。当时，卢比贬值严重，通胀日益高企，经济增长乏力。那时的印度被视为“脆弱五国”（巴西、印度、印度尼西亚、土耳其和南非）之一。在就职演讲中，按照之前与你们的讨论，我公布了一份行动议程。通过实施议程上的措施，我认为，我们将“在全球金融市场风起云涌之时，打造一座通向未来的桥梁”。

今天，令我自豪的是，我们在印度储备银行已将所有这些建议付诸实施。我们构建了一个以通胀为重点的新的货币政策框架，并帮助我们将通胀降低了一半，在很长一段时间之后，储户终于又一次能够获得正的实际存款利率。我们还能够在最初不得不提高利率的情形下，将基准利率逐步下调了 150 个基点。这也降低了政府举债需要支付的名义利率，同时也使政府能够第一次发行 40 年期限的债券。最终，在我们的一系列行动之后，我们的货币已趋于稳定，即使 2013 年募集的外币存款到期全部流出，我们的外汇储备也依然能够达到创纪录的新高。今天的我们是世界上经济增长最快的大型经济体，早已退出脆弱五国行列。

我们所做的已经远远超出了最初承诺的内容，包括通过设立银行董事局的方式，帮助政府改革公共部门银行管理层的任命方式（依据央行下属的纳亚克委员会的建议）。创建一整套新的机制，使银行能够在一些失败的项目中收回部分资金，并通过制定资产质量评估（Asset Quality Review，AQR）政策，帮助银行及时发觉潜在的坏账并进行坏账拨备。我们已经在筹备印度国家支付公司（National Payments Corporation of India），以推出通用支付接口，这将很快彻底改变国内的移动支付体系。在内部，我们也经历了结构调整和精简，这些都由我们自己的资深员工设计并推动。我们正在强化员工的专业化和技能，从而打造一支世界一流的团队。我们所做的每一件事，都少不了董事会知名人物的指导，例如莲花赐勋章获得者、原子能委员会前主席阿尼尔·卡科德卡博士，莲花装勋章、麦格赛赛奖得主、妇女个体经营协会的艾拉·巴特等。我行员工的正直与能力以及我们行为的透明度都是无与伦比的，我为能够成为如此优秀组织的一员深感自豪。

我是一名学者，我一直明确表示，我渴望的归宿是在思想领域。在我三年任期临近尾声，即将返回芝加哥大学之际，回顾过往的成就也正当其时。虽然我们已经完成了我上任时的承诺，但是我们仍然有两个后续任务有待完成。虽然通胀已经控制在目标范围之内，但是负责制定政策的货币政策委员会还没有形成。此外，资产质量评估政策虽然帮助银行清理了不良资产，但银行仍需要进一步提高资产质量。全球经济形势也构成了一些短期风险。

虽然我也想要将这些变革坚持到底，但是通过与政府的协商，并经过再三考虑，我想要告诉大家，在我的行长任期于 2016 年 9 月 4 日结束之后，我将重归学术界。当然，我也会随时待命，响应祖国的需要。

同事们，在过去三年，我们与政府一起合作，为宏观经济及金融市场的稳定建立了一个良好的平台。我相信，我们所做的工作，会使我们安然度过由各种眼前因素造成的市场波动，例如英国脱欧等。我们已经为非居民外币存款到期的资金流出做好了充分的准备，如果管理得当，基本上不会成为风险事件。印度储备银行信心十足，正是由于你们的付出与成就。我相信政府正在采取的改革措施，以及你们和其他监管机构的举措，将会为未来几年就业率的提高以及社会的繁荣打下坚实的基础。我相信我的继任者在你们的帮助下，将会带领我们达到一个新的高度。在未来的几个月里，我仍然会与你们一起工作，但请允许我提前感谢储备银行大家庭每一个成员的辛勤付出与全力支持，带给我这段精彩绝伦的旅程。

此致

敬礼！

拉古拉迈 · G · 拉詹

第二篇

全球金融危机

I do what I do

一

2005 年杰克逊霍尔会议是美联储主席格林斯潘任期内的最后一次会议，因此，会议的主题是格林斯潘时代的遗产。当时我是国际货币基金组织的首席经济学家，在芝加哥大学休假。我受邀向世界各国央行的同行发表一篇论文，内容是关于格林斯潘担任美联储主席期间，金融业是如何演变的。我开始写一篇论文赞美金融的发展，但在分析数据时，我开始担心发生了什么。我改变了策略，写了一篇关于金融体系风险的论文。

我记得当我离开家去参加会议时，我告诉我的妻子，这篇演讲，到目前为止，与我所知道的在会议上的贺词相去甚远，要么被视为异常的先见之明，要么被视为无中生有的危言耸听。2007—2008 年的全球金融危机，确保了舆论在很大程度上从后者转向前者。下面这篇文章是根据这篇论文撰写的，发表在 2005 年 9 月国际货币基金组织的月度《直言不讳》(*Straight Talk*) 上。

高风险业务：对投资经理的不正当激励可能增加全球金融风险

在过去的 30 年中，世界各地的金融体系发生了革命性的变化。人们能以更低的利率借入更多资金，投资多种工具，以满足各种可能的风险和回报，并与全球各地的陌生人分担风险。金融市场已经扩大和深化，典型的交易涉及更多的参与者，在更大的范围内进行。

这些变化背后至少有三股力量。技术的变化降低了通信和计算的成本，以及获取、处理和存储信息的成本。例如，从金融工程到投资组合优化，从证券化到信用评级，各种技术现在都得到了广泛的应用。放松管制消除了阻碍新公司进入的人为壁垒，并鼓励了产品、机构、市场和司法管辖区之间的竞争。机构改革在金融领域创造了新的实体——如私人股本公司和对冲基金——以及新的政治、法律和监管安排（例如，在过去20年中，从央行独立性到定期发布通胀报告，在实行通胀目标制的实践背后，出现了一整套制度化的组织）。

尽管金融领域的这些变化被称为“脱媒”（disintermediation），因为它们与摆脱以银行为中心的传统媒介相关，但这个词用得不恰当。虽然在许多工业化国家，个人不再直接将大部分储蓄存入银行，但他们通过共同基金、保险公司和养老基金间接投资于市场，通过风险投资基金、对冲基金和其他形式的私人股本间接投资于公司。这些金融机构的经理，我称之为“投资经理”，已经取代了银行，作为个人和市场之间的“再中介”。

那么银行本身呢？虽然银行现在可以通过打包和剥离资产负债表的方式，出售与它们发起的“大宗商品”交易（如抵押贷款）相关的大部分风险，但它们必须保留一部分风险。这通常是初始损失，也就是，打包中最初几笔停止还款的抵押贷款带来的损失。此外，他们现在更关注那些具有比较优势的交易，通常是那些难以签署明确合同的交易，或者需要通过市场交易对冲其后果的交易。例如，银行为公司发行的商业票据提供备用信贷额度。这意味着当公司陷入困境，商业票据市场枯竭时，银行将介入并发放贷款。显然，这些都是高风险和流动性差的贷款。它们反映了一种日益广泛的业务模式：随着传统交易变得更具流动性，更易于在市场上交易，银行正转向流动性更差的交易。竞争迫使它们不断调整流动性不足的限制。

毫无疑问，增加中介机构和金融交易的种类大有好处，包括降低投资的交易成本，扩大获得资本的渠道，允许更多不同意见在市场上表达，允许更好地分担风险。但它也有潜在的不利之处，并提出了一个问题：我们是否在不知不觉中接受了浮士德式交易，也就是说，用大多数情况下的更大福利换取小概率的灾难性熔断。我的观点是，由于投资经理的不正当激励，世界可能变得更危险，我现在将描述这一点，但我们不太可能确切知道。因此，对央行官员和金融系统的监管机构来说，要点很简单：有备无患。

把激励搞对

过去，银行经理的工资基本上是固定的。鉴于监管限制了竞争，股东没有必要向管理人员提供强有力的绩效激励（这种激励甚至可能是有害的，因为它会诱使银行管理人员冒险）。对银行经理是否做出错误投资决定的主要检查是银行脆弱的资本结构（可能还有监管者）。如果银行管理层表现出无能或欺诈，储户就会紧张不安，而且可能挤兑。这种极端惩罚的威胁，加上没有股票或期权薪酬支撑的薪资涨幅有限，银行家变得极为保守。这对储户很有好处，因为他们的资金是安全的。由于竞争有限而享受稳定租金的股东也感到满意。

在放松管制且竞争激烈的新环境中，投资经理不可能像过去的银行经理那样得到一成不变的激励。因为他们需要寻找好投资的激励，他们的薪酬必须对投资回报敏感，尤其是相对于竞争对手的回报。此外，高回报也吸引了新的投资者。而现在的投资者，如果不满意，就会把钱转移到别处（尽管他们经常会有惰性）。由于薪酬也因管理下的资产而异，总体而言，投资经理面临的薪酬结构是：业绩良好时薪酬上涨非常强劲，业绩较差时薪酬下跌，但幅度较小。

因此，今天的投资经理的激励结构与过去的银行经理的激励结构有两个重要的不同。首先，投资回报的负面影响通常较小，而正面影响通常较大，这意味着投资经理有动机承担更多的风险。其次，他们相对于其他同行的业绩很重要，要么是因为这直接体现在他们的薪酬中，要么是因为投资者据此退出或进入基金。对投资经理的评估要基于其他投资经理的业绩，这一认识可能导致更好的业绩，但也可能导致各种反常行为。

反常行为

基于业绩的薪酬会在投资经理中引发高风险行为。一种是对投资者隐瞒承担的风险。既然风险和回报是相关的，那么给定投资经理承担的风险，他看起来比同行表现得更好。通常，由于定期报告的要求，最容易被隐藏的风险类型是“尾部”风险，即产生严重不良后果的可能性很小但在其余时间可提供慷慨补偿的风险。另一种是在投资选择上跟随其他投资经理，因为羊群效应为投资经理提供了不会落后于同行的保险。然而，羊群效应会使资产价格偏离基本面。

在资产价格暴涨时，如果投资经理愿意承担低概率的资产价格突然恢复至基本面的“尾部”风险，并认识到他们的许多同行也纷纷在承担这样的风险，他们会放心地认为即使资产价格由涨转跌，他们也不会在业绩上比同行落后太多，此时，他们的行为就会互相强化。在低利率环境中，这些行为可能变得更加复杂，一些参与者“追求收益”的动机不仅会增强，资产价格也会螺旋式上升，为急剧而混乱的资产重组创造条件。

银行是强化还是抑制这种行为？银行经理的薪酬虽然与回报没

有那么紧密的联系，但也非完全不受竞争压力的影响。银行通过制造风险和承担风险来获得回报。由于抵押贷款或贷款等传统风险可以从银行资产负债表转移到投资经理的资产负债表，银行有激励创造更多此类风险。因此，它们往往会强化而不是抑制风险偏好。然而，正如我早些时候指出的，银行不可能出售所有风险。事实上，它们往往不得不承担它们自身制造的风险中最复杂、最不稳定的部分，因此，尽管一些风险已经从它们的资产负债表上转移出去，但资产负债表正被重新载入新的、更复杂的风险。数据支持这一评估——尽管金融市场在不断深化，但银行可能并不比过去更安全。此外，尽管目前银行承担的风险似乎较小，但这些风险只是冰山一角。

但或许最重要的担忧是，银行是否能够向金融市场提供流动性，以便在“尾部”风险真的出现时，能够平仓并分担损失，从而将对实体经济的影响降至最低。过去的事件表明，银行成功地扮演了这一角色。但是，不能保证它们将继续发挥作用。过去，银行之所以能够提供流动性，部分原因是其健康的资产负债表使它们能够吸引市场上可用的闲置流动性。然而，如今的银行需要流动性更强的市场，以对冲它们创造的复杂产品或提供担保带来的一些风险。它们对市场流动性的更大依赖，可能让其资产负债表在危机时期变得更加可疑，使它们无法像过去那样提供流动性保证。

总之，这些趋势表明，尽管现在有越来越多的参与者能够吸收风险，但金融体系正在制造的金融风险也确实越来越大。而且，尽管理论上市场参与者的观点和行为应该是多样化的，而且有更大的风险承受能力，但竞争和薪酬可能会导致行为之间的相关性超出人们的预期。尽管很难对现代金融体系这样复杂的事物做明确的论断，但这些发展态势可能正在创造比过去更多的由金融部门引发的顺周期行为。它们还可能造成更大（尽管仍然很小）概率的灾难性崩溃。

不幸的是，除非现代金融体系经过测试，否则我们不知道这些担忧是否真的需要正视。最大的希望是，该体系面临规模不断扩大的冲击，每次都加以修补，从而变得更有弹性。因此，套用圣奥古斯丁的话说，我们应该祈祷：“主啊，如果有冲击，先让它们是小的。”危险在于，在经受压力测试之前，经济将意外地遭遇一场完美风暴。

如果确实存在过度冒险的情况，为什么投资者给其投资经理提供一份可以限制他们重短期回报而承担风险的薪酬合同呢？答案是，私人部门几乎没有这样做的激励。首先，尽管沃伦·巴菲特或彼得·林奇都认为，很少有系统的证据表明，金融投资过去的表现是未来表现的指标。这意味着投资者频繁更换基金几乎没有社会价值。但当新投资涌入时，某个基金的投资者会受益，因为该基金的平均成本会下降。因此，以基金卓越的短期业绩吸引投资者而获得的私人收益超过了社会收益，因此投资者几乎没有动力约束基金经理，使之不要专注于短期。

当然，如果除了因公司治理不力使投资者不能完全控制投资之外，投资经理也有在短期内创造回报的激励（以保住他们的工作或成功带来的公众赞誉），私人均衡可能再次导致过度冒险。对私人投资者来说，很难完全获得提供流动性的好处，也就是说，如果资产价格上升、更紧密地反映基本面，那么所有交易方都会受益，而不仅仅是向市场注入流动性的投资者。因此，私人部门也没有激励提供流动性。

限制后果

那么政策制定者能做些什么呢？尽管过多的监管会抑制推动金融业创新的竞争，但什么都不做似乎也不是一个好的选择。尽管我们对金融市场的复杂运作仍知之甚少，但有两种主要工具可以考虑。

货币政策。货币政策必须以其对激励的影响为依据。正如已经指出的那样，低水平的利率以及意料之外的大幅降息都可能对激励机制产生负面影响。这意味着，货币政策的大规模迅速变化不仅会给国内经济，而且会使所有相互关联的市场付出巨大代价。首先，政策变化应该是有节制的（尽管不一定是可预测的），而不是突然的。其次，尽管通缩可能对实体经济造成极大伤害，但出乎意料的持续低利率可能成为金融业乃至资产价格严重扭曲的根源。这不仅意味着要进一步远离通缩，不必将极低的政策利率用作工具，还意味着运用利率遏制资产价格泡沫时，要提高监管的警觉性。再者，颇为显而易见的是，人们不能再仅仅通过检查银行体系的状态及其信贷敞口来得出有关信贷创造总量是否合适的结论，更不用说评价金融体系的稳定性了。最后，在某些情况下，金融部门可能会面临更大的流动性和偿付能力问题，因此各国央行必须警惕可能出现的总流动性不足。

审慎监管。审慎监管的业务范围可能必须得到扩大，而不仅仅局限于商业银行或投资银行，以纳入对冲基金等机构。那么，可以使用什么工具呢？当然，更大的透明度和信息披露，以及资本监管，都可以发挥作用。但政策制定者可能还需要考虑利用管理层薪酬制度，将投资经理的行为与公共利益结合起来。薪酬监管不是限制或约束薪酬，它可能只是要求高级投资经理的一部分薪酬应长期投资于由其管理的投资基金或项目。鉴于一些投资者已经要求他们的投资经理这样做，这样的做法可能不会过于苛刻。当然，人们必须小心不要让投资经理过于保守，从而失去他们承担风险给经济带来的好处。这就是为什么金融业崩溃的最优概率永远不会为零。

后记:《华尔街日报》2009 年 1 月 2 日刊登了一篇贾斯丁 · 拉哈特（Justin Lahart）的文章，该文报道了我在杰克逊霍尔的发言：

拉詹认为，金融业的激励机制严重扭曲，员工因赚钱而获得丰厚回报，但因亏损而受到的惩罚却很轻。这鼓励金融公司投资于复杂的产品，这些产品可能会带来巨大的回报，但有时也可能以惊人的失败告终。

他指出，“信用违约互换”是防范债券违约的保险。他表示，保险公司和其他公司通过出售这些掉期产品获得了高额回报，但表面上几乎不承担风险，但如果真的发生违约，损失可能是巨大的。

拉詹还认为，由于银行持有其账面上创造的部分信贷证券，如果这些证券陷入困境，银行体系本身将面临风险。他说，银行将会对彼此失去信心。“银行间市场可能会冻结，很可能会爆发一场全面的金融危机。”

两年后，危机基本上就这样发生了。

二

在国际货币基金组织工作了三年半之后，我于2007年1月重返学术界。以下是其中一些片段，包括公开演讲。下文问世于金融危机爆发前的2007年2月，详细阐述了金融体系中的风险承担激励。

金融环境、资产管理和政治风险：尽力理解我们的时代

尽管生产率普遍强劲增长，但名义投资，尤其是企业投资，在全球范围内仍相对疲弱，而意愿储蓄（desired saving）强劲。对于此种现象，美联储主席伯南克称之为“储蓄过剩”，国际货币基金组织称之为“投资限制”，其净效应是意愿储蓄与实际投资之间的失衡。因此，一段时间以来，实际长期利率一直处于低位。有趣的是，尽管美联储在2006年提高了政策利率，长期利率却进一步下降——在美国国内需求放缓的情况下，市场可能认为美联储正在进一步加剧全球意愿储蓄超过实际投资的过剩。

目前的状况不可能是永久性的。然而，考虑到发达国家的人口老龄化，人们会认为，全球投资向意愿储蓄的再平衡将主要发生在非工业化国家。投资的增加部分表现为外商直接投资的上升，但也有部分将以新兴市场的金融体系进行调节，这些金融体系将不得不进一步发展。随着安全网的改善和零售金融的广泛可获得，消费增加也将有助于减少意愿储蓄。当然，从穷国到富国的净资本流动这种看似反常的

模式，如果不是与人口结构不相适应，就必然会发生变化。

我现在想谈谈发达金融市场日益制度化和内部竞争的问题。这些问题之间的联系很快就会明确。寡头银行体系的解体和金融市场的兴起，极大地增加了个人的金融投资选择。虽然个人不再将很大一部分储蓄直接存入银行，但他们也不再直接投资于市场。他们通过共同基金、保险公司、养老基金、风险投资基金、对冲基金和其他形式的私人股本间接投资。这些金融机构的经理，我将称之为“投资经理”，已经在很大程度上取代了银行，并在个人和市场之间进行“再中介”。

随着这些不同机构对公众投资资金的竞争加剧，它们都试图向公众保证，它们将给出更好的业绩。但是更好的业绩意味着什么呢？

业绩管理

典型的金融资产管理者产生回报的基础是他承担的系统性风险，即所谓的贝塔（β）风险，以及他的能力在投资过程中贡献的价值，即所谓的阿尔法（α）。任何资产管理公司的股东都不可能因为承担 β 风险而给投资经理回报——例如，如果股东希望参与大型美国股市交易，她只需投资先锋标准普尔 500 指数基金，就可以获得与该风险相关的回报，为此她只需支付 1% 的手续费。股东真正需要支付的是，如果基金经理定期跑赢标普 500 指数，即在不承担更多风险的情况下产生超额回报。事实上，对冲基金经理经常声称，他们创造的回报与传统市场（所谓的市场中性策略）无关，因此他们创造的所有回报都是超额回报或阿尔法，理应得到很好的补偿。

事实上，对投资经理来说，阿尔法的来源并不多。其中之一是在识别被低估的金融资产方面拥有真正特殊的能力——美国亿万富翁投资者沃伦·巴菲特当然具备这种能力，但一项又一项学术研究表明，很少有投资经理具备这种能力，而且这种能力肯定不是普通投资者根据事实就能预测的。

阿尔法的第二个来源是人们所谓的激进主义。这意味着利用金融资源创造或获得对不动产的控制，并利用这种控制改变金融投资的收益。一个风险投资家将一个发明家、一个车库和一个想法转变成一个成熟的、盈利的、专业管理的公司，这就是阿尔法。私人股本基金进行敌意收购，减少无效，提高利润，也在创造阿尔法。一个贪婪的投资者也是如此，他买入新兴市场的违约债务，并通过各种法律手段向当局施压，要求该国支付更高的价格。

阿尔法的第三个来源是金融企业家精神或金融工程——投资于普通投资者不易获得的奇异金融证券，或者创造吸引特定投资者或品位的证券或现金流。当然，如果创造了足够多的此类证券或现金流，它们就不再具有稀缺性或多样化价值，而是像其他任何东西一样具有普通价值。因此，这种阿尔法的来源依赖于管理者的不断创新和领先竞争者。

最后，阿尔法也可以源于流动性供给。例如，相对容易获得融资的投资经理可以持有非流动性或套利头寸至期满：如果封闭式基金的交易价格高于基础资产，经理可以做空基金，购买基础资产，保持这个头寸直到溢价最终消失。这里重要的是投资经理持有流动性直到套利结束。

寻求非流动性

这里的讨论会证明阿尔法是很难产生的，因为大多数方法都依赖于投资经理拥有独特能力：挑选股票，发现管理上的弱点并加以补救，或进行金融创新。独特的能力是罕见的。那么，广大投资经理如何证明广大普通投资者对他们的信心是合理的呢？答案可能是流动性供给，这是一种最不依赖特殊管理能力的活动，可以称之为差经理的阿尔法资源。

当世界上存在相对于投资的过剩储蓄时，当各国央行采取宽松政策时，流动性就会泛滥。许多投资经理可以从事流动性供给的业务，即使他们持有流动性越来越差的头寸，他们也会通过这样做来争夺回报。关键在于，当前的良性条件会导致“寻求非流动性”的行为。但它们可能产生更糟糕的影响。

尾部风险和羊群行为

当央行向市场注入大量流动性，而流动性供给带来的租金被竞争挤出时，能力相对有限的投资经理该怎么办？他可以隐瞒风险，也就是说，通过隐瞒贝塔风险的程度，将承担贝塔风险产生的回报伪装成阿尔法。由于额外的风险通常意味着更高的回报，投资经理可能会冒险，这些风险通常不在他们的比较基准中（并且对投资者隐瞒），从而产生更高的回报，使自己脱颖而出。

例如，许多对冲基金、保险公司和养老基金进入信贷衍生品市场，出售针对公司违约的担保。本质上，这些投资经理在正常时期从购买这些担保品的人那里收取风险溢价。然而，公司违约的可能性很小，这就迫使担保人支付一大笔款项。因此，投资经理出售灾害保险，或者类似地，承担“比索”或“尾部”风险，此类风险在大多数情况下产生正回报，作为对罕见的极端负回报的补偿。这些策略似乎能产生非常高的阿尔法（高回报低风险），因此投资经理有动力大量使用这些策略，尤其是在形势良好、灾难看起来很遥远的时候。然而，每隔一段时间，它们就会爆炸。由于真正的业绩只能在很长一段时间内进行评估，远远超出了一般投资经理的激励所设定的范围，因此，如果可以的话，投资经理将承担这些风险。

这种行为的一个例子可以从 1994 年观察到，当时美国的一些货币市场共同基金几乎“跌破面值”（跌破每股 1 美元的净值，对于一家表面上没有风险的基金来说，这几乎是不可想象的）。一些货币市场基金不得不接受母公司的纾困。它们如此接近灾难的原因是，它们一直在使用高风险的衍生品策略来提振回报，而这些策略在美联储突然加息引发的尾部事件中失败了。

虽然一些投资经理可能会加大隐瞒的“尾部”风险，看起来好像他们正在产生阿尔法，但其他人知道，对于其投资组合的更可观察到的投资或策略，模仿竞争对手的投资策略是安全的。毕竟，当所有人都业绩不佳时，又有谁会被解雇呢？换句话说，即使他们怀疑金融资产被高估，他们也知道如果随大流，其业绩不佳将会得到原谅。

这种羊群行为——希望不落后于同行可观察到的策略——可能激励了许多欧洲保险公司，它们在 20 世纪 90 年代末金融危机前夕进军股市。这可能推动了养老基金和保险公司如今投资大宗商品或对冲基金。

在资产价格暴涨期间，如果投资经理愿意承担资产价格突然恢复基本面的低概率“尾部”风险，而且知道他们的许多同行也在承担这种风险，进而放心地认为，即使资产价格由涨转跌，他们的业绩也不会太差，承担“尾部”风险和羊群行为的现象会相互强化。

寻求风险

流动性充足的时代不仅会诱使投资经理寻求非流动性、“尾部”风险以及羊群效应，而且因为流动性充足时代也是低利率时代，所以它们还可能引发更常见的风险寻求行为。例如，当一家保险公司向保费持有人承诺6%的回报率，而通常与之匹配的长期债券收益率为4%时，如果它认为低利率可能持续下去，或者担心季度性回报考核，它就别无选择，只能直接承担风险，或通过投资对冲基金等另类资产承担风险。同样，当无风险回报较低时，具有明确长期义务的养老基金将更有动力通过额外风险来提高回报。所有形式的风险溢价都被这种对收益和风险的追求压低。

让我来总结一下。我们正在经历一种普遍现象，即生产率增长迅速，但相对于意愿储蓄的投资偏低，这压低了利率，推高了资产价格。由于流动性充足，投资经理在寻找收益时降低了风险溢价。为了产生阿尔法，许多投资经理可能会承担贝塔风险，甚至低估它。当然，在一段时间内，低利率和充足的信贷渠道将导致低违约率，这似乎证明低风险溢价是合理的。随着资本的洪流漫遍全球，全球资产价格不断上涨，对收益和流动性不足的追求没有国界。正如法国人所说，“只要它持续！”

后果

那么，这会出什么问题呢？我们希望的情形是实体部门“软”着陆，温和地扭转那些导致当前实体经济失衡的因素——例如，非工业化经济体的内需回升，欧洲和日本增长复苏，同时美国的金融紧缩政策减缓了消费。当意愿储蓄和投资之间达到更好的平衡时，利率缓慢上升，信贷变得不那么容易（在央行紧缩政策的帮助下），非流动性寻求和风险寻求温和地逆转，大规模崩盘不会出现。

当然，如果这一切发生得更突然，后果可能更糟糕。如果银行业受到影响，问题将最为严重。银行通过制造风险和承担风险来获得回报。由于那些不需要管理或相对容易评估的风险可以从银行资产负债表转移到投资经理的资产负债表上，银行就有动力创造更多的风险。因此，它们将倾向于满足而非抑制风险偏好。然而，银行不能出售所有风险。它们经常必须承担其自身制造的风险中最复杂、最难管理和最不稳定的部分。因此，尽管银行资产负债表上的一些风险已经转移，但被重新填满了更复杂的新风险。事实上，这些数据表明，尽管金融市场在不断深化，但银行可能并不比过去更安全。此外，它们现在承担的风险只是它们制造的风险的冰山一角（但可能是最不稳定的）。

或许更重要的问题是，银行能否向金融市场提供流动性，以便在“尾部”风险真的出现时，能够平仓并分担损失，从而将实体经济受到的影响降至最低。过去的事件表明，银行成功地扮演了这一角色。然而，不能保证它们将继续发挥作用。特别是，银行过去能够提供流动性，部分原因是它们健康的资产负债表使它们能够吸引市场上可用的闲置流动性。但如今的银行还需要流动性强的市场来对冲它们创造复杂产品或提供担保带来的一些风险。它们对市场流动性的更大依赖，可能让其资产负债表在危机时期变得更加可疑，使它们无法像过去那样提供流动性保证。

即使银行系统是安全的，立法者和监管者也必须关注金融系统的其他部分，在美国，80% 的价值是由银行系统之外的金融部门创造的。非银行金融部门越来越成为经济活动的中心，而不仅仅是资产的被动持有者。此外，保险公司和对冲基金等一些非银行机构也面临挤兑。但最重要的是，金融稳定的风险总是与政治风险交织在一起。

让我解释一下最后一个问题。首先，公众的资金被投资于一些风险较大的企业，这一事实在一些信息披露中展露无遗，这些披露显示，很多美国的州养老基金将资金投资于类似 Amaranth 这样有风险的对冲基金。如若经过谨慎考虑，这种另类投资的多样化就可以成为全面投资战略的一个宝贵组成部分。问题是，它经常以羊群行为的形式出现。而在游戏后期，也即在落后的养老基金经理看到能源领域的巨大回报，或者从更有能力或更幸运的竞争对手的信用衍生品中获利之后，他们面临进入该领域的压力。只有业绩良好的对冲基金或大宗商品基金停止投资时，当周期接近峰值而非低谷时，他们才会这么做。无数没有经验的新对冲基金或大宗商品基金的成立，正是为了利用养老基金或保险基金经理扭曲的激励。到目前为止，孤立的失败所造成的损失已经在多样化的投资组合中被冲走，而公众并没有注意到这一点。这种情况会一直持续下去吗？

在欧洲，我们已经尝到了潜在后果的滋味：就在阿根廷债券或帕玛拉特（Parmalat）这些实体违约之前，养老金领取者曾被不恰当地建议投资阿根廷债券或帕玛拉特，他们要求获得赔偿。违约是孤立的，因此后果是可控的。更普遍的衰退是否会导致对金融市场更广泛的反感？过去几年被吸引到金融市场的投资者从未经历过低迷，那么新兴市场又如何呢？

其次，对冲基金和私募基金等投资经理收取的费用不能不引起嫉妒。令人惊讶的是，尽管公众对首席执行官的薪酬很不满，却很少对投资经理的薪酬表示不满，尽管芝加哥大学的史蒂夫·卡普兰（Steve Kaplan）和约书亚·劳（Joshua Rauh）在2006年题为“华尔街和普罗大众：什么贡献了最高收入的增长？”的工作论文中指出，投资经理的薪酬增幅可能已经超过了首席执行官的薪酬增幅。我的感觉是，公众持有一种信念，即许多投资经理正在遵循复杂的投资策略——换句话说，他们正在创造阿尔法，并为他们的才能赚取回报——因此，他们的薪酬没有受到质疑。

然而，对长期资本管理公司（LTCM）等倒闭基金的调查似乎并没有显示出非常复杂的策略——实际上，更多的是贝塔而非阿尔法。尽管在研究失败的基金时存在选择偏差（它们的贝塔系数可能更高），但拥有简单策略的大型基金也有可能是通过一系列幸运的带来了回报的押注而达到这一规模的。因此，这些基金的经理将大赚其钱，并未能意识到他们只是在拿别人的钱赌博。巨额亏损、“贪婪”的经理和愤怒的公众——这是揭发丑闻的政客建立职业生涯的完美场景。监管方面的障碍可能会对增加价值的投资经理以及整个金融业造成不利影响。

再次，政治问题日益凸显，虽然公众清楚地知道银行贷款如何使实体经济或普通人受益，但是不太清楚投资经理如何分散和分担风险，改善治理，或通过他的交易揭示信息，对社会有所裨益。我们经济学家知道这些职能在经济中非常重要，但它们在政治上并不那么容易兜售。

最后，由于资本已跨越国界，未来任何突然的紧缩不仅会给资本流入国带来痛苦，而且还会产生外国政治压力，企图阻碍资本的自由流动。

现在我来总结一下。从许多方面来说，过去几年是世界经济的最佳时期。金融业做出了巨大贡献。然而，当前的形势导致了一些值得重新审视的做法。我尤其担心的是，薪酬结构是否给予人们太多冒险的动机，以及薪酬是否与业绩充分挂钩。虽然有人声称，金融部门的效率越来越高，它正在创造越来越多的价值，但这个部门的真正增加值是很难观察到的。金融业的高薪、可疑做法和难以观察的增加值，在政治上是脆弱的。在经济低迷时期，即使金融体系不存在系统性风险——例如，即使所有损失都由养老基金等资产的稳定被动持有者承担——政治体系的反应也可能产生系统性后果。为了避免可能出现过度政治反应的危险，我刚才提到的问题必须由金融部门本身加以讨论，并在必要和可能的情况下做出调整。如果金融业的炽热火花引发了一场大火，摧毁金融业在过去几十年取得的真正收益，那将是一件憾事。的确，历史经验告诉我们要谨慎行事。

三

2009 年 4 月 15 日，当监管机构开始研究如何确保金融危机后的金融体系更加安全时，我在圣路易斯联邦储备银行组织的荷马·琼斯（Homer Jones）讲座上发表了演讲。下文就是我的演讲。[我感谢路易吉·津加莱斯（Luigi Zingales）的有益讨论，包括本次演讲中的一些想法。]

信贷危机和平抑周期的监管

对造成这场危机的直接原因，有以下一些共识：（i）金融部门通过发行新奇的金融工具，将资源错配给房地产；（ii）这些工具中有很大一部分直接或间接地进入商业银行和投资银行的资产负债表；（iii）这些投资主要由短期债务提供资金；（iv）这种组合是强有力的，并在 2007 年开始崩盘。在这些方面，人们有着广泛的共识。但是让我们再深入一点。

某种程度上，这是一场源自以往金融危机的危机。20 世纪 90 年代末，一波危机席卷了新兴市场：东亚经济体崩溃，俄罗斯违约，阿根廷、巴西和土耳其面临严重压力。为了应对这些问题，新兴市场对于从国外借款满足国内需求变得极为谨慎。它们的企业、政府和家庭削减了投资，减少了消费。

从世界其他地区的金融资本净吸纳量来看，其中一些国家成为金融资本的净出口国。与德国和日本等惯常出口国的储蓄相结合，伯南克主席称之为全球储蓄过剩。

显然，在世界某个地区产生的净财政储蓄必须被其他地区的赤字吸收。工业化国家的公司最初通过扩大投资，特别是在信息技术方面的投资，吸收了这些储蓄。但事实证明，这是不可持续的，在信息技术泡沫破裂后，投资大幅减少。

以美联储为首的世界各国央行实施了极度宽松的货币政策，这确保了世界不会陷入深度衰退。相反，一些国家的低利率刺激了汽车和住房等对利率敏感行业的需求。房价开始上涨，房地产投资也开始上涨。

就价格上升而言，美国绝不是最高的。例如，在爱尔兰、西班牙、荷兰、英国和新西兰，房价相对于租金或收入的价值更高。那么，为什么危机首先出现在美国呢？或许是因为美国在金融创新方面走得更远，从而吸引了更多具有边际信贷质量的买家进入这个市场！

国际投资者很难直接持有住房抵押贷款，因为它需要服务，信贷质量不确定，而且很容易违约。证券化解决了其中一些问题。如果将住房抵押贷款与其他领域的抵押贷款打包，多元化将降低风险。此外，基于抵押贷款包的风险最高的债权可以出售给那些有能力评估这些债权并愿意承担风险的人，而最安全的 AAA 级债权可以由国际投资者持有。

事实上，由于国际投资者对 AAA 级债券的需求，证券化开始集中于从基础抵押贷款包中挤出最高的 AAA 级债券；针对初始抵押贷款包发行的质量较低的证券，又与其他资产包中的类似证券以及由这种“债务抵押债券”发行的一系列新证券（包括大量 AAA 级证券）打包在一起。

“贷款证券化”过程产生了意想不到的后果，弱化了贷款发放机构的尽职调查。当然，贷款人不能完全忽视借款人的真实品质，因为他们要为最初的违约负责，但由于房价在这段时间内稳步上涨，甚至连这种纪律约束的源头也被削弱了。如果买家无法支付按最初较低的抵押贷款诱惑利率所需支付的名义偿付额，贷款人就可以收回房屋，在火热的市场上迅速出售，并通过房价上涨收回损失。在流动性强的房地产市场，只要买家草草签一份贷款合同，她就能拥有房产。

通过对原始抵押贷款组合的反复证券化，形成了非常复杂的证券。在房价上涨、违约很少的情况下，这些证券的估值问题并不明显。但随着房价停止上涨，违约开始增多，这些证券的估值变得非常复杂。

房地产繁荣时期出现不良投资并不完全令人意外。令人惊讶的是，这些复杂证券的始作俑者，那些本应理解抵押贷款潜在质量恶化的金融机构，却在自己的投资组合中持有如此之多的抵押贷款支持证券（MBS）。香肠制造商知道香肠里有什么，为什么要保留这么多香肠供个人食用？

对此的解释必定是，尽管存在风险，但银行中至少有一个部门认为这些证券是有价值的投资。投资抵押贷款支持证券似乎是过度承担风险文化的一部分，这种文化已经裹挟了银行。造成这种文化的一个关键因素是，在很短的时间内，特别是在新产品的情形中，要判断财务经理是否产生真正经风险调整后的超额收益，抑或目前的收益只是简单地补偿尚未表现出来但最终会实现的风险，是非常困难的。这可能导致企业高层和内部承担过多的风险。

例如，首席执行官的业绩部分是根据他们相对于同行的收入来评估的。从某种程度上说，一些主要银行能够产生合理的高回报，就会给其他银行带来追赶的压力。为了提高各种可观察到的业绩衡量标准，各家跟风银行的老板最终可能过度承担风险。

事实上，即使经理认识到这类策略并不是真正的价值创造，但想要推高股价和个人声誉的愿望，仍可能使其成为对他们最有吸引力的选择。坊间证据显示，高管层确实面临这种压力，或许最知名的就是花旗集团董事长恰克·普林斯（Chuck Prince）在描述该行为何在风险不断上升的情况下继续进行融资收购时曾说过的一句的话："当音乐停止时，流动性方面的事情将变得复杂。但是，只要音乐还在播放，你就得站起来跳舞。我们仍在跳舞。"（《金融时报》，2007年7月9日）

即使最高管理层希望实现银行长期价值的最大化，也可能发现很难建立激励机制和控制体系，引导分支机构朝这个方向发展。考虑到人才的竞争，交易员必须根据业绩获得丰厚的报酬。但是，许多薪酬方案针对的是经风险调整后的短期业绩。这给了交易员承担风险的动机，而金融体系并没有系统地认识到这种风险承担，因此他们就可以产生似乎源自其卓越能力的收入，尽管这实际上只是一种市场风险溢价。

此类行为的典型案例是，为违约等不常见事件承保，承担所谓的"尾部"风险。如果一名交易员获准以全部保险费作为收入来提高其奖金，而不是留出相当一部分作为最终支付的准备金，她就会有过度的激励从事这类交易。

实际上，购买AAA级抵押贷款支持证券的交易员获得了这些工具相对于AAA级公司证券的额外利差（利差即保险费），同时忽略了这些未经测试的证券带来的额外违约风险。

美国国际集团金融产品部门的交易员把这一切发挥到了极致，他们发行了信用违约互换，将保险费作为奖金收入囊中，但没有费心留出准备金，以防掉期覆盖的债券真正违约。

这并不是说金融机构的风险管理人员不知道这些激励措施。然而，他们可能无法完全控制这些风险，因为“尾部”风险本质上是罕见的，所以在风险发生之前很难精确量化。虽然金融机构可以尝试对承担最大风险的交易员的活动施加严厉的限制，但这些交易员可能已经带来了极其丰厚的利润（在风险真正发生之前），因此，行动正在承受利润压力的最高管理层不太可能接受这种限制性的行动。

最后，所有这些摇摇欲坠的资产都是用短期债务融资的。这是因为在经济繁荣时期，短期债务相对于长期资本似乎相对便宜，而市场愿意提供短期债务，因为流动性不足的成本似乎很遥远。市场似乎倾向于一种严重依赖短期杠杆的银行资本结构。然而，在经济低迷时期，流动性不足的成本更为突出，而厌恶风险（以及蒙受损失）的银行家不太可能承担过高的风险。于是，市场推动了一种重资本负担的资本结构。

由于银行持有大量抵押贷款支持证券，以及持有对私募股权的贷款（其资本结构严重依赖短期债务）等高风险贷款，这场危机一定程度上是不可避免的。随着房价停止上涨，甚至开始下跌，抵押贷款违约开始增加。抵押贷款支持证券的价值下降，定价变得更加困难，价格变得更不稳定。即使短期贷款也变得难以抵押。银行变得缺乏流动性，最终资不抵债。只有强有力的干预才维持了金融体系不倒，尽管市场似乎认为最糟糕的时期已经过去，但脱困可能还为时过早。

谁应该为金融危机负责？正如上述讨论表明的那样，有许多嫌疑人：资本输出国仍然不明白它们的节俭对其他国家来说是一种负担，而不是福祉；近年来很多开支无度的美国家庭；过度准备干预以防止短期痛苦的货币和财政部门，它们只是将问题推迟到未来；把经济上行收益占为己有而把下行风险留给纳税人的银行家；为了扩大票仓让那些负担不起的人购买自有住房的政客；在繁荣时期容忍高杠杆而在萧条时变得厌恶风险的市场……

嫌疑人很多，指责也很多。但如果这一切都是罪魁祸首，我们难道不应该承认，它们都有一个心甘情愿的帮凶——繁荣带来的过度兴奋。毕竟，谁愿意和稳定以及经济上行期的繁荣与增长作对呢？

内部风险管理人员曾一再指出那些在经济上行期间没有发生的风险，但几乎没什么人相信，也没什么影响力。反向投资者也很难做空繁荣，正如凯恩斯所言，市场非理性的时间可能长于投资者保持偿付能力的时间。政客有动力驾驭经济繁荣，实际上是通过银行家寻求的放松管制来助长繁荣。毕竟，银行家不仅有钱影响立法，还拥有繁荣赋予的道德权威。

那么监管机构呢？当所有人都支持经济繁荣时，监管机构怎么能反对呢？他们只能合理化地解释为什么技术上不可能阻止繁荣。因此，每个人都是这场危机的同谋，最终，他们都受到周期性乐观情绪的推波助澜。除非我们认识到这一点，否则下一场危机将难以避免。

我们通常是在经济繁荣破灭时才实施监管，（尤其是）因为那时正直的政客感到有必要采取行动，银行家脆弱的资产负债表和生动的记忆使他们规避任何风险，监管者因公众对过去放松监管的不满而变得强硬。

但是我们错误地认为受监管者及其所处的市场是静态和被动的，监管环境不会随着周期的变化而变化，改革就是在这样的错觉下推进的。具有讽刺意味的是，在周期的底部，人们对严厉监管的信心最强，而在这个时候，市场参与者几乎不需要受到监管。相比之下，认为市场会自行解决问题的误解，在周期的顶部、也是对整个体系构成最大威胁的时候最为普遍。我们需要认识到这些差异，并制定不受周期左右的监管，因为逆周期的监管是不容易立足的。

考虑忽略这一点的危险。最近的报告提出了“逆周期”资本要求，即在经济景气时大幅提高银行资本要求，而在经济不景气时允许银行资本要求有所下降。虽然表面上看这些建议是明智的，但实际效果可能远不如预期。

要知道为什么，我们要认识到在繁荣时期，市场对金融中介机构的资本要求很低，部分原因是乐观情绪让亏损看起来遥不可及。因此，当受到监管的金融中介机构被迫持有比市场所需成本更高的资本时，它们就有动机将活动转移到不受监管的中介机构，就像银行在当前危机期间设立特殊目的机构和通道那样。即使监管机构得到加强，能够发现并阻止这种活动的转移，银行也可以通过承担监管机构没有看到的风险，破坏资本金要求，或者不充分遵守资本要求。

在萧条时期降低资本要求的尝试同样令人担忧。厌恶风险的市场希望银行持有比监管机构要求多得多的资本，这种意愿自然会占上风。

甚至资本要求本身也可能无法对周期免疫。一旦对当前危机的记忆消退，一旦意识形态周期转向，就会有巨大的政治压力要求放宽资本要求或放宽资本要求的执行力。

为了有更好的机会在整个周期创造稳定，即不受周期影响，新监管应该是全面的、视情况而定且有成本效益的。全面适用于所有杠杆化金融机构的监管，不太可能在繁荣时期鼓励金融活动从受到严监管的机构转移到受到宽监管的机构，这种转移是不稳定的来源，因为在经济低迷时期，金融活动又有可能重新转移至受到严格监管的金融机构。

监管也应该是视情况而定的，这样在私营部门最有可能危害自身的时候，监管的力度可以最大，而在其他时候则可以略为放松。

这将使监管更具成本效益，从而降低套利或稀释的可能性。

考虑一些此类监管的例子。首先，与其要求金融机构筹集永久性资本，不如让它们在金融机构或金融体系陷入困境时安排注资。由于这些“或有资本”安排将在景气时期（经济低迷的可能性似乎很遥远）签订合同，因此它们将相对便宜（与在衰退期间筹集新资本相比），也更容易执行。同时，由于注资被视为不太可能，企业不能以未来的资本为后盾，有意增加风险。最后，由于注资是在真正需要资本的糟糕时期进行的，它们在意外情况真的发生时保护了金融体系和纳税人。

或有资本的一种形式是银行发行债券，当满足两个条件时，债券将自动转换为股权。首先，无论是基于监管机构的评估，还是基于客观指标，整个金融体系都处于危机之中；其次，银行的资本充足率低于某一特定值。第一个条件确保那些由于自身特有的错误而非金属体系陷入困境而表现糟糕的银行，无法避免债务带来的惩戒效应。第二个条件奖励资金充足的银行，让它们避免了被迫债转股（债务转换股票的数量将被设置在一个大幅稀释老股票价值的水平上），同时也使那些预期到损失的银行有激励及时筹集新股本。

或有资本的另一种形式是，要求具有系统重要性的杠杆化金融机构购买完全担保的保单（从无杠杆机构、外国人或政府那里购买），当金融体系陷入困境时，这些保单将向这些金融机构注入资本。

这是一种可行的方法。例如，大型银行可以向主权财富基金发行资本保险债券。它将把发行收入投资于美国国债，然后将国债存入道富银行（State Street Bank）的一个托管账户。每个季度，大型银行都会将预先商定的保险费（资本保险债券发行时签订的合同），连同托管账户中持有的国债累积利息，一起支付给主权基金。

如果银行系统的总损失超过了预先设定的数额，大型银行将开始从托管账户获得一笔资金，以充实其资本。这家主权财富基金现在将面临其投资本金的损失，但平均而言，它将得到保险费的补偿。

接下来考虑针对“大而不倒”金融机构的监管。在经济高速增长时，监管者限制这些大机构的规模和活动将变得非常困难，从而增强了稀释它们的激励。或许，更周期性的可持续监管，使这些机构更容易倒闭。如果要求具有系统重要性的金融机构制订一份计划，使它们能够在一个周末内得到处置，那该怎么办？这种“搁置破产”（Shelf Bankruptcy）计划将要求银行更好地利用技术，更仔细、更及时地跟踪和记录其风险敞口。该计划需要定期接受监管机构的压力测试，并得到授权立法（enabling legislation）的支持，例如推动金融机构有序地将其互换账簿（swap books）转移给预先承诺的合作伙伴。制订计划的需要不仅会激励这些机构减少不必要的复杂性，改善管理，而且在繁荣时期也不会变成更大的拖累，甚至可能迫使管理层在这种时候考虑不可想象的事情。

让我来做个总结。危机为我们提供了实施改革的难得机会——浪费这种机会是可怕的。我们将面临过度监管的诱惑，就像我们过去所做的那样。这就产生了它自己的反常动态。

因为一旦经济开始复苏，我们就会开始消除毫无意义的监管，我们会发现放松监管增加了如此多的经济价值，以至于进一步强化了放松监管的阵营。然而，最终，放松监管的势头导致我们消除了监管的肌肉，而不是脂肪。或许，与其疯狂地在过多监管和过少监管之间摇摆不定，还不如考虑一下不受周期左右的监管。

后记：这些想法（我不能主张原创性，因为它们还在酝酿之中）作为或有可转换债券（CoCos）和生前遗嘱，进入了危机后的监管领域。

四

2012 年，我在《外交事务》（*Foreign Affairs*）杂志上发表了一篇较长的文章，总结了我对危机前债务积累的原因和危机后复苏措施的看法。

大衰退的真实教训

按照对全球经济衰退的传统解释，西方的增长已经停止，因为需求已经崩溃，这是危机前积累的巨额债务的牺牲品。

家庭和国家之所以不支出，是因为它们无法借到资金来这样做，而恢复经济增长的最佳途径，是找到让资金重新流动的方法。那些仍有能力的政府应该积累更大的赤字，央行应该进一步压低利率，鼓励节俭的家庭购买而不是储蓄。一旦经济再次复苏，领导人应该担心积累的债务。

这种论调——为应对债务危机而修正的标准凯恩斯主义路线——是大多数西方官员、央行官员和华尔街经济学家如今认同的观点。随着美国显现复苏的迹象，凯恩斯主义专家迅速宣称他们的政策取得了成功，并指出欧洲正在出现的衰退证明了政府紧缩政策的愚蠢。但很难将复苏（或缺乏复苏）与具体的政策干预联系起来。直到最近，这些专家还在抱怨美国的经济刺激计划规模太小。因此，即使经济复苏尚未实现，他们也可以说，我们告诉过你们要做得更多。欧洲的巨额财政赤字以及欧洲央行大幅增加对银行的贷款，表明欧洲的经济增长之所以仍然脆弱，并不是因为缺乏政府刺激。

事实上，今天的经济问题不仅是需求不足的结果，而且是供给侧扭曲的结果。在2008年金融危机之前的数十年里，发达经济体失去了通过制造有用产品实现增长的能力。但是它们需要以某种方式取代那些由于技术和外国竞争而失去的工作岗位，并为其老龄化的人口支付养老金和医疗保险。因此，为了提振经济增长，政府支出超出了自己的承受能力，并推出了宽松的信贷政策，让家庭也这么做。事实证明，这些国家依靠借贷实现的增长是不可持续的。各国政府需要解决其经济中的潜在缺陷，而不是试图回到危机前人为夸大的GDP数字。在美国，这意味着对落后的工人进行教育或再培训，鼓励创业和创新，利用金融部门的力量做有益的事，同时防止其偏离轨道。相比之下，在南欧，这意味着取消保护企业和工人不受竞争影响的各种规定，并缩减政府在一些领域的存在，在此过程中消除不必要的、低效的工作岗位。

轻松增长的终结

要理解什么将有助于恢复可持续增长，什么不会有助于恢复可持续增长，我们不妨看一看过去60年经济史的缩略图。20世纪五六十年代是西方和日本经济迅速扩张的时期。支撑这一长期繁荣的因素有几个：战后重建、20世纪30年代保护主义后贸易的复苏、受过更多教育的劳动力，以及电力等技术的更广泛使用和内部消费引擎等。但正如经济学家泰勒·考恩（Tyler Cowen）所言，一旦这些唾手可得的果实被摘取，保持经济活力就要困难得多。20世纪70年代初，快速增长的时代戛然而止。当时，欧佩克（OPEC）国家意识到其集体谈判能力的价值，推高了油价。

随着经济增长放缓，政府支出激增。在20世纪60年代的繁荣时期，民主政府迅速扩大了福利国家的范围。但是，这意味着当失业率随后上升时，即使在税收减少的情况下，政府为失业者提供福利的支出也会增加。有一段时间，各国央行通过扩张性货币政策来调节这种支出。然而，这导致了20世纪70年代的高通胀，而油价上涨又加剧了高通胀。这种通货膨胀虽然降低了政府债务的实际价值，但并没有促进经济增长。相反，滞胀削弱了大多数经济学家和决策者对凯恩斯主义刺激政策的信心。

随后，各国央行改变了路线，将稳定的低通胀作为首要目标。但各国政府继续进行赤字支出，从20世纪70年代末开始，工业化国家的公共债务占GDP的比例稳步攀升，但这一次没有通胀来降低其实际价值。华盛顿认识到有必要寻找新的增长来源，随着吉米·卡特总统的任期即将结束，罗纳德·里根总统开始执政，航空、电力、货运和金融等行业受到的管制得以放松。英国首相玛格丽特·撒切尔也是如此。最终，生产力开始提高。

当美国和英国以疯狂的放松管制来应对20世纪70年代的经济衰退时，欧洲大陆却进行了更多的表面化改革。欧盟委员会推动包括金融业在内的多个行业放松监管，但这些措施是有限的，尤其是在引入竞争和取消慷慨的工人保护方面。或许正因为如此，虽然美国的生产率增长从20世纪90年代中期开始再次起飞，但在欧洲大陆，尤其是在较为贫穷、改革意识不强的南部外围国家，生产率增长却停滞不前。1999年，当欧元被引进时，意大利的失业率为11%，希腊为12%，西班牙则是16%。由此造成的国库枯竭使得政府难以为未来的医疗保健和养老金开支而储蓄，而快速老龄化的人口使这些承诺变得更加沉重。

在推行改革的国家，放松管制并不是一件好事。它确实促进了企业家精神和创新，增强了竞争，并迫使现有的公司注重效率，所有这些都给消费者提供了更便宜更好的产品。但它也带来了收入不平等加剧的意外后果，造成了政府基本上无法解决的收入差距，大体上，政府应对的方法，不是让他们的劳动力为知识经济做好准备，而是让他们获得廉价信贷。

打破现状

对美国这个世界最大的经济体来说，放松管制的效果好坏参半。在过去的几十年里，它引发的竞争扩大了贫富之间的收入差距，使得普通美国人更难找到一份稳定、收入丰厚、福利优厚的工作。但这种竞争也导致了廉价消费品的泛滥，这意味着人们现在获得的任何实际收入比以往任何时候都要高。

在战后监管严格、竞争有限的时代，美国的老牌企业已经变得臃肿而快乐，享受着巨大的准垄断利润。他们与股东和工人分享这些收益。对银行来说，这是一个“3–6–3”模式的时代：以 3% 的利率借款，以 6% 的利率放贷，下午 3 点去高尔夫球场。银行是盈利的、安全的、无趣的，而代价由储户承担，他们偶尔会得到烤面包机，而不是市场利率。工会努力争取收入高、福利好的工作，企业也乐于为这些工作提供便利，以确保劳资和平，毕竟，有大量的利润可供分享。

在 20 世纪八九十年代，管制和贸易壁垒的废除结束了这种安逸的生活。拥有更好产品的新企业家向行动较慢的竞争者发起了挑战，消费品的种类和质量得到了根本改善，这很大程度上改善了人们的生活。通过互联网连接的个人电脑让用户可以娱乐、查询信息和购物，手机让人们可以与朋友（和老板）保持经常联系。与此同时，海运集装箱使外国小型制造商能够迅速将产品运往遥远的消费者手中。相对于收入，棉质衬衫和黄桃罐头前所未有地便宜。

在普通消费者购买力增长的同时，华尔街的支出也在增长。由于公司利润面临压力，它们开始更多地创新，承担更大的风险，而这样做需要有能力的金融家了解这些风险，准确定价，合理分配。银行业不再枯燥；事实上，它成为经济的指挥中心，在这里为一家公司的扩张提供资金，在那里让另一家公司破产。

与此同时，最好的公司变得更加任人唯贤，它们为吸引顶尖人才付出了更多。1976 年，美国最富有的 1% 家庭只获得了总收入的 8.9%，但到 2007 年，这一比例已升至近 25%。与 1980 年的高管相比，2001 年的美国企业领导者更年轻，更有可能是女性，拥有常春藤联盟学位的可能性更小（尽管他们拥有更高的学位）。加入正确的乡村俱乐部进入高层不再那么重要；重要的是要受过良好的教育，有合理的技能。

人们很容易将不断扩大的收入差距归咎于扭曲的企业激励和误导性的税收政策，但这两种解释都不充分。如果像一些人声称的那样，高管薪酬的上涨仅仅是糟糕的公司治理的结果，那么医生、律师和学者的薪酬涨幅也不会像近年来那么大。尽管在小布什（George W. Bush）总统任期内，最高税率确实降低了，但这些减税措施也不是不平等的主要原因，因为税前收入的不平等也在加剧。这并不是说所有的高薪都是应得的，因为我们不难发现，温和的董事会给表现不佳的首席执行官开出过高的薪酬，但多数只是反映了在竞争激烈的世界中技能的价值。

事实上，自 20 世纪 80 年代以来，随着日常工作的自动化或外包，不仅首席执行官与社会其他阶层的收入差距扩大，整个经济领域的收入差距也在扩大。在技术和资本的帮助下，一位技能工人可以取代许多非技能工人。不妨这样想：当工厂使用机械车床时，受过大学教育的乔和受过高中教育的莫伊没有什么不同，收入也差不多。但当工厂升级到电脑化车床时，不仅乔更有用，莫伊也不再被需要了。

并非所有低技能工作都消失了。出租车驾驶、美发或园艺等低薪、难以自动化或外包的非常规服务工作仍然很多。因此，美国的劳动力已经分化为低薪和不需要什么技能的职业，以及需要创造力和资历的高薪职业。需要中等技能和提供良好福利的舒适的常规工作已经消失，下岗工人不得不要么提高技能，要么从事报酬较低的服务工作。

不幸的是，由于各种各样的原因，如早期教育不足、家庭和社区功能失调、大学教育成本高昂等，太多的美国人没有得到他们所需要的教育或技能。另一些人则把太多时间花在汽车制造业等萎缩行业，而不是在医疗技术等新兴行业获取技能。正如经济学家克劳迪娅·戈尔丁（Claudia Goldin）和劳伦斯·卡茨（Lawrence Katz）所言，在过去几十年美国“技术与教育之间的竞争”中，教育已经落后。

随着美国人技能的落后，受过良好教育的人和受过中等教育的人之间的工资差距进一步扩大。自20世纪80年代初以来，收入最高的10%人群（通常拥有大学学位）与中等收入人群（大多数人只有高中文凭）之间的收入差距一直在稳步扩大。相比之下，中等收入人群与底层10%人群之间的收入差距几乎没有变化。顶部远离中间，中间与底部融合。

统计数据令人担忧。在美国，年龄在25~54岁且没有高中文凭的人群中，有35%没有工作，高中辍学生失业的可能性是大学毕业生的3倍。更重要的是，年龄在25~34岁的美国人获得学位的可能性小于年龄在 45～54 岁的美国人，尽管学位在劳动力市场上变得更有价值。然而，最令人不安的是，近年来，富裕家庭的孩子获得大学学位的可能性比过去类似家庭的孩子大得多，而贫困家庭的孩子的大学毕业率一直很低。教育差距导致的收入差距正变得根深蒂固。

政客的反应

在金融危机爆发前的几年里，美国中产阶级每天面临的现实是工资增长停滞不前，工作的稳定性逐年下降，但中上层阶级和非常富有的人变得更加富有。高薪、低技能、高福利的工作越来越难找，或许政府部门的工作除外。

美国的政客并没有从根本上解决这一趋势背后的原因，而是选择诉诸简单方案。他们的反应也许是可以理解的；毕竟，要迅速提高工人的技能是不容易的。但由此产生的修复措施弊大于利。政客寻求刺激消费，寄希望于如果中产阶级选民觉得他们能赶上更富裕的邻居，如果他们能负担得起每隔几年的新车和偶尔的异国度假，可能就不太注意工资没有增长这一事实。一个简单的方法就是增加公众获得信贷的机会。

因此，从 20 世纪 90 年代初开始，美国领导人鼓励金融业向家庭，特别是中低收入家庭发放更多贷款。1992 年，国会通过了《联邦住房企业金融安全与稳健法案》（Federal Housing Enterprises Financial Safety and Soundness Act），部分动机是为了加强对发放私人抵押贷款的大型机构房利美（Fannie Mae）和房地美（Freddie Mac）的控制，另一部分动机是为了促进低收入群体买得起房。

这些政策推动大量资金流向了中低收入家庭，并提高了他们的支出——以至于在危机爆发前的几年里，消费不平等的上升幅度远远小于收入不平等的上升幅度。这些政策在政治上也很受欢迎。与扩张的政府福利转移支付不同的是，几乎没有团体反对将信贷资源拓展到中下收入阶层：至少想要更高增长的政客和快乐的选民不会反对，受益于抵押贷款费用的银行家和经纪人不会反对，几乎没有钱而现在可以买他们梦想房子的借款人不会反对，那些认为房地产市场崩盘时能够收拾残局的自由放任的银行监管者也不会反对。尽管看上去有些愤世嫉俗，但连续几届政府都无法或不愿直接解决经济中更深层次的问题或中产阶级的焦虑，因而将宽松的信贷作为一种权宜之计。

美联储助长了这些短视的政策。2001 年，为了应对互联网泡沫的破灭，美联储将短期利率大幅下调。尽管那些本应受到刺激的过度扩张的企业对投资不感兴趣，但人为压低的利率对住房和金融等依赖债务的经济领域起到了巨大的补贴作用。这导致了住房建设（以及相关服务，如房地产经纪和抵押贷款）的扩张，创造了就业机会，尤其是为非技术人员。激进的经济学家对这一过程表示欢迎，他们认为，房地产繁荣将推动经济走出低迷。但事实证明，美联储支持的泡沫是不可持续的。许多建筑工人失去了工作，现在陷入了比以前更大的麻烦，他们还借了钱去购买原本负担不起的房子。

银行家显然应该为这场危机承担大部分责任。金融业的一些活动即便不是彻头彻尾的犯罪，也明显是掠夺性的。但不能忽视由政治因素导致的信贷扩张发挥的作用；这通常是金融冒险的制衡机制崩溃的主要原因。

在美国之外，其他国家政府对 20 世纪 90 年代经济增长放缓的反应则有所不同。一些国家专注于提高自身竞争力。例如，财政保守的德国在减少工人保护的同时，也减少了失业救济。随着生产率的提高，工资增长缓慢，德国成为世界上最具竞争力的制造业国家之一。但其他一些欧洲国家，如希腊和意大利，几乎没有改革的动力，因为在它们加入欧元区后，宽松信贷的流入保持了经济增长，并帮助降低了失业率。希腊政府举债创造了效率低下的高收入政府工作岗位，失业率大幅下降。但最终，希腊无法再借款，其 GDP 也在快速萎缩。并非所有陷入困境的欧洲国家都依赖于联邦借贷和支出。在西班牙，建筑业的繁荣和地方政府支出相结合创造了就业机会。在爱尔兰，主要是房地产泡沫起了作用。无论如何，共同的主线便是债务推动的增长不可持续。

我们能做些什么？

由于危机前的增长从根本上被扭曲了，很难想象政府能够迅速恢复需求，或者说，很难想象这样做就足以让全球经济重回正轨。维持现状不是好的出路，因为臃肿的金融、住宅建设和政府部门需要收缩，工人需要转向生产率更高的工作。摆脱危机的方法不可能是更多的借贷和支出，尤其是如果这些支出不能创造出持久的资产，帮助后代偿还他们将要背负的债务。相反，最佳的短期政策应对是关注长期可持续增长。

希腊、意大利和西班牙等无法承受更高赤字的国家应该缩小政府规模，改善其税收。它们必须允许更自由地进入会计、法律和制药等行业，同时让交通运输等行业面临更多竞争，它们还应该减少就业保护。这些举措将为失业的政府工作人员和失业的年轻人创造更多私营部门的就业机会。财政紧缩并非没有痛苦，可能会在短期内影响经济增长。随着时间的推移逐步推进改革会好得多，但恰恰是因为政府没有在经济繁荣时期采取行动，才被迫必须在经济低迷时期迅速采取行动。的确，我们有理由迅速全面地采取必要的行动，使每个人都感到痛苦是大家共同分担的，而不是冒着耗尽政治意愿的危险让痛苦随时间扩散。但是，各国政府不应低估这些措施将给老年人、青年和穷人带来的痛苦，并且在可能的情况下，它们应制定有针对性的立法以减轻这些措施的影响。

就美国而言，略感欣慰的是它有着可以帮助在未来创造更多高生产率就业机会的强大力量，包括：更好的信息和通信技术、低成本的清洁能源以及新兴市场对高附加值产品的需求急剧上升。但它现在也需要采取果断行动，以便随时准备利用这些力量。美国必须提高其劳动力的能力，保护创新环境，更好地监管金融，以防止过度行为。

当然，这一切都不容易。想想提高技能和工作之间的匹配有多难。由于房地产和金融行业短期内不会像危机前信贷繁荣时期那样雇用大量员工，在这些行业工作或依赖这些行业的人将不得不改行。这需要时间，而且并不总是可能的；特别是房地产业，雇用了许多低技能的工人，这些工人很难安置。旨在培养技能的政府项目好坏不一。就连政府帮助学生获得教育融资的努力也并非总是奏效；一些掠夺性的私立大学利用政府资金吸引学生获得昂贵的学位，而这些学位在就业市场上没有什么价值。相反，大部分行动计划必须来自人们自己。

这并不是说华盛顿应该被动。尽管教育改革和全民医疗早该推进，但它在其他方面还可以做得更多。在各种职业轨道上提供更多关于就业前景的信息，以及更好地就教育和培训方案提供咨询，这些都可以帮助人们在参加昂贵但无用的课程之前做出更好的决定。在年轻人失业率高的地区，对企业雇用新手员工的补贴可能会让年轻人加入劳动力大军，帮助他们了解如何才能保住一份工作。政府可以为年长的失业工人提供更多的支持，如支付儿童看护费和培训费，这样他们就可以在找工作的同时接受再培训。失业保险费用的一部分可以积累在培训和求职账户上，如果他们被解雇，这些账户可以帮助他们获得技能或找到工作。

与此同时，由于新的商业冒险将创造增长所需的创新，美国必须保持其创业环境。尽管政治右翼人士可能对略高的所得税的负面影响危言耸听，但对富人和穷人而言，过高的税收会大幅降低创业和技能获取的回报。更好的办法是改革税收制度，消除会计人员喜欢发现的漏洞和税收补贴，以防止边际所得税税率上升太多。

文化也很重要。尽管将公众的注意力集中在恶劣的非劳动所得上很重要，但将所有高收入者纳入一个没有差别的群体，就像“1%”这个标签所做的那样，可能会诋毁为这个国家服务得如此之好的财富创造。关于不平等的辩论应该集中在美国如何才能提高收入而不是拉低收入上。

最后，尽管美国永远不应忘记，过度的金融行为将世界拖入了危机，但政客决不能通过监管来对银行业进行“脑叶切除”，让它再次变得枯燥乏味。与此同时，改革金融监管的《多德－弗兰克法案》（Dodd-Frank Act）等立法，尽管因其带来的负担而备受嘲笑，但仍有必要让它们有机会发挥作用，将私营部门的精力从过度承担风险中转移出来。随着这些新监管的建立，如果它们过于烦琐，就应该修改它们。美国人应该警惕一个事实，即监管是由在位者为了自身利益而制定的。他们还应记住政治指令和美联储政策在危机中扮演的角色，并警惕危机重演。

工业化国家有一个选择。它们可以表现得好像一切都很好，只是它们的消费者处于恐慌之中，因此必须通过刺激措施重振凯恩斯所称的“动物精神”。或者，他们可以把这场危机当作警钟，采取行动，解决过去几十年掩盖的所有问题，从而使自己处于更有利的位置，以利用即将到来的机遇。无论是好是坏，说服这些国家的政府和公众的叙事将决定它们以及全球经济的未来。

第三篇　随笔

I do what I do

一

这篇文章是与路易吉·津加莱斯（也是芝加哥大学教授，我们俩合著了《从资本家手中拯救资本主义》一书）共同撰写，发表于2003年伊拉克占领初期，表达了对伊拉克建立民主的前景相当怀疑。

资本主义与殖民主义不兼容

冷战的结束标志着市场民主战胜了社会主义，标志着美国成为世界上唯一的超级大国。虽然这发生在十多年前，但直到现在“伊拉克自由行动”的地缘政治影响才变得更加清晰。美国现在享有的军事力量类似于19世纪下半叶西欧享有的军事力量。当时，欧洲列强对殖民地的追逐，部分是出于经济上的私利，部分是为了“教化”世界其他地区。虽然历史不是那么无聊地重演，但在美国政策制定者的圈子中，确有其人相信废黜像伊拉克这样的“流氓政权”，并在这些国家播下民主和资本主义的种子，美国也可以感染邻近国家，最终按照自己的形象重塑世界。尽管这些政策制定者会拒绝承认任何与殖民主义动机相似的东西，但它们仍然存在：一种利己主义（对美国来说，世界将变得更安全）和理想主义（它也将使世界更加繁荣和自由）的混合体。但这些政策能奏效吗？

这种推理不无道理。萨达姆·侯赛因（Saddam Hussein）这样的独裁者牢牢掌握着权力，内部变革几乎是不可能的。在这种情况下，一支真正关心人民利益的外来力量可以带来人民自身难以带来的变化。没有外国的干预，佛朗哥在西班牙的独裁统治持续了四十年。相比之下，军事上的失败让墨索里尼和希特勒的政权更快地走向灭亡。如果美国能在几个星期内推翻萨达姆·侯赛因这样的血腥独裁者，解放那里的人民，为什么不这样做呢？从古巴到朝鲜，从委内瑞拉到扎伊尔，每一个独裁国家都应该受到严格预算限制的干预。

然而，推翻独裁者只是迈向民主的第一步，也是最容易的一步。如果美国只是在选举结束后的这个时候离开伊拉克，或者在一个傀儡政府当权的情况下离开，伊拉克人民就没有什么可以保护他们不受新暴君出现带来的伤害。国家不会仅仅因为运气不好而成为独裁政权的牺牲品。这些国家通常都有着有利于独裁统治的权力结构：通常，独裁者的面孔是少数精英，他们攫取了政治和经济权力。只有权力结构发生变化并变得更加广泛，变革才有可能发生。没有这一点，任何政治革命都只能用新的暴君来代替旧的暴君。

日本经常被认为是外部势力强加民主的成功例子。然而，这种成功的根源必须在道格拉斯·麦克阿瑟（Douglas MacArthur）推行的全面改革中找到。在他的改革之前，日本的土地所有权是集中的，经济权力由几个大型工业和金融联合体，也就是所谓的“财阀”掌握。麦克阿瑟认为，这些农业和工业精英为日本民族主义政府提供了支撑，日本民族主义政府曾将日本拖入战争。因此，他试图削弱他们的力量。战后的土地改革确实扩大和深化了拥有土地的阶层，促进了农业的复兴，并使日本的民主更加稳定。但是，即使麦克阿瑟开始解散财阀，他也没有必要的时间来完成它。朝鲜战争期间对可靠供应商的需求迫使政府与财阀妥协。这一失败在一定程度上解释了为什么日本国内市场在民主充满活力的情况下仍然缺乏竞争力。

尽管如此，麦克阿瑟取得了很多成就。在某种程度上，他得益于日本的彻底崩溃和日本人民的极度疲惫。占领当局几乎没有遭到武装抵抗。日本人把发动和延长这场灾难性战争的责任推给了日本国内的精英阶层，缩小日本精英阶层的尝试没有遭到抵制，甚至受到日本民众的欢迎。

在伊拉克这样的局势下，问题在于，占领军面对的人民既没有完全被征服，也没有完全相信占领的合法性。没有民众的支持，任何重大改革都不会持久。更糟糕的是，不受欢迎的占领可能会延续（甚至加强）现有精英阶层的权力。

如果它得不到民众的支持，占领当局将不得不寻求盟友来控制领土，否则武装占领的代价将变得令人望而却步。这些盟友通常都是当地有权有势的老板，正是这些人让前政权成为可能。作为回报，这些老板将寻求经济利益，如政府合同和地方垄断。换句话说，如果占领当局得不到广泛的民众支持，而很少有外国统治者——不论其意图多么高尚——会得到这种支持，其自然趋势将是形成相互依存的权力集中。如果这看起来很像前一个独裁政权的权力集中，那是因为两者之间存在自然的相似之处：独裁者也是一个不受欢迎的占领者，他的统治主要依赖于向少数支持他的人分配特权。在这种权力集中的情况下，民主和市场都很难扎根。

所有这些都不是空谈。研究表明，像美国、加拿大和澳大利亚这样的殖民地，欧洲人（通常是英国人）在那里大量定居，经常取代或驱逐当地居民，发展了许多市场民主必需的制度。政府是相对温和的，甚至是民主的，很大程度上是因为它不需要控制本地人口。相比之下，在印度这样的殖民地，由于人口太多而无法迁移，或者疾病阻止了欧洲人的大规模移民，一小部分欧洲人不得不控制大量本土人口。通常，这需要拉拢国内精英，如本土的王侯（rajas）和大地主，并支持他们的权力，只要他们回报以支持和赞美。在这种情况下，民主和市场体制并没有出现。研究表明，在上述安排特别占主导地位的印度地区，即使在今天，社会和市场基础设施仍然不发达。

总之，冷战的结束给予美国以武力传播民主和资本主义的权力和利益。但历史表明，民主和自由市场无论多么有益，都很难强加于人。没有与种族、文化和民族血统以及被统治公民联系在一起的外来占领者，很少会留下既能促进民主又能促进市场的条件。即使在 21 世纪，资本主义也不兼容于殖民主义！

二

这是我2004年在国际货币基金组织工作时撰写的另一篇《直言不讳》季度专栏。这反映出我对“灵丹妙药”或快速解决复杂问题的方法普遍感到不安。我发现“灵丹妙药”常常忽略了副作用。务实型经济学家的作用是指出这些问题。

聪明的解决方案：但会奏效吗？

经济学中有很多棘手的问题：例如，穷人如何获得信贷？国际经济和金融政策如何能帮助缩短腐败的专制政权的持续时间？我们如何消除银行挤兑？聪明的解决方案不断涌现。给穷人以土地的正式所有权，因为这将成为他们贷款的抵押品。宣布恐怖政权发行的债务“令人厌恶”且无法执行，这样投资者就不会愿意在未来为这些政权融资。强制银行只持有流动性强、有市场的金融工具，以满足储户的需求。解决方案似乎是对问题的巧妙、低成本的回应。然而，它们很少得到实施。

通常，这并不是因为存在故意忽视解决方案的阴谋，而是因为问题的根本原因和所提议的解决方案的后果都比人们考虑的更为广泛。这些聪明的提议不仅不能解决问题，而且还会产生意想不到的后果，即偏离那些最终需要解决的吸引力较低的、痛苦的改革。这并不是说我们不应该提出聪明的想法或尝试实现它们，而是说我们应该意识到，若想让解决方案更有可能发挥作用，它就必须是稳健的，也就是说，考虑到潜在问题可能并不是显而易见的。许多聪明的解决方案并不稳健。考虑下面的例子。

美元化和原罪

近年来，负债的美元化现象十分普遍。越来越多的新兴市场国家、银行和企业发行以外币（通常是美元）计价的债券，尽管它们的美元收入并不高。当一国的货币贬值时，收入和债务之间的货币错配会导致严重的后果——主权违约、银行系统崩溃和广泛的公司破产。

鉴于这些风险，各国为何坚持借入外币？一个被称为“原罪”假说的原因是，这些国家不仅现在没有任何选择，而且在未来也无能为力。多年前，一个国家犯下了可怕的“原罪”，此后投资者一直担心该国，并拒绝接受以本币计价的票据。换句话说，无论该国的财政和货币状况变得多么好，它都不太可能逃脱市场非理性的拒绝（我应该指出，现在对“原罪”有更理性的解释——它成了一个不断移动的靶子）。

但最近的研究表明，这种观点的实证基础并不可靠。当我们看到投资者重新向仅仅在几年前就出现违约的拉美经济体放贷时，这种逻辑尤其成问题。这样的历史经验表明，投资者的记忆是短暂的，肯定不会持续几个世纪甚至几十年。然而，原罪的论点在政治上是有吸引力的，因为它免除了相关国家对其当前状况的责任。

对于美元化债务的稳步增长，一个相关但更合理的解释是，各国之所以被迫陷入这种境地，是因为它们的货币政策缺乏可信度。这种观点认为，如果一个国家发行本币债券，它就会有一种利用通胀摆脱债务的动机，而且人们会认为它很可能屈服于这种诱惑，尽管该国最近的政策一直循规蹈矩。但如果是美元化的债务，该国就不会有这种动机，因此投资者会更愿意借钱给它。

什么是聪明的解决方案？一些人建议，世界银行或国际货币基金组织以该国的本币发行债券，然后将收益借给该国，偿还也以本币计价。这些国际金融机构大概比市场投资者更聪明，不会受到原罪或误导性声誉的困扰。它们还可以充当担保人，保证该国不会以通胀的方式摆脱困境，让投资者有理由持有其发行的本币债券（或者，国际金融机构可以发行与通胀挂钩的债券）。这些建议以各种形式提出，具有不同程度的复杂性和不同的目标。其中最合理的是巴里·埃肯格林（Barry Eichengreen）和里卡多·豪斯曼（Ricardo Hausmann）的《如何消除金融原罪》（英国《金融时报》，2002 年 11 月 22 日）和爱德华多·利维·耶亚蒂（Eduardo Levy Yeyati）的《金融去美元化和国际金融机构的作用：去美元化多边信贷》（布宜诺斯艾利斯大学出版）。

这个聪明的解决方案会奏效吗？关键问题是，美元化现象是否纯粹由过去的坏名声驱动。历史表明，各国已从发行外币债券过渡到发行以本币计价的债券，它们通常是通过解决过度赤字或通胀倾向等根本问题来实现这一目标的，而不是通过从大国那里获得罪过的赦免。

美元化和恐惧溢价

要检验这个解决方案是否可靠，请考虑负债美元化的另一种解释。通常，一个国家的债务不仅卖给外国人，也卖给本国人。这是很自然的，尤其是考虑到本国人比外国人更相信他们能够强制还款。边际上的国内投资者将关心债务提供的回报模式。金融理论表明，相对于预期价值暴跌的证券，人们愿意为一种有望保值或在经济低迷时期上涨的证券支付更高的价格（接受较低的回报）。前一种证券提供了更多的保险。

这些投资于国家的公民想买什么保险？新兴市场的一个主要问题是，它容易受到不利的经济冲击，导致外国银行停止放贷，迫使该国的实际货币贬值和高通胀。经济活动趋于崩溃，给人民造成巨大的苦难。考虑一下此时证券的情况。只要该经济体不违约，以美元计价的债务就会因本币贬值而升值，而以本币计价的债务则会因通胀和本币贬值而贬值。希望防范此类危机的国内投资者更喜欢美元计价的债券，因为它提供了有价值的保险，因此愿意接受较低的利率。（当然，只有合理地相信政府不会违约，或者即使违约，也会按未偿债务的比例偿还债务，这种债务才有价值。）

这并不意味着国内债券发行者会急于发行这类债券，因为在经济低迷时期，他们将不得不支付更高的利息。但是，即使在一个完美的世界里，发行者无差别地看待美元和本币债务，在现实世界中，部长、银行家和行业经理可能就不是这样了。在用于还债的预期收入流给定的情况下，低利率的美元债务将使财政部长能够提前借入更多资金。如果这个国家发现自己的借贷受到很大限制，即使部长不短视，美元债务也可能具有吸引力。如果我们再加上一种非常现实的可能性，那就是他不会把目光投向自己的短暂任期以外，那么一位部长可能更愿意接受不确定的长期风险，以换取一定的短期预算灵活性。银行家和工业企业的首席执行官也是如此。

在这些情况下，聪明的解决方案会奏效吗？绝对不会。国际货币基金组织和世界银行发行以本币计价的国内债券时，将不得不支付与该国相同的风险溢价。如果该国通过这些机构借入本币，那么它的借贷成本将增加一层高昂的中介费用。也就是说，如果国际金融机构愿意介入使得这个国家不需要向本国公民融资，这是一种极不可能出现的场景，那么该国债务的持有人都是外国人，该国不需要支付风险溢价。

我们对不加思索地谴责美元化也应持谨慎态度：禁止它似乎是另一个聪明的解决方案。尽管货币错配是危机中出现的严重问题，但不能仅从结果来评判导致危机的行动。禁止美元化可能会带来成本，比如一个国家或企业的借贷能力降低，或者对冲的可能性降低。这些必须与发行方可能扭曲的激励相权衡，后者可能促使发行方发行过多的美元债券。

如果对成本和收益没有清晰的认识，审慎的政策可能既想要采取措施限制显而易见的风险，又想要致力于解决深层次的根本原因。大补丁将包括提高私人储蓄率使一个国家变得更少依赖外部资金，在经济繁荣时期加强税收征管并削减支出，这样一个国家就能为经济低迷时期积累闲置产能，减低通胀的必要性，并提高一个国家的出口能力以摆脱突然的资本流入中断。这种“接受美元化”的政策可能既不聪明也不迅速，但从长远来看，它更有可能奏效。当然，如果“原罪”是真正的问题，那么这种政策就不稳健。幸运的是，历史证明这是可行的。

三

在2004年的《直言不讳》专栏中，我对经济模型的出发点以及它为何不切实际感到担忧。模型本质上是对现实的抽象，但我们总是要问，在抽象的过程中，我们是否抛弃了现实世界的重要特征。

假设无政府状态?

制度经济学风行一时。制度的缺失，如缺乏高效和公正的司法体系、保护知识产权的法律体系、高效清廉的税务管理部门、可信的中央银行，从一个角度回答了发展经济学中的核心难题，包括为什么那么多国家没有快速增长以战胜贫困。不幸的是，经济理论对我们如何创建和培育强大的制度几乎没有指导作用。而且，除非我们有更好的理解，否则仅仅背诵“制度”这个咒语，对欠发达国家几乎没有什么建设性的政策建议，从而让政策舞台向其他更可疑的观点敞开。目前有大量关于制度起源的研究（包括它们是否代表着更深层次的力量），但我在这里的重点是，为什么主流经济学家过去忽视了这一点。我特别想问的是，这种忽视在多大程度上应归咎于经济学中的规范模型，即完全市场模型（complete markets model）。

在每个经济学研究生都以某种形式遇到的这个理论模型中，每个人都得到了充分的信息；每一种可能性都在合同中被预期到；所有合同都由无所不知、廉洁的法庭执行；政府会自动处理所有的公共产品，而不会干涉任何私人产品。显然，即便与发达国家相比，这也是一种抽象概念。然而，由于许多原因，它被视为一个有用的起点。首先，该模型在重要方面是对现实的合理逼近。其次，它是一个有用的公共服务出发点，与出发点的偏差越少越好且必须得到修正。这种方法对研究进行了规范，阻止了那些头脑混乱的独创思想家仅仅通过做出非正统的假设就得出结论。这使得经济学家能够相互讨论，而不是相互回避，并通过将模型的结论与完全市场模型的结论进行比较，以了解他们最看重的偏差有什么含义。这种方法论上的“一步偏差法”（one-step deviation）提升了辩论和理解（并使学术出版物的评审更容易）。再次，该模型在数学上易于处理，并允许优雅的定理和证明。

构建模型的目的，是从与所考虑问题无关的细节中抽象出有关真实世界的信息。没有模型，我们就只能描述。尽管一些抽象很重要，但粗糙的抽象却会使模型完全脱离真实世界。在许多情况下，至少在发展中国家，完全市场模型与现实相差太远，无法发挥作用。以困扰许多贫穷国家的武装冲突为例。它通常被认为是浪费资源，因此在经济上效率低下。在完全市场范式中不存在冲突的空间：在完全市场中，我们只需要预测所有可能的冲突情况，然后消除它们。但事实上，一些国家持续冲突的一个重要原因是根本没有可信的机制来执行合同。军阀可能会签署和平条约，但知道这些条约不会得到执行，他们就会利用随之而来的和平为下一场战争做准备。

如何在国家层面建立反对弱肉强食的承诺和执行合同是头等重要的经济问题。早期的经济学家，如霍布斯和洛克，对此进行了深入思考，但除了少数值得注意的例外，经济学家在数十年的时间里忽视了它们，部分原因可能是，许多经济学家是在发达国家接受培训的，在那里，完全市场模型不那么荒谬。直到最近，经济学家才重新回到这些问题上来。

尽管完全市场模型在某些情况下可以是一个有用的抽象，但在普遍应用时，它是一种知识上的束缚，尤其是因为它忽略了合同签署和执行的成本。要求典型的经济学家必须保持在与模型只有几个标准差的误差范围内，可能会严重妨碍他们专注于认识所处情境的本质，而后者迥异于构建模型的土壤。尽管我这样说，但在过去的30年里，经济学的一些重要突破来自“一步偏差法”，譬如认识到不是每个人都有相同的信息（术语叫“信息不对称”），或者认识到经济活动的开展有赖于组织，但是雇员的目标和组织的目标却可能并不相同（术语叫“委托代理”）。

依靠完全市场模型的几个标准差范围内的模型来指导穷国制定政策的一个问题是，解决方案可能看起来比实际要容易得多。例如，在这些国家，有些合同是不灵活的或不存在的。从这个模型得出的简单的政策处方是提倡更大的灵活性，或者订立缺失的合同。然而，为了纠正这个问题，可能还需要解决更深层次的缺陷。

例如，劳动合同的不僵化，尤其是解雇员工的难度，被视为效率低下，因为它不允许企业对商业环境做出迅速反应。通常，这些禁令被归因于工会过于强大，胁迫了经济。但是，如果法院办事缓慢且腐败，因此被错误解雇的工人得不到补偿，那么禁止解雇可能是保护工人不受雇主武断决定影响的唯一途径，因为违法行为很容易且可被公开观察到。工作任期也可以作为一种社会保障形式，这是必要的，因为政府在提供安全网方面做得很糟糕，而且不存在私人保险市场。诚然，这些解释都带有推测性，真相可能在别处。但我的观点是，粗暴、低效地禁止解雇工人，可能是对经济体系中许多缺陷的有力回应，这些缺陷以微妙的方式相互强化。如果是这样的话，工会可能不是制度缺陷的原因，相反，制度缺陷使工会获得了民众的强大支持。这并不是说不灵活的合同没有成本，而是说改变它们可能需要深层次的改革。

考虑另一个例子。发达国家的小企业家往往不得不以财产作为贷款的抵押品。在发展中国家，穷人的资产，比如他们所占有的土地，往往没有明确的所有权。因此，一些分析人士建议，让他们获得融资的一个方法是给予他们明确的产权。然而，在实践中，当很多其他方法都不起作用时，这个建议很难实现。首先，当占有者获得财产权时，对现行私有财产脆弱的保护会受到怎样的影响？如果当地恶棍和政客可以胁迫公民，通过确定某一特定财产的前因后果来确立所有权的非正式方式将如何被误用？与其分析在一个其他一切都可行的世界中引入合同的影响，还不如研究在一个一切都行不通的世界中引入合法合同的影响。假设以无政府状态，而不是一个完备合同的理想世界作为起点，我们的分析将会得到更好的信息！

我并不是建议政策制定者在分析问题时，脑子里要有一个完全市场模型。当然，他们会为自己面对的世界做出调整。但他们的世界观自然受到所学框架的影响。由于这些框架假设了太多不切实际的东西，政策制定者对自己的建议又能有多大信心呢？

我也不是在为无约束的经济思维辩护，为一种“干什么都行”的理论流派辩护。在过去的半个世纪里，经济学取得了长足进步，我们学到的许多东西都具有重大意义。奥利弗·哈特（Oliver Hart）和杰克·赫什莱佛（Jack Hirshleifer）等受人尊敬的经济学家在不牺牲理性经济学的前提下，摆脱了完全市场模型的束缚。但仍有相当一部分经济学家认为，只有一种模式，其名称是“完全市场”。人们不禁怀疑，它的吸引力在于优雅，而非相关性。

机构建设是国际金融机构和决策者在没有学术界太多指导的情况下，从经验中吸取教训并利用常识制定实际办法的一个领域。在越来越多的研究工作的支持下，我们有希望让更多研究发展经济学的学生认识到，与一个只有微小缺陷的世界相比，一个没有任何东西可以强制执行的世界可能是更好的分析起点，在那里，财产和个人权利是极其不安全的，每一份合约的执行机制都必须源自第一原则，即霍布斯如此生动地描述的这个世界。这种做法不仅将在最贫穷和冲突肆虐的国家更接近现实，而且还可能导致更明智的政策。

四

2004年12月发表的另一篇《直言不讳》专栏文章指出了一项明智的提议所面临的困难。该提议宣称，不愉快的政权承担的债务是无法偿还的。

可憎抑或仅仅恶臭？*

当一个主权国家没有代表国民意愿的正当性时，那么它借取主权债务就是一件很糟糕的事情，尤其是举债的收益没有用于人民的利益之上。以种族隔离政权统治下的南非为例，在一定程度上，该政权为军事体制融资的目的，是用来镇压占多数的非洲人口。由此产生的债务是双重可憎的，因为不仅其收益用来镇压非洲多数人和维持种族隔离政权，而且被镇压的人最终还要负责偿还债务。后种族隔离政府接受了这一责任。然而，这一案例似乎具备了“本应采取措施”消除“可憎债务（恶债）”的所有特征。

但是在这种情况下应该怎么做呢？一种建议是成立一个国际委员会（比如在联合国的领导下），由它决定哪些政权既不具有普遍正当性，也不符合其人民的根本利益。一旦委员会宣布该政权及其债务是可憎的，后续的政权可以通过国际协定免除其偿债责任，即不必偿还

* 本文中的许多事实都来自由迈克尔·克雷默（Michael Kremer）和希玛·贾雅彻德伦（Seema Jayachandran）撰写的工作论文《可憎债务》，美国国民经济研究局于2002年5月出版。

该可憎政权产生的债务。此外，债权国的法律也可以修改，以便一旦某一国家的债务被宣布为可憎的，该国的债权人就难以强制另一国家偿还债务。

这种机制的可能性是巨大的。如果一个委员会在初期就宣布蒙博托·塞塞·塞科（Mobutu Sese Seko）政权是可憎的，他就不可能把扎伊尔的债务增加到120亿美元，或用其中的40亿美元来建立他自己的个人资产。如果他不能借钱维持他的政权，他可能连掌权的时间都不长。显然，那些鼓吹建立债务“可憎”机制的人的目标很吸引人（参见Kremer and Jayachandran，2002年6月，第36页）。

不幸的是，这种机制不会像这个例子显示的那样精确运作，它更像是一颗中子弹，而不是一枚激光制导导弹。这不仅会使可憎政权更难以借贷，而且也会使任何合法政权更难以借贷，而这些合法政权甚至极有可能被可憎政权取代。一个新兴民主政权正在努力借款以避免干旱的后果，如果债权人也在试图判断政权崩溃的可能性，那么这个政权可能会更加艰难。如果政权让位给一个肮脏的继任者，这些债务将被宣布为可憎的，给债权人造成巨大损失。预见到这一点，债权人就不会放贷，从而加大了政权更迭的可能性。那么，如何防止未来的可憎债务污染以前所有的债务，并防止未来政权更迭可能性极小的所有国家更难借贷呢？

一个聪明的建议是将可憎债务限定为未来的债务（Kremer and Jayachandran，2003）。换句话说，后续政权只能合法地逃避偿还在委员会宣布一个政权的债务“可憎”之后发行的债务。这种想法的美妙之处在于，市场不会再猜测债务是否正当。此外，如果该政权不能融资用于其偷窃行为或者面子工程，那么其资源就会保留用于偿还旧债，从而提高其价值。

但这行得通吗？麻烦在于，该提议的实施可能会带来其他意想不到的后果。尽管债权人不会被迫猜测他们向某个国家提供的贷款是否正当，但他们可能仍要猜测这些贷款是否有价值。原因如下：很少有发展中国家或正在扩大的公司能够偿还它们签约的全部债务，甚至产生可观的收入也很困难，除非它们能够获得进一步的融资。这是因为国家和企业依赖增长——稳定的新项目和持续的老项目，既提供现金流来偿还为建立这些项目而产生的债务，也提供余款来偿还旧债务。国家和公司通常通过增长摆脱债务。

但如果一国未来的债务被宣布为可憎债务，它将不再能融资以继续推动老项目，更不用说为新项目融资。（当然，前提是可憎政权并不倾向于立即推动国家陷入经济崩溃。如果它如此具有破坏性，在第一阶段就很少有人会愿意借贷给它，不需要一个特殊的程序宣布其债务可憎。）即使可憎政权打算偿还其债务，宣布该政权未来的债务“可憎”也会使它很难偿债。如果再加上偿还债务的激励部分来自能够继续借款的吸引力，那么很可能现有债务一旦被宣布为可憎债务，该政权就会违约，从而对其估值产生不利影响。只宣布未来的债务为可憎债务的建议可能会减轻与最初的可憎债务机制有关的某些担忧，但它绝不会消除这些担忧。

另一种建议是，将过去用于镇压或窃取私利等邪恶目的的债务单独挑出来，只宣布这些债务是可憎的和不可收回的。[1] 这种机制将使贷款人对其资金的最终使用负责。但是这个建议也不是没有问题。首先，很难知道进口的钢铁是否会被用于制造支架或大炮。如果警察使用枪支和子弹打击犯罪，它们甚至可能有合法的用途。如果让贷款人对最终用途负责，他们会回避为大量合法活动提供资金。此外，这个提议假定货币是不可替代的。如何防止政府在用纳税人的

1 例如，Patricia Adams，“Iraq’s Odious Debts”，*Policy Analysis*，2004 年 9 月 28 日，Cato Institute。

钱购买坦克和潜艇的同时，用外国贷款替公路和港口融资？

如果这些提议有潜在的成本，那么重新审查其收益就变得十分重要。独裁者真的会被挡在他们的路上吗？真正的腐败分子不会简单地以低价出售国家现有资产换取现金吗？我们难道没有看到古董、濒危动物、木材和毒品的走私活动有所增加吗？如果独裁者通过不寻常的渠道窃取私利，难道这个国家会比他通过积累债务而窃取私利更糟吗？

关键在于虽然可憎债务的提议有良好的动机，但它不太可能提供灵丹妙药。我们必须承认会有权衡取舍——可憎债务的坏声誉带来的脆弱民主要付出的前期成本，与遏制腐败独裁者（通常由过度狂热的银行家资助）带来的收益相衡量。如果今天有许多可憎政权，但民主政权很少转变为可憎政权，那么该提案的好处就超过了成本。如果今天几乎没有可憎政权，以及许多可能的转变都会发生，那么情况恰恰相反。

总之，人们不需要阴谋论来解释为什么可憎债务的提议没有取得任何成果，或者为什么像后种族隔离时代的南非那样的新合法政府接受了偿债的责任，它们继承的是潜在的可憎债务。对债务市场可能被扰乱的担忧是有道理的。但也有一些潜在的好处值得进一步研究。如果研究人员有他们的方法，我们会随机抽取一个小独裁者，宣布他的债务是可憎的，然后观察发生了什么。这一建议不太可能广为接受，因为对国家进行试验的想法似乎令大多数人反感。因此，如果缺乏能够巧妙地利用现有数据向我们提供信息的研究，或无法进行幸运的自然实验，可憎债务的提议就可能被束之高阁，这并不奇怪，甚至并非不公平。

五

我在国际货币基金组织曾尝试研究外国援助的成本和收益。这是与印度政府现任首席经济顾问阿文德·苏布拉马尼扬（Arvind Subramanian）合作完成的。这项研究是有争议的，因为它违背了发展机构中公认的援助非常有益的观点。这篇2005年的文章概述了这一合作研究。

援助与增长：政策挑战

既然发达国家和国际金融机构已承诺注销高负债穷国的债务，那么挑战将是如何把这些资源转化为实际增长，并在实现千年发展目标方面取得更快进展。虽然对某些人而言，这似乎是说，只要让发达国家提供更多的债务减免和援助，就能赢得对贫困的战争，但专家的观点（包括隐含在英国非洲事务委员会报告和千年发展目标报告里面的观点）是，债务减免和援助只是脱贫的必要条件。让贫困成为历史的运动还处于早期阶段。如果它要成功，我们必须认识到过去的失败，并对未来的解决方法持开放态度。首先要认识到的是援助的曲折历史。

援助和经济增长

使低收入国家的穷人摆脱贫困的最佳途径是加强这些国家的经济增长。对于外行人来说，这可能只是意味着向这些国家提供更多援助。然而，经济学家普遍认同的一点是，几乎没有证据表明援助会无条件地对经济增长产生强劲的影响。

在进一步论述之前，让我先说明“效果”一词意味着因果关系。这与相关性不同。我们有可能在数据中找到援助与经济增长之间的负相关关系，但这并不意味着更多援助会导致增长减缓。例如，如果援助往往发生在做得不好的国家，即使援助不会导致糟糕的经济增长，你也会得到援助和增长呈负相关，而在这里因果关系的方向正好相反。这就是为什么经济学家使用一种称为工具变量分析的技术将从简单相关性中识别出因果关系。在我最近与国际货币基金组织研究部的阿文德·苏布拉马尼扬一起撰写的论文中，我们描述了当我们不使用工具变量时如何发现援助与增长之间存在负相关关系，但是一旦我们使用这种技术，这种负相关关系本质上是如何消失的（Rajan and Subramanian，2005a，2005b）。这意味着援助怀疑论者在查看过去发现的负相关性时，可能会误认为这支持他们的观点。但不幸的是，我们也没有发现显著的强正相关。

这是否意味着援助在任何情况下都不能促进增长？当然不是！当然，外行人的想法确实有一些重要的基础。穷国缺乏资源，应该能够很好地利用流入的援助。有一些案例研究是关于那些利用援助发展起来的国家，以及那些极大地帮助了穷人的具体援助项目。我们这些经济学家尚未识别出的是一组可靠的经济环境，在这样的环境中，我们可以说援助促进了受援国的增长。这样的尝试并非没有。

例如，一项有影响力的研究表明，援助会带来增长，但仅限于有良好治理的国家（Burnside and Dollar，2000）。这似乎是一个非常合理的结论，也就是说，援助促进增长的一个必要条件显然是援助收入不应被偷偷转移到瑞士的银行账户。然而，不幸的是，这似乎不是援助促进增长的充分条件，因为后续研究表明，这一发现并不可靠（Easterly、Levine and Roodman，2004）。看来除了合理的政府治理之外，还需要其他手段使援助发挥效力。

最近的一项研究（Clemens、Radelet and Bhavnani，2004）又一次尝试对数据进行了分析，其假设是，并非所有援助对经济增长的影响都是一样的。但其可信度同样似是而非。例如，为什么我们应该期望人道主义援助带来增长，或者为什么我们应该期望用于教育的援助（如果曾经有过儿童项目，那么这就是一个长期项目）在短期内带来增长？研究确实表明，援助可能产生短期经济影响（例如，用于修建道路或直接支持农业的援助），与短期增长呈正相关。然而，在这里，我并没有被完全说服。这项研究的作者认为，把重点放在短期影响类援助上的原因是，文献关注的是四年期间的国家增长率。所以我认为，如果有人离开文献看长期增长（例如增长几十年，这是我们真正关心的），在此期间积累的经济援助（与其他相比，例如人道主义援助）应该对经济增长有明显的影响（不需要从长期影响中分离出短期影响）。我与苏布拉马尼扬的合作研究表明，经济援助与长期增长之间没有很强的正相关关系。

尽管我对过去的经验教训有自己的信念，但我承认，有关援助有效性的争论几乎没有得到解决。不幸的是，如果按照现有思路，进一步的跨国研究可能仍无法得出可信的答案。我们可以继续寻找一些变量来选择那些接受了援助并且增长了的国家（或者寻找一些与增长正相关的援助形式）。但是一旦我们这么做了，我们会得出什么结论呢？换句话说，当相同的数据被反复研究时，我们可能会意外地发现某种（符合我们预期的）模式。这就是为什么许多经济学家开始怀疑跨国研究能否告诉我们更多。

当然，比起经济学家，外行人在更早之前就对计量经济学感到绝望。然而，外行应该感到关切的是，我们系统地为一组国家提供援助的最好例子是马歇尔计划，借助该计划，战后西欧遭受蹂躏的国家重新回到富国的行列。它如此有效的原因可能是这些国家的机构，包括其人民的教育，有能力支持比战后高得多的人均 GDP。也许这就是为什么人们可能看到一个刚摆脱冲突的国家经历了一段实质性的增长追赶时期，在这段时期内援助非常有效，莫桑比克或乌干达可能是最近的例子。然而，我们应该清醒地认识到，最近一个国家摆脱贫困、跻身富国行列的典型例子是韩国。韩国确实遭受了战争的蹂躏，但其惊人的增长大约始于援助流入逐渐减少之时。

避开“荷兰病”

根据一些人的说法，有一种更好的方法——专注于我们确认有效的方面。具体地说，资金援助应支持那些通过评估和实验验证的微观干预措施或方案，例如这些措施或方案可能非常有助于促进教育和卫生保健，这无疑会导致增长。在这里，我们从麻省理工学院的阿比吉特·班纳吉（Abhijit Banerjee）、哈佛大学的迈克尔·克雷默及其学生的研究工作，以及世界银行的研究工作中学到了很多，包括世界银行 2004 年的《世界发展报告》。

我们知道，为穷人提供服务不仅仅是涉及钱。我们可以建一所崭新的学校，给老师发高薪，但他们可能不会来教书。人们可以为医院提供免费药品，这些药品原本是为穷人准备的，但药剂师可能只在黑市上出售。这并不是说学校和医院没有必要，但硬件往往是容易的部分。政策制定者还需要为服务提供者和贫穷的客户建立正确的激励机制，并在他们之间合理地配置权力和信息，以确保提供合理的高质量服务。我们知道意外后果定律一直在起作用。这意味着很少有方案能像设计者希望的那样运作，因此我们需要大量的试验、频繁的监测和评估，并分享最佳做法，以便这些有针对性的干预措施能够产生预期的效果。

不幸的是，即使每一种微观干预措施本身都能很好地发挥作用，它们在一起也未必就能很好地发挥作用。干预措施可以相互影响，相互妨碍，或者争夺相同的资源。它们还可能对经济的其他领域产生不利的溢出效应。

最后，还有一种可能性。假设有大量的援助流入，以支持教育、卫生保健和其他社会服务方面的干预措施。受援国迅速雇用了许多受过教育的工人，如教师、职员、护士、工头（建造学校）、工程师、政府和援助管理人员。因为受过良好教育的人需求量很大，他们的工资会上涨，而且很可能会迅速上涨。反过来，工厂将不得不提高付给经理、工程师和主管的工资。现在，为国内市场生产产品但不面临竞争的工厂可以将更高的成本转嫁给消费者。但是生产出口产品的工厂不能，所以它们将削减业务，甚至倒闭。这是一种被称为“荷兰病”的现象，它使受援国的竞争力下降。苏布拉马尼扬和我指出，在20世纪八九十年代接受更多援助的国家中，不仅出口导向的劳动密集型产业比其他工业增长得更慢，这表明援助确实造成了“荷兰病”，而且整个制造业也增长得更慢。同样需要清醒的是，通过限制制造业的增长，援助流入可能阻止了穷国走上先是东亚四小龙、现在是中国的增长道路。

也就是说，“荷兰病”不是一种绝症。它可以通过明智的政策得到缓解。但要做到这一点，首先必须承认它的存在及其有害影响。对于由援助引起的其他可能的疾病同样如此。

希望尚在

忽视过去，或者仅仅从过去吸取美好的经验，就会注定重蹈覆辙。否认许多穷国在为持续增长创造条件方面取得了巨大进展，显得吹毛求疵，但如果我们说过去的所有问题都已成为过去，那么这对穷国的公民也没有好处。虽然没有人拥有促进增长的“灵丹妙药”，但有些事情确实很重要。这包括合理的宏观经济管理、财政纪律、温和的通胀和具有合理竞争力的汇率；为私营部门以低交易成本开展经济活动创造有利环境的法律和政策；以及对国际贸易开放的经济。此外，在健康和教育方面的投资将创造出一个不仅生活得更好，而且视野更开阔的人群，这样的投资应当得到鼓励。

富裕国家和国际金融机构能够提供帮助的一种方式是，将广泛满足这些要求的政策作为援助的必要条件。但是，它们应该抵制微观管理，不要用太多具体的经济规定或社会和政治条件来覆盖广泛的经济条件。一旦一个国家拥有了必要的大环境，它就应该有选择自己道路的自由。毕竟，过去那些宏大的增长理论的失败，应该让我们保持警惕，以免变得过于教条。

富国还可以通过减少它们对穷国出口设置的壁垒，以及说服穷国降低其贸易壁垒（包括对其他穷国的贸易壁垒）来提供帮助。它们可以投入更多资金促进药物和农业技术的研究，使最贫穷的国家受益。它们可以更加积极地确保它们的公司和官员不助长贫穷国家的腐败［参见 Birdsall、Rodrik and Subramanian（2005）的其他建议］。面对灾难，它们应该毫不犹豫地提供人道主义援助。

让我们从外部世界提供更多更好援助的意愿中汲取希望。然而，穷国的未来最终掌握在自己手中。只有通过自己的意愿和行动，外部世界的良好意愿才能真正使贫困成为历史。

六

当国际货币基金组织在2005年开始减免债务时，本文试图阐述在何种情况下这是合理的。

债务减免与增长

在一些发达国家，低收入国家的债务减免已成为一个重要的政治问题。摇滚明星和政界人士正确地指出，穷国承受着巨大的负担，它们必须拿出相当大一部分国民收入来偿债。他们认为，更糟糕的是，这些债务中有很大一部分是“可憎债务”，是由过去腐败的独裁者把钱转移到瑞士银行账户上而积累起来的。此外，有证据表明，债务高的国家往往增长缓慢，这表明债务减免可以帮助穷国增长。

若干减免债务的提议正在讨论中，但援助国之间几乎没有就哪一项提议最有意义达成一致。这些提议通常具有一刀切的特点，部分原因是统一对待将避免潜在受援国的政治活动。但是穷国会从一刀切的对待中受益吗？本文试图澄清可能引导出最优债务减免提案的一些广泛原则。

重要的是净流动，而不是债务减免

以一个穷国为例，它在当前时期必须向发达国家或国际金融机构等官方债权人偿还1亿美元。假设它在此期间赚取了5 000万美元的外汇，没有其他资源。显然，它不能完全用自己的资源偿还债务。现在考虑三个替代方案。第一，债权人不免除债务，而是向该国贷款 1.2 亿美元。第二，债权人免除了 5 000 万美元的债务，但不发放任何贷款。第三，债权人免除全部债务，不发放任何贷款。哪个选择对这个国家最有利？

假设这个国家无法进入私人资本市场，答案似乎显而易见：完全免除债务，这将是一半债务免除的两倍，也肯定比只提供略多于欠款额的新增贷款要好。然而，从该期间资金流的角度来看，根据第一个提议，资金净流入将达 7 000 万美元（1.2 亿美元的贷款 + 流入 5 000 万美元，减去偿还的 1 亿美元），在第二个方案里资金净流入将等于零，而在第三个方案里资金净流入将达到 5 000 万美元。对一个资源匮乏的穷国来说，当务之急是它在当前时期获得的额外资源数量（称为“额外收益”）。就额外收益而言，最好的建议是第一个，它不提供债务减免。

问题的关键是，如果官方债权人一手收钱（收取偿债费用），另一手给更多的钱（以贷款的形式），那么穷国在短期内获得的融资可能会多于债务减免。如果债务减免耗尽了援助方的援助预算，它实际上可能会带来问题。当然，没有债务减免，从长远来看，这个国家将会有更多的债务，从而可能变得不可持续。在这三项提议中，该国在这段时间结束时将分别欠 1.2 亿美元、5 000 万美元和零欠款。然而，只有在损害该国经济增长的情况下，高企或不可持续的债务才是问题所在。让我们来谈谈这个问题。

高负债对一个国家的经济增长是有害的。当外国债权人急于兑现债权，导致银行和公司破产时，这会增加金融困境或危机的风险。然而，如果官方债权人持有穷国的大部分债务，他们不太可能引发危机，因此无论债务水平如何，该国都不会经历崩盘。

高负债可能会造成伤害的第二个原因是，它可能会造成债务负担过重的问题。例如，当一个国家的未偿债务很高时，私人投资者可能不愿投资，因为他们担心，这些债务最终将通过向企业征收附加税来偿还。同样，政府可能会对投资犹豫不决，因为回报将主要用于偿还债务。因此，高负债会损害投资，进而影响增长，而减少债务可能是启动增长的必要条件。在新兴市场的例子中，尽管这些观点可能很有说服力，但我不认为它们对贫穷的发展中国家很重要。穷国的投资者还面临着其他更严重的投资障碍，比如令人沮丧的商业环境和不公正的监管。在没有任何额外资源或政策改变的情况下，降低政府债务水平不太可能刺激投资。

一些分析人士确实发现，穷国的债务与经济增长之间存在负相关关系，但还有其他可能的解释。例如，因果关系可以是低增长导致高负债，增长疲软的国家（可能是由于糟糕的政策）赤字更大，从而借贷更多。如果这是因果关系的方向，那么债务减免不会刺激经济增长，我还没有看到反对这种可能性的有力证据。这意味着，对于主要向官方债权人借款的穷国来说，债务减免只有在增加净资源的情况下才重要。有时，在不减免债务的情况下，至少在短期内，可以获得更多的额外援助，特别是如果免除债务损害了援助国的援助预算。而“不可持续”的未偿债务最终可以通过偿还和减免（当援助方有更多的预算空间时）的某种组合来解决。

债务减免的可能作用

这并不是说减免债务永远没有意义。债务减免可有效地直接向预算当局提供可预测的额外资源（通过不再需要偿还的款项），并可提供一种方式，迫使援助方之间就债务减免的条件问题进行协调。同样重要的是，债务减免可以使穷国获得外国私人投资者的贷款。私人投资者可能不愿意借钱给负债累累的国家，因为他们担心这个国家将无法偿还债务，但如果官方债务被完全免除，他们将大举放贷，因为这使他们相信即使最糟糕的债务人也将偿还少量债务。因此，官方债权人可以通过债务减免扩大一个国家获得私人资源的渠道。

私营部门的这些额外资源是否有益？这取决于账目上留下的官方债务有多少，受援国政府的性质以及项目是不是商业或社会导向。显然，如果大部分官方债务得到豁免，私营部门几乎不需要小心贷款。此外，如果穷国的政府不负责任，它可以把钱花在无价值的项目上再次增加债务。结果，受援国公民将无法从这种新的债务积累中受益。此外，援助国可能会在下一次遭受"豁免疲劳"。相比之下，适度的债务减免可以带来更高质量的投资，因为私营部门必须仔细评估项目的盈利能力，这反过来又有助于提高商业项目的质量。当然，如果项目产生社会回报但没有商业回报，私营部门可能不会提供任何资金，官方援助将是必要的。

不同的情况，不同的方法

让我们总结一下从逻辑中得出的结论。如果一个穷国无法进入私人市场，且投资环境不佳，高负债不太可能导致金融困境或债务积压，那么将重点放在债务减免上而不是放在短期内可用的净增量资源（即额外收益）上，就是错误的。如果债务减免能从私营部门获得更多的资源，那么债务减免是有意义的，但债务国当局必须有充分利用资源的动力，私营部门必须负责任地放贷。有趣的是，这意味着根据该国的情况、现状以及我概述的三项提议中的任何一项来决定债务减免，对该国来说可能是最好的办法。

如果这个国家的政府腐败透顶，那么维持现状，也就是说既不豁免，也不提供额外援助，是最好的。因为它没有给政府滥用官方资源提供机会，也限制了它筹集私营部门资金的能力。在这种情况下，援助应直接分发给非政府组织。如果这个国家的政府相当有责任心，那就看看这个国家的主要需求是什么。当社会项目位居榜首时，那么重要的是官方部门提供的净资金规模。在这方面，第一种选择是最好的，即债务不能免除，但官方债权人会增加放贷。但如果多数项目在商业上可行，第二种选择，即在一定程度上减轻负担，但保留足够的未偿官方债务，让外国私人投资者负责任地放贷，可能是最佳选择。最后，如果金融危机的风险确实是一个严重的问题（不太可能发生），大幅减免债务就应当审慎。必须确保债务国不会再次向私人债权人举债，并利用这一体系来获得进一步的债务减免。援助方可能需要对债务国的借款施加限制。

发达世界正在形成提供某种形式的债务减免的政治势头，虽然没有一个发展中国家的情况能完全符合这些类别，但可以更好地设计债务减免方案。一刀切的方案虽然在政治上更方便，但对受援国的好处不太可能超过将债务减免和额外援助与一国具体情况相结合的方案。当然，方案越透明便越能迅速得到实施，接受方案的国家就会改善其境况。

七

包括印度在内的一些国家经常试图辩称，购买遥远国家大宗商品生产商的股份，是确保国家安全的一种方式。2006 年 12 月的这篇文章解释了为什么这种说法是错误的。

大博弈又来了？

一些评论人士认为，一些国家不顾一切地寻求收购其他国家（通常是贫穷的发展中国家）的大宗商品生产企业，是 19 世纪英国和俄罗斯等大国为争夺在中东和中亚的影响力而展开的“大博弈”（Great Game）的重演。根据这种观点，那些在早期获得商品生产国最大份额的国家将在未来享有最大的经济安全，因为中国、印度和其他人口众多的发展中国家的经济增长造成了商品资源的短缺。经济安全是收购的新理由，比如在治理不善的国家收购不透明公司的少数股权，否则这些收购在商业上几乎没有意义。在这场重演的大博弈中，走得最快、走得最远的人会得到最大的经济保护吗？经济安全带来的好处是否胜过商业常识？

可疑的抢购狂潮

我暂且不提我们是否不可避免地将进入一段商品供不应求的持续时期，尽管过去这种预测被证明是毫无根据的。让我假定这种可能性是存在的。为了简化讨论，我假设国有企业进行了收购，所有获得的收入和价值都直接流向了收购国的公民，这充其量是一个值得怀疑的假设。即使在这些强有力的假设下，一个国家是否应该疯狂收购以保护自己呢？

确切地说，需求和供给之间的初期失衡将如何结束，至关重要。考虑最可能的情况，其中某种大宗商品，比如石油的世界市场持续运行。如果出现初期的不平衡，石油在短期内处于固定供给状态，石油的市场价格就会飙升，从而使需求降至与供给相等的水平。

拥有外国石油资产有何帮助？有人可能会认为，一个拥有外国石油的国家可以利用出售石油的利润来保持国内价格低廉，从而使经济免受高油价的影响。但这在经济上没有意义。石油的市场价格反映了它的机会成本，而不是补贴国内石油市场的价格（鉴于其真实用油成本，从而给国内制造商和消费者过多用油的动机）。让石油价格上涨到与国际价格同步，并将石油销售带来的盈利分享给人民，可能更加有意义。

换句话说，假设该国出口了以能源密集型方式生产的小部件。利用外国石油资产带来的有利金融条件，以补贴石油价格的方式避免裁员并继续在小部件市场上竞争，这在政治上将简便可行。但这会以补贴效率低下的制造业和外国小部件买家的方式消耗石油带来的意外之财。一个更经济的决定是缩减小部件制造（或转向新技术）并把意外之财转移给公民，特别是那些受高价格影响的国民。因此，当石油价格上涨时，这些国民将获得额外收入，他们的不利影响将被对冲。

关键在于，根本的经济决策不应受到额外外国石油资产所有权的影响。然而，由于受影响的各个大大小小的利益集团施压，政治力量就会介入，石油暴利将不可避免地用于不明智的补贴。其结果是，收购国更可能会因为对冲带来的意外之财而做出次优经济决策。

但是，让我们假设该国总是做出正确的经济决策。对冲会带来更多的财务保障吗？如果在石油价格上涨后往回看，对冲看起来总是有利。但是，如果石油价格下跌，公民就会因购买外国石油资产而遭受收入和财富的损失（相对于将资金投入其他地方而言）。假设外国石油资产在购买时的价格相当公平，那么只有当对冲有助于平稳其收入和财富时，该国才会受益。即使对一个严重依赖石油的国家来说，这也不是那么显而易见。

例如，在像美国或中国这样占世界需求很大一部分的大国，当国家强劲增长并且国民有大量收入时，世界石油价格可能会很高，而当这个国家表现不佳时，价格可能会很低。在这种情况下，外国石油资产是一种糟糕的对冲工具，因为它们会在国民收入已经很低的时候减少国民收入，在国民收入高的时候增加国民收入。事实上，将其国内石油资产出售给外国人并将收益投资于非石油资产，这个国家可能会更好，不过这可能会被视为异端。

即使拥有石油资产是一种有用的对冲（如在一个小的石油消费国），也并不清楚购买一个治理不善的国家的不透明公司的股份是不是可行的方法。随着石油价格的上涨，一个治理不善的国家更倾向于通过敲诈勒索或国有化来剥夺其石油工业的外国所有者，特别是如果其国内公众在“后见之明”和民粹主义的鼓动下认为资产被贱卖时。当石油价格上涨时，在一个治理不善的国家拥有石油资产带来的安全可能会弱化。

为一个惨淡的世界做计划

那么，一个小国应该如何对冲石油价格风险呢？在有良好治理的金融市场中购买流动性强、与石油相关的金融证券，如在发达市场交易的石油期货，是最明智的选择，但是不足以长期持有。不过，流动性强、期限长且与石油相关的证券也还是存在的，即大型石油公司的股票。因此，恕我直言，或许我能为那些寻求对冲石油价格风险的国家提供的最好建议就是“购买埃克森的股票！”

如果经济安全不是原因，为什么一个国家要在危险地区收购管理不善的石油公司的大量股权？它可能有良好的商业意义——收购的目标公司管理不善，因此可以从收购人提供的专有技术和管理中获益。但话说回来，这是一个购买石油资产的合理的商业理由，而无须沾染强国家安全这种似是而非的主张。重要的是，目标公司的价格不能完全贴现这些未来管理上的改进。例如，遭国际社会唾弃的国家的石油公司对仍愿意与这些国家做生意的收购方来说可能是有吸引力的，因为收购价格可能非常低。否则，很难看出收购方将如何逃脱收购的惯常命运：他们通常会支付过高的价格，并在长期内亏损。

收购的其他原因就没那么合理了。一是各国担心市场全面崩溃，陷入自给自足的“疯狂麦克斯”（Mad Max）世界，在这个世界里，石油稀缺，没有哪个国家愿意交易自己拥有的石油，也没有世界市场的结算价格。目前尚不清楚，如果这种情况真的发生，拥有海外石油资产是否会有所帮助。最有可能的是，这些资产所在国的政府会将之没收。每个国家将只拥有其政治边界内的石油资产。事实上，为了保护自己不受这样一个惨淡世界的伤害，一个国家会增加勘探，使用替代能源，提高消费和生产效率，存储在其境内的石油储备（无论谁拥有这些储备），同时增加经济的灵活性以应对石油供应的中断。

即使在这样一个惨淡的世界里，也很难想象市场会完全崩溃或长期崩溃。的确，可以想象，黑市商人和走私者在石油便宜的地方购买石油，然后将其运输到石油价格昂贵的国家。除非各国政府在本国周围建立防漏壁垒（成本可能高得令人望而却步），否则世界将重新确立隐性价格。然后我们会回到已经研究过的情形。

另一个不好的动机可能是，国有大宗商品公司获得丰厚利润，（若不将钱花掉）这些利润将上缴政府。对于管理层来说，还有什么比在外国建立商业帝国更好的方式来使用这些利润呢？当然，如果交易是不透明的，给收购经理的任何“私下”报酬，都将美化上述理由。

***

为了确保某种商品的供给，最好的办法是确保这种商品的世界市场是信息畅通和具有竞争性的，商业环境是透明和可预测的。储备和投资信息有助于市场参与者做出明智的商业决策。竞争让参与者诚实，价格包含了丰富信息，消费者可以从中受益。可预测的业务环境可以使企业进行长期投资。透明度不仅降低了与腐败相关的成本，还能保护企业避免未来被指控获得了过于诱人的交易。

总之，新的重商主义——我拥有别人的东西比他们拥有我的东西多——可能很有吸引力，但它不会带来更多的国家安全。如果生产资产的控制权掌握在最能管理这些资产的人手中，那么国家整体上是最安全的。事实上，任何人控制了他人能够更有效管理的资产，都在加剧个人和集体的不安全。这场大博弈加剧了不安全，尽管每个国家都在试图保护自己。希望这一次理智会占上风。

译者简介

李泽耿，中国人民大学汉青经济与金融高级研究院硕士，现供职于中国人民银行货币政策司，从事货币政策相关工作。

个人研究兴趣包括公共经济学、转轨经济学、财政货币关系等。曾发表《中国金融体制的风险与改革路径》（与陶然合作）等文章。

译者对翻译本书的兴趣其来有自，一是拉詹作为知名的芝加哥大学教授兼 Fischer Black 奖（授予 40 岁以下的金融研究者）得主，不仅在学术研究方面成就斐然，而且成功预言了 2008 年全球金融危机，声名鹊起，他的相关著作，如《从资本家手中拯救资本主义》和《断层线》等广受好评，也促使我关注其研究；二是拉詹在其母国印度金融动荡之际，毅然决然临危受命，出任印度储备银行行长，作为金融改革的操刀手，大刀阔斧且极具个性。渊博学识与赤子情怀、理论深度与一线实操融合，让译者对该书产生强烈兴趣，愿与读者共飨。